周慧珺传

李静 张亚圣 著

上海书店出版社

目录

代序：书法传世考——周慧珺会是例外吗？　　张五常
心画葱茏——序《周慧珺传》　　赵丽宏
楔子　　9
第一章　周氏家源　　10
第二章　创业沪埠　　13
第三章　慧珺降世　　17
第四章　童年往事　　19
第五章　志醒疾藏　　24
第六章　考学风波　　32
第七章　圆梦市三　　38
第八章　初学技艺　　43
第九章　弃文从医　　46
第十章　偶遇《蜀素》　　49
第十一章　命运垂青　　53
第十二章　投师名家　　58
第十三章　厄运袭来　　64
第十四章　收藏俱失　　67

第十五章　重拾笔墨	73
第十六章　命运多舛	80
第十七章　结识伯乐	87
第十八章　师徒结缘	93
第十九章　书坛回春	104
第二十章　一帖成名	108
第二十一章　初入画院	113
第二十二章　与古为徒	117
第二十三章　自出机杼	124
第二十四章　访道东瀛	132
第二十五章　二三逸事	138
第二十六章　海外知音	142
第二十七章　涉猎收藏	147
第二十八章　神交唐云	156
第二十九章　周赵往来	162
第三十章　同道殊途	170
第三十一章　慧珺五常	180
一、新收弟子	180
二、应邀赴美	185
三、出资购房	188
四、五常论师	189
第三十二章　投资市场	191
第三十三章　天籁有声	197
第三十四章　主盟书坛	201
第三十五章　"脱胎换骨"	213
第三十六章　游历五方	221
一、首游九寨沟	221
二、来到白云之巅	226

三、又作晋西之行　　228

第三十七章　忘年之交　　237
　　一、陈佩秋　　237
　　二、贺友直　　242

第三十八章　票友生涯　　245
　　一、王珮瑜　　245
　　二、张火丁　　249

第三十九章　欣赏国宝　　252

第四十章　"海派书法"晋京　　257

尾声　　271

番外　　278

周慧珺从艺大事记　　282

周慧珺书法　　297

李静书法　　310

后记一　　323

后记二　　326

后记三　　328

附录　　330

管窥周慧珺的书法世界　　尉天池

虚静恬淡　玉汝于成　　林岫

不徒俯视巾帼　直欲压倒须眉　　张改琴

略论周慧珺书法的时代特征　　西中文

守正用奇　　徐建融

自然而然的过程　　朱以撒

代序：书法传世考
——周慧珺会是例外吗？

李静写周慧珺老师的传记，请我写序。我曾经几次写周老师；这一次，对书法的传世问题有了新的体会，也有新的困扰，借这机会说说。

书法难学，非常难，这是众所周知的事。较少人知道的，是书法的欣赏也困难。欣赏书法没有写书法那么难。周老师认为我眼高手低已有十多年了。懂得品尝书法不一定要拿起毛笔练习过，只是比品尝画作的难度高。书法没有画面，文字的内容无关宏旨。书法是只凭线条与墨色的变化来表达感情及艺术上的美，不多体会不容易欣赏。

不容易欣赏是书法作品不容易传世的原因吧。比起画作，二十年前书法作品不值钱，今天大有起色了。历史上书法是值钱的。旧时的中国读书识字的用毛笔，懂得品尝书法的人比较多。

问题是，书法要传世明显地比画作困难。这观察来自1996年在美国纽约举行的一次古书画拍卖。那是我知道的最重要的中国古书画拍卖。来源一等：一个上海大收藏家移居巴西多年后谢世，其后人把他的藏品放出来。那拍卖有五张宋代尺牍，即是书信，皆真迹无疑问。一件苏东坡，一件曾巩，两件曾纡，一件朱敦儒。苏子大名，遗留下来的墨宝比较多。不是很多，可能高于两掌之数。曾巩的是孤本，算不上好书法。北宋曾纡是曾巩的侄儿，我知道曾纡今天传世的墨宝有四件。朱敦儒是南宋大词人，名家也，据说他今天传世的墨宝只有两件。

这就是问题。上述四位都是大文人，用毛笔写下的纸张应该无数。中国造纸的技术既聪明又简单，到了宋代像尺牍那么小的纸成本相宜。上述四位，每位写过的纸张应该数以千计，为什么留存下来的那么少？苏子在中国的文化传统举足轻重，从皇帝而下很多人仿效他的书法，多几件传世不难明白。曾巩是唐宋八大家之一，只一纸传世可能因为他的书法不怎么样。难以解释是曾纡与朱敦儒。这两位皆词中高手（朱较大名），而跟这里有关更重要的是他们的书法好得不得了。为什么书法历史上不容易找到他俩的名字呢？曾纡在宋代被认为是个书法家，而乾隆的《三希堂法帖》中有一件朱敦儒的作品。我相熟的还健在的书法专家，见到曾纡与朱敦儒的尺牍，无不大呼顶级书法。

为什么曾、朱这两位书法顶级的词人，传世的墨宝会那么少呢？南宋的李清照是更大名的词人，记载说她好收藏书法，也说她的书法好，为什么没有半张墨宝留存下来呢？

我们要问唐太宗王羲之的书法藏在哪里；要问武则天张旭的书法是否放进了乾陵——或问上苍董其昌说那幅无名无章的《古诗四帖》系张旭真迹是否可靠；也要问杨贵妃那精彩绝伦的《上阳台》帖是不是李太白的字。但比起宋，这些人物早上几百年，时间上是另一个古时，纸张保存那么久不容易。然而，近如南宋的朱敦儒及李清照，他（她）们留存下来的墨宝为什么那么少？辛弃疾的墨宝我愿意出高价看一眼，但无缘。纳兰容若的墨宝我见过两件，但他是清代的人。衷心佩服王铎。这位因为迎接清兵入关而被贬为千古罪人的高官书法家，今天遗留下来的书法作品真迹有数百之多，假冒之作更无数。也难怪，王铎是中国书法历史上唯一的所有字体都写到顶级的书法家。

还有另一个有关的观察。历史上，书法家的作品要传世，书法本身了得不足够。他们起码要是个官，不是"右军"就是"长史"，或者加上是文豪，再不够就要是"疯"或是"癫"了。不要忘记，我拜服的米南宫，有癫誉之外是个名士，《西园雅集图记》是他写的，苏东坡把他的书法捧到天上去。整个宋代今天传世的墨宝元章最多，有数十件吧。

这就带到周慧珺那边。周慧珺怎么样呢？告诉读者吧。她是个自小患疾、行动不便的女人，上述的一切她都不是。一个聪明幽默的女人，读过很多书，从小习书法，能否单凭文房四宝而把自己写进历史去，是我要在这里提出的问号。说真的，回顾历史，周老师的书法如果能传世会是个例外。

也说真的，我认为周老师的书法的传世机会相当高。有五个原因：其一是在书法最困难的那方面——用笔——周老师练到前无古人之境。用笔最重要是处理线条，无论笔锋怎样翻来覆去，周老师写出来的线条永远是那样舒畅。你可以批评她的线条不够狂放，但没有谁可以写得出那么幽美的线条。喜不喜欢是一回事，能否做到又是另一回事。其二，有两位书法大师对我说，今天在神州大地，周慧珺的书法最好。艺术没有"最好"这回事。他们显然是说在书法的某方面，当今之世没有谁写得过周慧珺。可能是指用笔，我不知道。重要是书法艺术今天在中国再盛行，说是"最好"，不管是什么，或好在哪里，有助传世。好比你说张五常的经济学冠绝天下，我不会问你冠在哪方面的。却之不恭，因为只要有够多的人这样说（可惜一个也没有），我的经济学思想会传世。其三，周慧珺的书法雅俗共赏，有价，收藏者众矣！其四，大约十年前，我见到周老师的书法赝品在市场涌现，对她说了，她不怒反喜。一时间我自己悲从中来，因为没有人假冒我的书法。周老师的书法假冒不易，赝品够多是反映着市场有足够的需求，鼓励着一些人拼命仿效。我因而创立了收藏艺术品的第一定律：凡是市场多有冒牌货的艺术家，我们要购买收藏该艺术家的真货！其五，最重要的，这些年神州再起，历史时间上周慧珺不可能生长在更理想的年代。在她的书法进入佳境之际，数码科技的讯息扩散时代开始了。怎么会那么巧？

进入了二十一世纪，新潮书法渐趋时尚。不久前在深圳参观一个大规模的书法展出，没有一张是本文说的书法。这些新作一律大幅，画不是画，字不是字，我看不懂。一起参观的朋友认为这样的"书法"不需要学过，我不敢那样说。艺术这回事，往往似浅实深。我只能说不懂。

我看得懂的，是这些新潮书法完全不管用笔，即是不管周老师教我研习了多年的那一种。我想，如果这种新书法发展下去，再不回头，周慧珺会是中国传统书法的最后一个代表人物。

回头说《周慧珺传》的作者李静，也是个书法家，其作品也收藏者众。李静是周老师带大的，从小跟老师习书法，对书法的历史与艺术的学问是大方家了。不可能找到另一个更有资格写周慧珺的传记的人。认识李静二十多年，我到今天才知道她是那么懂得写文章。

再回头说用笔，十多年前周老师对我说："我不知道古时的大师是怎样厾笔的，没有机会见到，只是知道自己写得出古人的字，也就算了。"我看过一套有一百个当代书法家的示范影碟，他们用笔的方法跟老师很不相同。我没有资格判断哪家比较高明，只是见老师能写出那样的线条，翻来覆去那么舒畅，就跟着学，不作他想了。

从用笔那方面看，李静和我无疑得到周老师的真传。我们没有老师从小患上的不幸之疾，挥起笔来手的动作比较灵活，也比较夸张。李静的挥笔动作精彩，写出来的字也精彩。我呢？你只看动作好了！

是为序。

张五常
2011年2月

心画葱茏
——序《周慧珺传》

在中国的艺术家中，数量最多的，大概是书法家。这并不奇怪，因为，凡中国人，都会写汉字，因此，通向书法艺术殿堂的大门，似乎向所有天天在书写汉字的中国人敞开着。然而，真能在书法的海洋中独树一帜、扬帆远航的艺术家，又有几人？综观千百年书法历史，真正独领风骚、自成一格，既令同代叹服，又使后人钦佩，墨迹历久而不失其魅力的书法家，实在是凤毛麟角。其实这也不奇怪，越是在大众中普及的艺术，要取得瞩目的成就，并被大众承认，越是困难。因为，所有会写字的人，都可能是鉴赏家和批评家，七嘴八舌，指东道西，你能以一技而服万人么？

上世纪七十年代初期，是中国书坛的一个荒芜季节，众多的书法家被迫搁笔，年轻的书法爱好者根本不可能与"书法家"这三个字沾边。当时，曾经出现过一个令人难忘的奇迹，一位年轻女子的一本《行书字帖——鲁迅诗歌选》，使沉寂的书坛为之一震，字帖中那些清丽俊逸的墨迹，让人耳目一新，仿佛是炎夏的燠热中突然吹来一阵凉风，无数人为之惊叹折服。人们因此而记住了这位女书法家的名字——周慧珺。四十年来，不少艺术家如流星昙花般转瞬即逝，周慧珺却一直孜孜不倦地在书法艺术的道路上探索追求。她的目光、思想和笔触，沉浸流连在古老博大的书海之中，并执著地寻求构筑着属于她自己的新鲜境界。她的名字和她的书法，早已远扬海内外，成为人们喜爱的当代书法大家，成为这一代人的骄傲。

周慧珺的成功，并不是阳关大道上的顺风走马，她的人生和艺术之路上，充满了苦难和坎坷。命运对她的严酷和苛刻，非一般人所能想象，然而她以惊人的毅力克服了种种障碍，进入一个自由辽阔的境界。可以说，是书法改变了她的人生。她通过对书法的追求充实丰富了自己的生命。也通过书法，抒写着自己的理想，表述着她对世界、对人生、对艺术的理解。周慧珺一向推崇古人扬雄的一句话："书为心画"。这四个字可以概括她对中国书法的理解。把墨写的字比作心灵之画，实在是一种绝妙的比喻。我想，这大概和作家的为文一样，作者的人格和心境，情不自禁会流露在文章中。在书法家的作品中，同样能体现作者的人格和人品。周慧珺是一个真诚善良、正直倔强而又淡泊宁静的人，她的书法作品，处处折射出她的这些性格。内心世界的充实和丰富，决定了她的"心画"意韵缤纷悠远，毓茂葱茏。周慧珺成为当今中国最受人欢迎的书法家之一，实在是一件很自然的事情。

现在，周慧珺的传记即将问世。这本传记，真实地记叙了周慧珺的人生经历，朴实的文字，活泼的描述，大量不为人知的感人细节，生动刻画出周慧珺的性格。她的悲欢，她的喜忧，她和亲人及师友间的恩谊，她缤纷多彩的情趣爱好，在传记中都有充分的表现。读这本传记，可以真切地认识一位风格独特的当代书法大师，认识一位可亲可近的平民艺术家。

这本传记的作者李静，是周慧珺的学生，也是一位成就斐然的书法名家。她和周慧珺相识交往长达四十年，她们之间的关系，既是师生，也是挚友，她们的交往亲同家人，如母女，亦如姐妹。因为对传主熟悉了解的程度非同寻常，李静写这部传记时，成竹在胸，一气呵成，给人酣畅淋漓的感觉。传记不仅展现周慧珺坎坷的人生经历，也剖析了她在书法艺术的道路上寻觅探索的曲折过程，书中对书法艺术的分析评论，表现了作者专业的眼光和学养。

我认识周慧珺，也已经三十多年。当年是因为喜欢她的书法，并听说她逆境成才的故事，心向往之，于是想方设法采访她，为《文汇月刊》写了报告文学《心画》。我和周慧珺由此相识而成为挚友，数十年来交往不断，她的人格品行和生活态度，她对艺术的执著，都使我由衷敬佩。我是由书法而认识周慧珺，又

序

由周慧珺的道路，认识书法艺术的博大深邃和魅力。2008年春天，我和周慧珺商量后，在北京全国政协大会上提案建议中国书法申报联合国非物质文化遗产，得到文化部和社会各界支持，两年后中国书法申遗成功。书法作为中国文化最具代表性的艺术，它的生命力因为一代又一代书法家的传承创新而绵延兴盛。周慧珺对书法艺术的追求、探索和贡献，在中国当代的书法史上，应该留下绚烂耀眼的一页。

读这部传记，我深受感动，对周慧珺有了更真切深入的了解，也重温了老朋友间的温馨友谊。相信所有热爱书法艺术、崇尚人间真情的读者，都会被这本传记感动。

赵丽宏
2011年3月于四步斋

楔子

伟大的尼采曾告诫人类，匆促的人生注定是一出悲剧，但为了执著于壮美酣畅的悲情效果，人类却不得不以气吞山河之势来饰演这幕悲剧，这或是宿命使然。对于近代的中国人来说，景况何尝不是如此呢。他们奋力逃脱着悲戚命运的纠缠，但萦绕始终的却是屈从与羞辱，以致发生在这片土地上的悲辱事件几近麻木了这个民族的神经。抚古忆昔，这场戏目的始作俑者就是百余年前的那场鸦片战争，战役的大败亏输彻底扯下了清王朝孱弱躯壳上那条最后的遮羞布，裹挟而至的是中华民族命运的急遽转变。

清道光二十三年（1843）十一月十七日，上海——这座日后由蕞尔渔村发展成为远东第一重镇的城市正式宣告开埠。两年后，英人依照《上海土地章程》与上海道台宫慕久划定四至，即是旧上海人所熟知的"英租界"领地。这片东起黄浦江、西至界路(今河南路)、南达洋泾浜(今延安东路)、北抵李家庄(今北京东路)的土地，总计不过八百三十亩，却于日后激起了大批西方传教士、冒险家、投机商、暴发户及至仕宦官贾的垂涎觊觎。

亦是在这欧风美雨的吹拂滋润下，一位英国商人来到租界一隅，倒卖起了茶叶和瓷器。岁久，倚仗其望族身份和不菲家资长袖善舞于黑白两道，名利俱至，遂觅址建屋。最后，相中了北京东路上的一片荒芜洼地，筑造起了一栋五层楼高的公寓。这栋公寓石墙钢窗，红白兼色，建筑风格简约中透出时尚，很适宜生活。嗣后，公寓几番易手，落入了一户周姓人家手中。

民国28年（1939）12月6日（农历己卯年十月廿六），秋去冬来之际，本书的主人公——当代著名书法家周慧珺就在这栋寓所中呱呱坠地，揭开了人生的序幕……

← 周家公寓

第一章

周氏家源

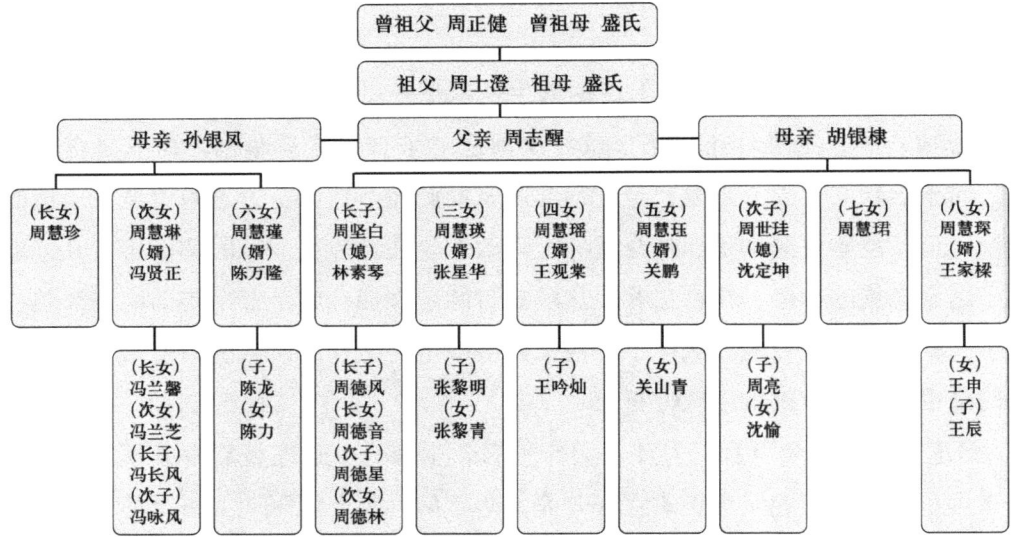

↑ 周氏家谱

周氏祖籍浙江镇海（现属宁波市辖区），古曰蛟川，与上海一衣带水，位于长江三角洲南翼，东屏舟山群岛，西连宁绍平原，南接北仑港，北濒杭州湾。镇海历史悠久绵长，据考证，早在新石器时代就有了人类居留的痕迹。宋朝时，仗借其"浙东门户"的优越地理位置，"海上丝绸之路"即以镇海为起碇港，成批的丝绸、瓷器、茶叶远销四方，换回不可计数的香料、黄金、奇珍异兽。一拨紧接一拨的镇海人依靠溯江航海的便利，漂洋渡海、经商求学，弄潮于世界舞台，声名赫赫的"宁波帮"因此催熟而出。惜古往今来，福无双至。正因占据险要的

↓ 画家笔下的古镇海

地理位置，镇海自明清起便是兵家必争之地，累遭内忧外患的袭害，可谓兵燹不断。

光绪二十三年（1897）十二月二十二日，日脚尚高，镇海一带却因连日不歇的大风变得异常的阴冷，不时有雪花如败鳞残甲翩翩飘落，使人心生朔风野大、寒潭见底的隆冬之感。在离庄市县城东北角不远处的一个小山村内，一户破旧的农舍掩映在成片的树木丛中，灰墙泥瓦的败落感让人能轻易判断出屋主人的低微身份。墙舍内，一个名唤周士澄的男子正用庄稼人粗粝的双手抚摸着产妇身旁的襁褓。这襁褓中的孩儿——正是将来对周慧珺一生影响甚巨的父亲——周志醒（1897—1979）。五年前，周士澄欢天喜地迎来了自己的第一个孩子，却因天花不幸夭折。如今周士澄已然知天命，却老来得子，且是男孩，自然兴奋难抑。

↑ 父亲周志醒

话说周家本是书香门第，据家传族谱记载祖上曾有人出仕做官，却不知因何而家道中落，遂寄居于乡野，辗转至今日。周家一直人丁不兴，至周志醒为止已是三代单传。

岁月犹如白驹过隙，转眼周志醒到了七岁，是该上学的年纪了，周士澄决定送他去本村的私塾念书。周志醒就学的那所私塾学堂就设在本村的祠堂内，这祠堂亦是多年前本村一大户人家在外经商多年、落叶归根时为家乡捐建的，只有本家子女方可就读。整个私塾环境优美恬静，大门两边的雕梁画栋上留有一副"君不得师，则不知所以为君；臣不得师，则不知所以为臣"的洒金对联，是北宋名臣王安石延请杜醇出山时所书，以示自己尊师重道的情怀。

当时学堂里不仅教授四书五经，也教一些实用性的技巧，诸如书法、简易数学、珠算等。镇海乃至宁波的童生从一开蒙起就有一种"弃农从商"的准备，聪慧的宁波人在孩子启蒙阶段首先要求他们烂熟于胸的不是八股策论，而是"经世致用"之术。他们认为只要孩子能写一手好字，会打一手好算盘便不愁将来的吃穿用度，即便到头来仕宦不成，也能坐地起商。因袭着这番道理，宁波的文化根底就自然养殖而成。

第二章

创业沪埠

↑ 周慧珺为宁波帮博物馆所作题字

言及宁波商贾，就少不得提起他们的历史际遇。宁波古来人稠地狭，镇海更是濒临大海，土质属盐碱地，淡水极少，很不适宜种植。虽然当地民众日作夜息，终因土质不良，生活无着。在自然环境的压迫下，宁波人为了生存，不得不外出谋生，其从商之风竟可远推至公元前。史料记载：唐宋时，宁波"商舶往来，物货丰衍"，至清初，则成"百货咸备，商号林立"的繁荣景象。为满足商事需要，宁波人首先在明朝自觉组建起"宁波帮"，五口通商后崛起于沪渎，之后渐臻极盛。代表人物即有鼎鼎大名的虞洽卿、叶澄衷二人。虞、叶皆从底层市井小人物做起，继而开创了辉煌的商旅生涯，长久以来被镇海人视为人生追逐的标尺,周慧珺早在孩提时就从大人嘴里知道了虞洽卿和叶澄衷的大名。

眼瞅着大批镇海人出外谋生,周家亦不甘人后。清光绪三十年(1904)盛夏时节,处在江南的镇海已是日烤地头、酷暑难忍,五十有余的周士澄拜别妻儿老小,背起简易的行囊,登上了去往上海的轮船。

坐了一天两夜的蒸汽轮船,周士澄来到了素有"东方巴黎"之称的大上海。首先映入眼帘的就是外滩的洋楼。这既是百年上海的一个缩影,也是旧上海资本主义发展的真实写照。短短一甲子,难以算计的外国商品和资本就源源不断地输入,刺激着内外贸易、金融、交通运输、轻纺与机器制造业的迅猛发展,使上海日渐成长为中国最为繁华的商业口岸。同时,上海的飞速发展刺激了五金行业的崛起,周士澄就去了一间同乡经营的五金店内做帮工。地头一熟,周士澄便借资在福建中路、近北京东路上开了一处小店铺,自立门户,取店名为"周记铁铺"。这里人口稠密,商贾出没,私家作坊林立,是行商宝地。虽则草创艰难,但凭着周士澄的一股韧劲,"周记铁铺"很快就掘到了第一桶金。

此时的周志醒已然到了十二岁,眉目间颇有几分俊俏,引得了邻乡殷实人家的赏识,定下了娃娃亲。姑娘姓孙名银凤(1899—1971),个性温柔贤淑,人也长得秀丽端正,称得上佳偶良配。亲事甫定,周士澄便决定举家迁移上海。

那年是1910年,一场因国际橡胶价格暴跌而引发的巨大金融风暴已悄然降临上海。这起危机波及上海数十家商行、票号,引发了震惊上海乃至全国的金融

↑大妈孙银凤

第二章 创业沪埂

风潮，强烈撼动了清王朝的财政根基，遂使清廷的颠覆成了时间问题。正是在这样的背景下，周氏三代迁徙至风暴席卷过后遍地狼藉的申江。"周记铁铺"虽在这次金融危机中受到波及，好歹算是逃过一劫。

家人刚一安定妥帖，周士澄便把儿子送进了远近闻名的和安学堂念书，让他接受正规的新式教育。在和安学堂里，周志醒学的不仅是传统的读经科目，还有英语、经算、艺术等新式课程。对于一个乡间小孩来说颇费力气，加之在店里帮工，常常累得精疲力竭。

↑ 周家公寓

到了1912年末，由于他们父子焚膏继晷、克勤克俭，又为人和气、技艺深湛，"周记铁铺"在敲敲打打中日趋壮大。周士澄父子合计了一下，决意找同乡好友商量，谋取新的发展。由于宁波同乡间扶助观念特别强烈，于是在同乡出谋划策、侪辈鼎立襄助下，终于在南市的新开河一带盘下了一间五金店面，取店名"义昌号"，寓意"仁义则昌"。

又因当时上海进出频繁的外商轮船和外资工厂都需要添置一些五金材料，政府兴办的军用工业和私人工业也增加了对五金器材的需求，因此五金行业供求两旺。周家父子又善于经营之道,"义昌号"逐渐在业内享有不错的口碑。尤其是周志醒在商号艰难的发展过程中成熟起来,二十出头的他长得一米八的个儿,挺拔而俊朗,一双迥然有神的黑眸更是令人印象深刻。其优秀的经营才华深受周士澄的赞许,故而有心让他接管店铺生意,并扩充门面。同时,念及周志醒和孙银凤也到了适婚的年龄,于是选址觅铺,看中了楔子中提及的那栋位于北京东路、近浙江中路上的独立五层公寓。周士澄将底层改建为三开间的店铺,二楼作库房,楼上三层供家人起居。一年后,两人拜堂成婚。

此时的北京东路及周边一带早已商铺林立,形成了以甬商为主的经营结构。上海开埠前,北京东路原名李家庄,荒芜满地,渺无人烟,唯有一条狭小坑洼的土路可通黄浦江。开埠后,驻居浦江边的英人就有计划地开始对租界进行蚕食鲸吞、巧取豪夺,无意间改变了这条小土路的命运。不久,开设在北京东路上的外资金融机构和官办银行就达二十一家,大大小小的钱庄、商行、票号更是参差其中,落地开花,北京东路遂而享有"东方华尔街"的美名。迟至民国26年(1937)8月淞沪战争爆发,当时集中在闸北、虹口的五金业主纷纷逃入位于英租界的北京东路内重操旧业,才导致北京东路逐渐形成了现今五金街的风貌。至1938年,北京东路共有五金商号一百二十三户,尤以实力雄厚的大型五金店为多,成为当时五金行业的聚集之地,确立了北京东路在全市五金行业的主导地位。

接手生意的周志醒比起父亲周士澄,更具备宁波商人天赋的胆识和先知先觉,利用地缘同乡的关系,扩展了经营范围,和客户间建立起了密切的互助关系,还新添了几名雇员。同时,又热心接济同乡,捐资同乡会办学等。可以说那代人虽然未受过艰深的高等教育,而且多半是私塾、新式学堂教育下的产物但他们仍拥有坚实的传统文化道德,是新生活的自觉创造者。

在官方修著的《宁波商帮中的50多位镇海人》有如下记载:"镇海庄市人周士澄、周志醒父子,曾在上海北京东路经营'义昌'五金商号。1967年后,与其他五金商店合并改为上海第一五金商店。"尤为值得一提的是,"上海第一五金商店"的题榜亦是由后来成为书法家的周家后代周慧珺所书。

第三章

慧珺降世

婚后,周志醒夫妇生育了两个女孩,却未添男丁。于是父母做主又为周志醒娶了二房,女子姓胡名银棣(1898—1983),出生常州一户翰墨人家,性温婉贤淑、知书达理,第二年就生下了长子。但老父周士澄却未能等到孙子的降临,悄然病故。

民国28年(1939)12月6日(农历己卯年十月廿六),萧瑟秋风扫尽了梧桐落叶,上海渐入隆冬。经过母亲的十月怀胎,一个女婴伴随着尖利的哭声呱呱坠于人间。她,就是本书的主人公——周慧珺。

↑ 母亲胡银棣

周慧珺出生那日,父亲周志醒起得很早,像平日一样来到厅堂前拜神求子,祈求老天爷保佑生个男孩。毕竟镇海人的骨子里依旧保留着"重男轻女"的传统思想,认为生个大胖儿子才是传承家业、养儿防老的理想途径。正当周志醒还在厅堂中虔诚地祷告着上天佑降男孩时,侧室中猛地发出"哇……哇……"的哭声,搅破了天与地的宁和。只见那接生婆急急地从产房中赶出来，汗水津津。"周老爷，生了，生了，一个胖女娃，七斤三两重。"

回过神来的周志醒没有太多的失落，毕竟先前已经有了两个儿子——长子周坚白和次子周世珪，自己又把太多的爱和希望倾注在了大儿子周坚白身上。当然此是后话，这里暂且不表。所以打从周慧珺出生起，周志醒对她就既不过于疼爱也并不嫌弃，或许正是这种自由豁达而又不放纵散漫的生活氛围锻造了周慧珺日后追求创新、追求自我的书学品格和顽强不屈、身残志坚的精神意志。

周志醒目视着躺在木脚桶里的女儿，心中还是由衷地感到高兴的，尤其是这女娃小嘴一嘟，煞是怜人。再说这个躺着婴孩的木脚桶可是"大有来头"的，看似不大不小、普普通通的棕红色漆制脚桶，对于周家来说却是象征着新生命诞生、家族枝繁叶茂的信证。在这个小女娃出生前已先后见证了七个周氏子女的呱呱坠地，将来还会有第九、第十个。因此，每每周慧珺和友人追忆起幼年往事时总会不自觉地谈起这个木脚桶来，论及它那不平凡的"身世"，继而幽默地称呼自己为"第八只木脚桶"。

满月那天按照江浙人的习俗，外婆家送来了"满月担"，担中有鸡蛋、长面、红糖、桂圆等，还有老虎头帽、鞋、包被、披风等衣物，寓意小孩能茁壮成长。在乡下，"满月酒"又俗称"剃头酒"，要请一位福寿双全的老太太抱着婴儿剃"满月头"，至于那些剃下的胎发自然也不能轻易扔弃，需用红绿花线穿之，或用红布小袋装之，然后置于堂屋的高处或纱幔上，以示将来孩子长大成人后有胆识、有胆气。虽是家中第八个孩子了，应有的礼数却是少不得的。风风火火地设下满月酒，宴请各方亲朋好友，祈求上苍降福于这小小的生命。宾客们一会儿给小寿星送上象征"长命百岁"的银制饰物，一会儿往她的小脑门上戴上一顶缀有丝缎的黑色老虎头帽，一会儿又逗逗这个可爱而又灵动的小女娃，厅堂中洋溢着一片欢乐祥和的气氛。

第四章

童年往事

周慧珺的童年是在她父亲营造的书香氛围中度过的,她天真活泼,爱哭爱笑,因而父亲为她取乳名"囡宝"。周父是一个爱好生活、追求情趣的人,常常会携上几个子女去戏馆、影院,培养他们对艺术的兴趣,陶冶情操。周慧珺很小就展现出非凡的记忆能力——许多幼年往事,比她年长十余岁的哥姐都已忘却了,她却能娓娓道来。尤其留心于小时候去中国大戏院观赏过梅兰芳先生的戏,梅大师所饰演的"洛神"形象在她的心中留下了深刻的印象。

每逢外出观戏,周母总是让孩子们穿戴整齐、光鲜亮丽,一家人浩浩荡荡地去戏院。这往往是小慧珺最开心的时候,可以有零食吃,通常是些瓜子、花

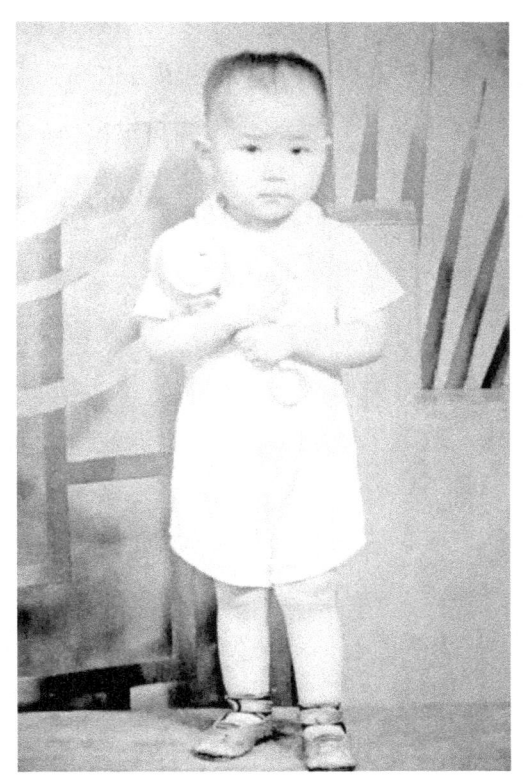

↑ 三岁时的周慧珺

生、糖果、各色糕点、冰淇淋等。孩童馋嘴的天性在周慧珺的身上展现得淋漓尽致,直到现在看见冰淇淋,年过七旬的她依旧欲罢不能。可不等看完戏回到家,小慧珺就倚在母亲的臂弯中呼呼睡去……

一次,一家人看完《空城计》,兄弟姐妹商量回家后自排自演。周慧珺的六姐周慧瑾是上海美专戏剧系的学生,自然担当起导演和布景设计的重任,其余兄弟姐妹也各司其职。用硬板纸制作道具,扯被面缝制戏袍,拉来木马摇椅充作战马,将祖母的旧式带顶篷的铜栏杆床充作楼台。周坚白骑着战马扮演司马懿,周慧瑾饰演诸葛亮。

本来周慧珺只扮演凭栏而坐,焚香操琴演奏的书童(当然是临时加上的角色),临开演前忽而想演诸葛亮,与六姐争执推搡之际,从高高的床栏杆上一个倒栽葱摔倒在地,家人顿时都吓愣了。唯独她忍着剧痛一轱辘爬起来,拿起镜子赶忙一照,只见额头上隆起一个鸡蛋大的包,这才一边哭一边跺脚大喊"怎么办,怎么办"。家人不解其意,赶紧替她擦洗涂药,后才知晓原来小慧珺担心的是额头上会永远留着这鸡蛋大的包呢。也许在她幼小的心中,破相远比疼痛重要吧。虽说不久那包是退了,但是至今额头还留下隐隐的凹痕,终究是破了点相,也算是京剧惹的祸吧。

到了夏天,哥哥姐姐们会带上她一起去游泳。水中扑腾、嬉戏,溅起朵朵浪花的感觉是如此自由,那时周慧珺的手脚是多么有力、多么灵活啊!但因为年纪和哥哥姐姐实在相差太多,年岁最相近的周世珪也长她五岁,因而小慧珺大多数时候还是落单。这种印象是深刻的,很长时间都无法摆脱这种挫折感、孤独感,造就了她顽皮但不合群的性格。如小慧珺五岁时,周志醒把她送进了附近的一所小学堂。第一天进课堂,刚坐下看着一室陌生人,小慧珺就哇哇大哭,逃回了家。翌日,又哭着喊着把着门框不肯去学堂,家人也没了法子,上学的事只得作罢。到了第二年重新入学,她期期艾艾地蹩进教室,却又覆辙重蹈。

上学的事虽一拖再拖,但读书识字的事却不宜耽搁。那时她的父亲钟情于收藏,堂屋里挂满了书画,收藏的字画不下数百。还特将一间居室辟为藏画室,取自己名中一字,号为"醒斋"。家庭的翰墨氛围使她受到了良好的熏陶启蒙,早在周慧珺学龄前,即"童蒙养正"。周母教授她识字,也读唐诗、《三字

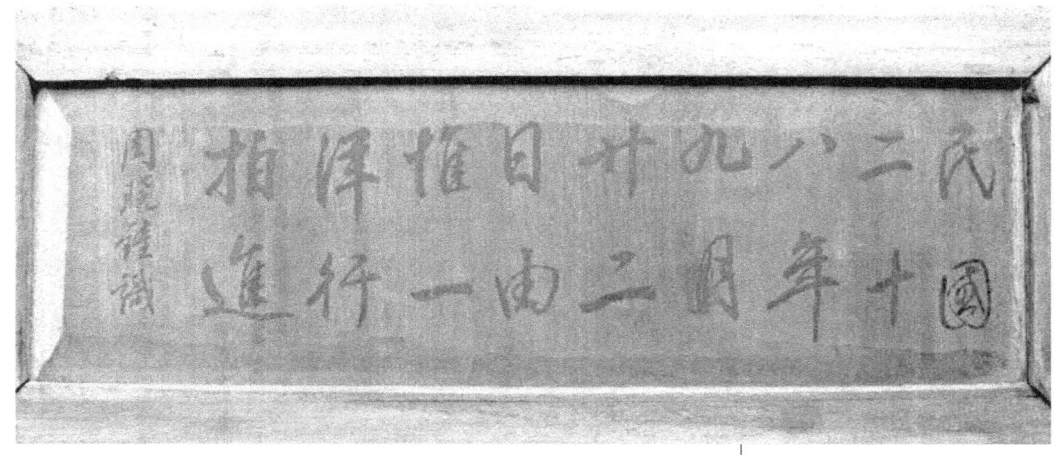

↑ 周志醒书

经》。

五岁时，父亲还要求他的孩子们每天要花一定的时间写毛笔字，完成日课。周志醒曾这样对周慧珺庭训："人生在世，书一定要读好，字一定要写好。学书要学赵孟頫，学赵能似管道昇。"

过去在乡下私塾中，那个教书老先生写得一手漂亮的毛笔字，受其影响周志醒对写字产生了浓厚的兴趣，认为"字好比人的脸面"。忙里偷闲就铺纸习字，日复一日练就了一手像模像样的楷书——字体苍劲浑厚、大气昭昭。他不但自己勤练苦写，还买笔墨纸砚要求店里职工学写毛笔字。所以"义昌号"员工写的字，在当时亦是颇受同业好评的。也许正是父亲的传统理念，使周慧珺在似懂非懂间，知晓父命不能违。于是，幼小且贪玩的她无奈地握起了毛笔。

此外，周母也从不放松对孩子品格道德上的教育，常讲一些古时候的历史掌故给他们听。周母还因为周志醒重视写字的关系会说几个书法小故事，诸如"池水尽墨"、"被中画腹"、"折蒲学书"等。

家中挂着满壁的字画，周志醒就哄骗孩子们说墙上的先人会关注他们的一言一行，使周家孩子从小就对天地心生敬畏。

再来说说小慧珺幼时和动物间的两件趣事，前文讲过小慧珺拖了两年不去上学，就常在家里和动物嬉闹。"义昌号"里养着一只鹦鹉，灵性异常，十分活跃。鹅黄色的嘴巴，红红的脚爪，通绿的羽毛，两眼炯炯有神，总是上蹿下跳，好似精力永远不会衰竭。大概是那鸟儿听惯了小慧珺"囡宝"的乳名，每天看见她就"囡宝，囡宝"地唤个不停，陪伴小慧珺度过了两年悠闲而寂寞的时光。

1946年夏末，热浪滚滚，新的学年又将来临。一天晚饭过后，周慧珺家人正商量着她入学的事情，她不愿听，百无聊赖间匆匆下楼躲避家人。就这样在店堂里晃来晃去，突然闻到一股香味，是肉菜微微烧焦的味道，那个香啊！她知道这是店员正在准备狗食，那条大狼狗是日军撤退时遗留下的，后来成了流浪狗，被店里的职员好心圈养，蹲着时也足有半人高。只见店员烧好了狗食，就放在高高的柜台一角。周慧珺人小鬼大，立马搬来椅凳，爬上柜台想探探钵里的狗食究竟是什么。

不想惹下了祸事！那狗以为小慧珺要吃它的食物，猛地跃起，一口咬住她的大腿，将其掀翻在地。可怜小慧珺哪里受过这等惊吓，既不脱逃，也不哭喊，只是起身呆立不动。养狗店员见此情状，立马上前将她抱起，待上了楼，看见了母亲，小慧珺才哇哇恸哭，眼泪鼻涕一大把，还不停抚摸着血迹斑斑的大腿。母亲撩起她的裙子一看，只见大腿一侧连皮带肉都翻了开来，森森白骨依稀可见。周母顿时慌了手脚，还是店员背负起周慧珺，与周志醒和周坚白两人一道直奔医院。清洗完伤口，缝了针上了药，又到工部局打了狂犬疫苗，才松了口气。

后来也不知听谁说"打完十二针疫苗前，如果那狗死了，人也得死"。因而打完第十二针后，小慧珺转身就去看那狗是否还活着。等到确认那狗还在，并且依旧凶悍的样子，悬着的心也终于放了下来。想到她的性命保住了，不由地对着大狼狗"咯咯"笑了起来。

但这次被恶犬伤及，也坚定了父母的想法——再不能让周慧珺散漫在家，必须送她上学。商议再三,挑中了宁波同乡会小学。

位于上海六合路上的这所宁波同乡会第十小学创办于1927年,至1947年周慧珺入读该校为止,已是一所颇具规模的完全小学。当时以宁波路六合路为辐射带,周边居住的大多为宁波人,所以该校学子甚至教师也多为宁波人氏。这里就能看出父母的拳拳之心:希望内心羞怯、不太合群的周慧珺能在浓浓乡情乡音中融入集体。开学第一天,周志醒亲自送她去学校,鼓励她开始自己的学子生涯。

对周慧珺而言初入学校仍不免感觉陌生、拘谨,好在那班主任是宁波人士,说话带着浓重的宁波口音,言辞又和善,使她听来十分亲切。学校地处闹市,面积小,活动空间不够,反倒使同学间能有更多时间近距离地交流。孩子的天性是活泼好动的,不多久小慧珺就喜欢上了学校,结交起小伙伴来。由于她在家里接受的基础课程比学校教得深入,所以学校的功课对她来说不怎么费力,每逢考试也总能拿第一名。

读完三年级,大哥周坚白打听到宁波路第三小学的英语开课较早且教学突出,希望妹妹能尽早开始学英语,遂有意让她转学。也怪此时西风东渐愈演愈炽,在上海这样的大商埠,非常需要精通外语的专业人才。对男子而言,谙熟外语便于应职好的工作岗位;对女子来说,一口流利的英语也是当时职业妇女、名媛闺秀的必备素质。于是,周慧珺在大哥的做主下转学去了宁波路第三小学就读。

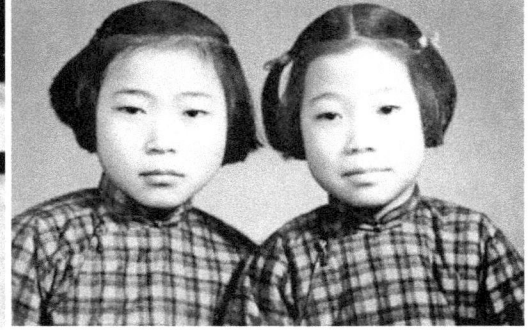

↑ 周慧珺和妹妹在一起

第五章

志醒庋藏

↑ 周志醒和两个儿子的戏妆照

经营"义昌号"之余,周志醒的爱好也颇为宽泛。彼时素有"十里洋场"之称的大上海正追崇着唯新是趋的风尚,到处充满着新鲜而又摩登的事物。这对于来自乡间的周志醒来说恍若隔世,人类与生俱来

第五章　志醒庋藏

的好奇心默默滋养着，跃跃欲试，驱使他积极投身到游泳、马戏、电影、京剧、评弹中去。还曾数次游历国内的名山大泽，留影自乐。

初到上海之际，年轻的他还经常光顾旧书店、书摊，借一些连环画来看，这是在和安学堂接受新式教育时对图画课产生兴趣的结果。感同身受于连环画中保有着优秀文化的历史沉淀，因此对于寓理于画的"小人书"爱不释手。也巧，老上海的弄堂口总有不少租看连环画的小书摊，几个老旧的书架上整齐地排列着形形色色的"小人书"，周边放置着规格不一的矮长凳、小方凳、马扎子之类的坐具。书摊主也不高声吆喝吸引人来看书，而是静静地等待着那些闲来无事，或是对知识如饥似渴的人们，因而书摊虽显得破旧简陋却不乏人气。爱书人只需花费极少的零花钱，就可饱食知识大餐，真乃人生一大快事。

周志醒每个礼拜的闲暇时分都会去书摊花上几块铜板细细品嚼起小人书中的故事，他喜爱《三国演义》、《封神榜》、《七侠五义》等。特别是那些戏曲故事，如沈曼云的《十八罗汉收大鹏》和《七个红面孔，八个黑面孔》，尤为喜爱。一个个惟妙惟肖的戏剧人物形象深深烙入了周志醒的脑海中，甚至受图画课影响还会拿出笔纸描摹上一两幅，虽谈不上心摹手追，倒也像模像样、生动有趣。正是这样的少年经历促使周志醒日后迷恋于收藏书画和听戏唱戏中，并将书画庋藏作为一项事业去经营。

自上世纪四十年代，周志醒开始淡漠于经营五金生意，说附庸风雅也好，精神追求也罢，总之积累了些钱资倾心收藏起古物书画来。周志醒追逐潮流风尚不遗余力，他历来就好脸面，故而有余裕就喜好装点门面，尤其是他的好客慷慨为他博得了"小孟尝君"的诨名。他觉得"能给别人吃好穿好，说明自己过得也好"，钟情于"谈笑有鸿儒，往来无白丁"的心境。周慧珺就忆起：

> 父亲对我的影响特别大。我一直记得他说过这样一句话——"做生意是肮脏的，搞书画是清白的"，因而从小就让我们兄弟姐妹几个练习写字，甚至定下日课。我打小目光所接触到的就是满屋的书画挂轴，算是对我学习书法的启蒙吧。

第五章　志醒庋藏

正是这种"肮脏"与"清白"的对立关系铸就了周志醒独有的性格特征。

现在说说周志醒的收藏——两次鸦片战争后,国事日非,清廷积弱难返,不仅统治者没了宠幸文人骚客赏玩笔墨的闲情逸致,广大的文人墨客也逐渐失去了以一技之长供奉翰林或成为达官贵人、门下清客作为晋身之阶的指望。文人墨客只得自寻出路,一时间各门各派群起林立。到了上世纪三四十年代,"京派"开始雄霸北方,其绘画风格紧按四王一路发展而来,始终秉持着一个正统的观念:主张摹古,追求写意、象征的高雅趣味,与宫廷绘画息息相关。反视隔江相望的南方,尤以上海艺坛能人辈出,吸引了各地名家纷至沓来、侨寓沪上,形成了百花斗妍、千家争鸣的文化氛围,陡然使"海派"文化成为可与北方"京派"文化相抗衡的新兴势力。

这一方面固然是由于上海经济的繁荣,更主要的是上海有着开放宽松、中西杂糅的社会文化环境。两种因素相互发酵便诱发了上海书画市场的空前繁盛,尤其是商业对于文化市场的巨大影响,刺激了海上书画市场的兴旺与发达。张鸣珂的《寒松阁谈艺琐录》记载:"自海禁一开,贸易之盛,无过上海一隅,而以砚田为生者,亦皆于于而来,侨居卖画。"一些远自杭嘉湖的名书画家浸淫于斯,乐此不疲。连及普通大众尤其是商人的收藏之风大炽,书画庋藏从古时的宫廷之炫耀显贵、文人之同资雅好的精英交际,转变为大众之闲情逸致、黎庶之集美益智的社会活动,促成了一批有实力的民间资本家投身于藏艺之中。

一句"申江好,古玩尽搜探",可见上海古玩市场之兴旺。但又因为繁荣之下免不了鱼龙混杂,沙石俱下,"商鼎周彝酬万镒,唐碑宋帖重千镰,真伪几曾谙",又知从事收藏的风险性。但周志醒不理会这套,将生意交给手下人打理,自己热衷于跑五马路(今广东路)淘古物。五马路从那时起就是全国闻名的文物集散地,有"古玩一条街"之称,和北京琉璃厂齐名,现在上海文物商店仍旧坐落于此。天长日久,渐而就有了书画捐客寻上门来,送了一些东西让他过眼。

二十年代中期时,周志醒在朋友引荐下结识了书画藏家吴璧成。吴氏眼力,善于鉴画,他怂恿周志醒收藏书画,为此穿针引线、铺路搭桥。

某日,吴璧成拿来一幅倪云林的山水画。当时倪云林的画迹在市场上比较

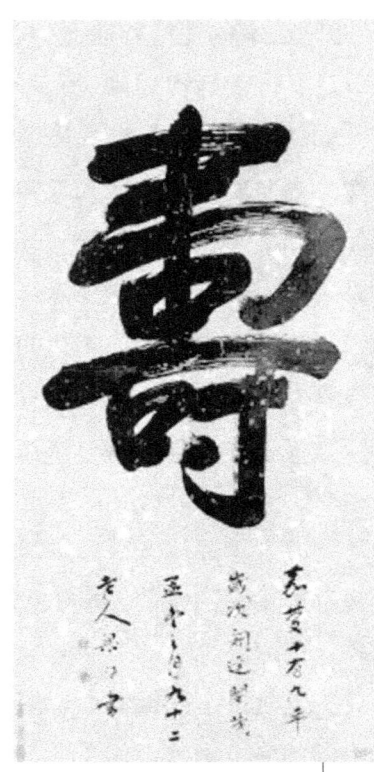

↑ 周志醒藏梁同书"寿",此轴在"文革"中遗失,后在2003年3月的嘉德4季第17期拍卖会上出现

多见,真假难分。周志醒毕竟初涉鉴藏,经验不足,资历不深,一时难悉真伪。最终促使他买下此画的原因是他认为朋友间应该存有互信,花钱交朋友他是乐意的。于是,以重金购之。之后,周志醒又从吴璧成和其他藏家手中购画数十幅。这其中亦真亦假、鱼龙难辨,对于当时在书画收藏方面尚属生手的周志醒来说也算是付了学费,买了经验。

痛定思痛,周志醒在搜奇之余,转而开始攻读古诗章句,研习书法。不仅是怡养性情,更是增长学识,过起了"亦儒亦商"的生活。随着日后阅历的逐渐增长,周志醒在收藏方面的经验和眼力是愈加老辣,收藏的规模和数量也逐渐递增。

一次,周志醒在吴璧成家中觅得一幅清朝大学者梁同书的楷书立轴,细细考辨。此轴上书"寿"字,有"嘉庆十有九年岁次阏逢阉茂孟冬之月,九十二老人梁同书书"的题识,钤有"梁同书印"和"梁氏元颖印"。吴璧成虽在法书上钤了"吴璧成鉴定印",但认为梁同书技艺稍逊,收藏价值不高未加留意。最终被周志醒以低价购入囊中,至今法书上还有"周志醒书画记"印。自此,周志醒收藏的书画大多以公道的价格购入,其中的堂奥不言自明。

综观周志醒的收藏,多以画迹为主,对于书翰有所轻视。这主要由于中国藏家自古就有"轻书重画"的收藏惯例,个中原因犹如清末民初的学人朱孝臧所言:"夫作书易而作画难,及给于世。画之值又远过于书,然则易作及值贱者恒易消灭而日见少;难作且值昂者,

第五章　志醒庋藏

顾能悠久，而遂见多耶，素蓄此疑，人莫能惜。"

不过，周慧珺至今仍保存了周志醒收藏的一本《出师颂》。显然是因为年代久远的缘故，封面已重新修补过，出版单位、年份等都模糊难认，可能是商务印书馆的，上面还钤有几个收藏人的藏书章。还有一本《平复帖》的字帖，收在一本叫《雍睦堂法书》的帖子里，从版本看是民国31年（1942）出版的，这本字帖也是周志醒所传。两本字帖周慧珺珍藏至今，但从来没有临摹过，因为帖中字迹模糊，可以说是"雾里看花"，无法临摹。

涉猎书画收藏日久，周志醒广交友朋，足迹遍及苏杭各地，寻访各名家所藏书画和古器物，同时拜师讨教。有深谊者不乏"三吴一冯"中的吴湖帆、冯超然等巨匠，还有书画收藏巨擘庞元济、篆刻家陈巨来、花鸟名家江寒汀等。

在周志醒的庋藏画作中最多的是名重桑梓的大画家"三吴一冯"、"四王"、郑板桥、华嵒和恽南田的作品。对这些书画作品的收藏经历以及与名人雅士的交往切磋不仅磨砺了周志醒的眼力和阅历，更大大激发了周志醒的收藏欲。他甚至意识到收藏已经成为自己日常生活中不可分割的一部分，身陷其中而无法自拔。对于生意他早已无心打理，委托友人全权代理。有时手头上的资金并非常常阔绰，但他却不将钱财扩大店面、扩充生意，而是把手上有限的资金投入到书画市场披沙沥金了。为了一幅王石谷的画作，周志醒不惜血本，花了十根金条愣是买了下来，害得家中一时拮据，粗茶淡饭地打发了数月之久。

"嗜画如命"之名因此得来！

↑　庞元济

↑ 唐文治

在周志醒的藏品中价值最高的莫过于"四王"作品。"四王"作品被视为画学"正宗"，引领了当时的清朝画坛乃至二十世纪初期山水画界达三百余年之久，在中国绘画史上地位很高。但客观来说"四王"拘囿于传统的画学观念，故而因袭守旧、千篇一律，在技法上创新不足，致使清新之气顿失，这是引发清朝山水画衰落的一大诱因。但无论如何，"四王"在当时的影响力颇深，例如大收藏家庞元济就有"四王"画作近百幅，其他藏家狄楚青、徐俊卿、刘靖基、钱镜塘、吴湖帆、张伯驹等亦复如斯。

周志醒和庞元济（1864—1949）有交谊。庞元济是民国时期声名远播的收藏家和鉴赏家，字莱臣，号虚斋，自谓"每遇名迹，不惜重资购求"，主要藏品上起唐宋，下至民国，达千件之多。庞元济寓居上海时，在成都北路上辟有"虚斋"一座，专作画友们谈古论画、交流心得的活动场所，带有雅集性质。而成都北路和北京东路比邻相隔，因此周志醒有时也是"虚斋"的座上客，庞元济也去周志醒家中赏过画。庞元济晚年开始卖画，周志醒就从"虚斋"购买了大量"四王"和恽南田的作品。

周志醒在名家身

↑ 周慧珺于北京路家中习帖，四周为父亲周志醒所庋藏书画

边孜孜矻矻地吸吮着书画鉴藏知识，不仅开阔了眼界，也让他结识了众多的志同道合之友，尤其是当时沪上的收藏鉴定名家，如吴湖帆、陆恢、张大壮、吴琴木、王选青、徐竹荪等。因而，看画、品画、论画所积累的经验越来越丰富，练就了一双"巨眼"。同时他还有意识地开始拓宽自己的收藏范围，除了"四王"、"三吴一冯"之外，还开始收藏郑板桥、恽南田、华嵒、赵之谦、吴昌硕、胡公石、沈尹默、任伯年、张大千的作品，仅大千的画扇就有百把之多。每逢得意之时，周志醒就会询问子女收藏的珍秘好不好，周慧珺等惧于父亲的脸色，总是夸赞好，逗得父亲开怀大笑。周志醒还有规定，家中不得乱跑嬉闹，违者重罚，为的就是保护满挂在墙上的画作不被损毁。

后来，周志醒曾请唐文治（1865—1954）为自己撰写一本集画录，定名《竹径草堂记》。唐文治是当时有名的教育家、大学者，在上海办学时与周志醒结识。随后《竹径草堂记》写就，但草堂却因事变未筑，可惜这本心血凝聚而成的画录连同藏品大多在"文革"抄家后或佚或毁。此后周慧珺偶见大哥周坚白从出版物中发现某张画作时，会突然像发现新大陆似的站起身，走到父亲面前，指着画册对父亲说："这幅画原是我们家的吧！"

细观周志醒的成长历程和收藏经历，我们不难发现周志醒的执著和睿智。当一批又一批搞书画创作的文化人来上海"跑码头"，掀起"海派"书画热的时候，文化程度不高但热衷于书画收藏这种"清白"事业的周志醒开始投身所好，涉入本不擅长的文博领域中。起初上当受骗不少，但生意人的精明在周志醒身上体现得淋漓尽致，凭借自己的执著和孜孜矻矻终于成为书画收藏界的方家里手。

但从另一方面省思周志醒的收藏行为，我们发现，周志醒身上有着一种附庸风雅、风花雪月的性格特质。为了书画收藏，他甚至疏于对生意的照看，一有钱就收购书画。对于自己的藏品尤为珍视，不肯轻易示人。实质上，周志醒演绎了一个农人之子转而成为小有财资的商贾，又由商人转换成地道文化人的心路历程，是那个时代最具代表性的文化现象。

第六章

考学风波

1949年4月下旬，解放战争已入决定性时刻。位于东海之滨、濒临长江出海口的上海，人口已达六百万，是中国第一大城市和经济中心，自然也是近代历史上帝国主义侵略中国的先头基地。此前，人民解放军历经了三大战役后，已由战略防御转向全面的战略进攻，百万雄师如猛虎过江突破国民党军长江防线。国民党军只得纠集八个军二十五个师共二十余万人退据上海，企图依靠上海的丰富资财和长期筑就的永备工事继续负隅顽抗。1949年5月23日，解放军对上海发起总攻。为保护上海城市建筑以及广大人民的生命财产安全，人民解放军克服重重困难，他们宁可让自己血洒苏州河，也要保存大上海的完整。经过浴血奋战，解放军攻入市区，国民党军除五万余人登舰仓皇逃窜外，其余悉数或歼或降。

其时位于北京东路的周慧珺家与国共对垒激战的苏州河仅百米之隔，隆隆的枪炮声震耳欲聋，紧张和恐惧的阴霾笼罩在城市上空。终于在27日，上海宣告解放。在解放上海的过程中，人民解放军严格执行三大纪律八项注意。他们露宿街头，不进民房，赢得了上海人民的赞誉。

历史从此奏响了新的乐章。1949年10月1日，毛泽东主席在天安门城楼上郑重宣布中华人民共和国成立，华夏民族百年屈辱史就此终结。新的国家新的气象，人们满怀着希望，群情激奋投入到生产建设中。若干年后，法国记者罗伯特·吉

第六章 考学风波

兰来到中国,在他的见闻笔记中写下了这样一句话:"红色中国是一座'蚂蚁山',而六亿民众是栖息其中的'蓝蚂蚁'。不管走到哪里,人们都穿着蓝布衣服。"确实,此时的新中国就像一部由几亿个零件组成的超级机器,以最快的速度拼命运转着。而这几亿个零件每天忘我地埋头苦干,只是为了把他们落后而贫穷的祖国建设成一个现代化国家。

时光推移至1952年,周慧珺小学毕业准备中考。此时的她正逢及笄之年,一心想报考上海市第三女子中学。市三女中是上海市唯一的公办女子重点中学,是一所蜚声海外的百年名校,宋氏三姐妹和著名女作家张爱玲等都曾在此就读。在过去的一个多世纪里,学校培养了一大批杰出的女性,被誉为"女子人才的摇篮"。

不料那一年实行工农成分与资产阶级成分家庭的子女分开考试的规定,对工农子弟采取倾斜政策。这对生长在资产阶级家庭中的周慧珺而言是十分不利的,但也没有别的选择。忐忑之中,为稳妥起见周慧珺又填报了上海市南洋模范中学。虽则南模亦是一所百年名校,但能入女校似乎是当时女孩子的一个梦想。

等待揭榜是一种煎熬,一种痛苦,以周慧珺优异的学业成绩考取理想中的学校本是一件轻而易举的事情,但如今却因成分问题使刚刚步入少年的她背上了沉重的包袱,她不止一次地彷徨、迷茫、不知所措过。发榜那天,五姐陪她去学校看榜,她落选了,与市三女中失之交臂。但好在南洋模范中学录取了她。细心的周慧珺还在揭榜名单中发现了"义昌号"一名店员的妹妹考入了市三女中,而此位女生的平时成绩落她一大截,只因那女孩属于工农成分。站在榜单前,周慧珺无言以对,欲哭无泪。她毕竟只是个孩子,对于世事的变幻莫测是无能为力的,处在这样一个新旧交替、社会大变革的时代里,她只能被动地接受命运的安排,唯一能做的只是在新时代的激流中渐渐成熟起来。

是年,周慧珺的两个哥哥也参加了高校统考。大哥周坚白(1926—)作为家中长子,从小就肩负着父亲的殷殷嘱托,立志将来在书画领域成就一番作为。十二岁那年,周志醒特意在新雅饭店热热闹闹地设了酒宴,为周坚白举行了隆重的拜师典仪,延请当时闻达于申城的书画大家冯超然(1882—1954)先生为师,精研画技。原本周志醒寻的是邓散木(1898—1963),邓一见周坚白时也夸赞他笔性好,还开玩笑说怕他以后夺了生意,因此要多收拜师钱。玩笑归玩笑,后来兴许是因为邓散木狂怪的性格使视狷介为畏途的周志醒打消了最初的打算,转投了冯超然。

良辰拜师,周志醒隆重其事,特意定做了一身藏青色马褂长袍穿上身,梳着整齐油光的发式,精神焕发、神采奕奕。一想到长子周坚白能成为冯超然的入室弟子,心中不免大喜。按礼俗,宴场内摆着供奉的宰牲,燃着香烛,人群熙攘。良辰吉时一至,周坚白就行三跪九叩大礼,向师傅敬茶。从这一天起,周坚白脱离了过去无师自习的学艺生涯,转而迈入了系统的、规整的但又严苛、曲折的专业学习道路。冯超然因和周志醒是故旧,对周坚白的督导管教更是严厉、细致,唯恐辜负好友的重托与信任。因而,冯超然还与周坚白"约法三章"督促其学习:其一,多使眼;其次,勤动手;其三,常用心。周坚白对此言听计从,日夜潜游于艺海中,无一日敢有所懈怠。在习字学画的同时,还积极向冯超然讨教品画、鉴画的经验,于名迹博览中磨练慧眼。庶几,眼界豁开、技艺精进,颇得冯超然的器重与喜欢。在书法上,周坚白先上溯颜、柳,后效法赵孟頫(学赵由周志醒的主观偏好所决定),冯超然总是手把手地教授他练习悬腕、运笔、施墨的功夫。

周坚白中学时周志醒还

↓ 周坚白书

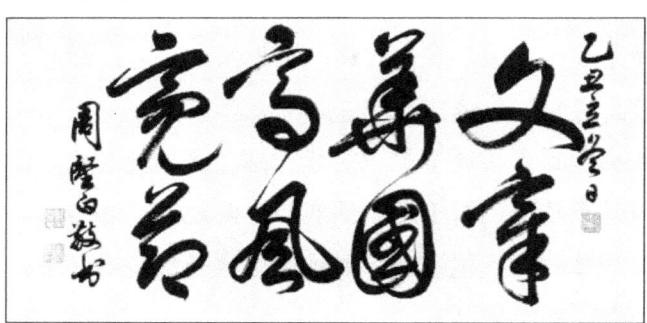

第六章　考学风波

提议聘请了一位国学先生在家专门为他补习国文，研读"四书"与古今体诗。后又移步苏州国专修研国学，包括楚之骚，汉之赋，六朝之骈文，唐之诗文等。

周坚白身为周家长子，从小父亲就对他寄予了厚望，这种愿望是如此强烈，以至于旁人看来周志醒有了揠苗助长之嫌。对于其他的孩子他都只是要求能堂堂正正地营生，没有过分的期许。每遇弟妹们在欢闹嬉戏之时，周坚白却正襟危坐，奋笔疾书。幼时苦练诗文，少时一专而多能，不仅习字还需作画。和现在的孩子们一样，年幼的周坚白以他稚嫩的肩膀背负起了父辈太多的希冀与嘱托。这种节律克制的生活在潜移默化中锻造了周坚白的学问基础和品格，却也使他失却了童性，压制了自由成长的空间。

新中国刚成立之初，政府的宽松政策为私营业主的发展提供了便利，但不久政府就发起"五反"运动，以打击"五毒"行为的名义对私营工商界进行了声势浩大的思想改造运动。周家虽然安定本分，但难免受到殃及。这使已年近二十六岁的周坚白意识到要融入新社会，必须自食其力，成为一个真正的劳动者，因此他想到了报考大学。

在选取报考学校时，周坚白考虑到了社会大背景的发展方向——自新中国成立初期到五十年代末，中苏关系日益紧密，苏联技术专家正帮助我国进行社会主义建设，特别是北方重工业、国防、科研领域更是依赖于苏联，照搬苏联模式，整个华夏大地几乎全盘苏化。因此，国家的发展就需要培养大批懂俄语、能在实践中自如应用俄语的专业人才。于是乎，周坚白报考了上海俄专（上海外国语学院前身）的俄语专业，这在当时可是个相当热门的专业。不过周坚白的文化根底极好，几乎不费吹灰之力就圆了大学梦。总的来说，周家的孩子在应对考试时都显得游刃有余，可能和父亲对传统文化的重视和熏陶有关。

1952年秋，周坚白正式告别了成为职业书画家的梦想，开始了他的大学生活。虽然没有成为一名职业书画家，但在日后的生活中，周坚白始终对书画艺术耕耘不辍，将书画视作修身养性，陶冶情操的风高之举，常常研习。但他内心总是带有一份对父亲的愧疚，时事变迁、造化弄人，周坚白每当谈及过往，心中仍会隐隐作痛。大学毕业后，周坚白被分配到上海水产大学任教，直到退休前一直坚守在一方讲台上教书育人、诲人不倦。周慧珺兄弟姐妹自小就对于这位长兄有着深深的敬意和依恋，周慧珺总会念及大哥周坚白如何在繁忙的学习生活之余关心和督促弟妹们的学习，照顾他们的生活，兄妹深情溢于言表。

再说二哥周世珏，自小就没有大哥周坚白那样受到父亲的重视，因此天性开放自由，灵逸好动，尤其是和周慧珺的关系甚好。或许是因为两人一前一后出生的关系，因此特别地投缘。周世珏虽从小喜好玩乐，但学习成绩却出奇地优秀，初中时就读于上海最知名的圣约翰中学，考大学时又由着自己的兴趣考入了名校浙江大学的化学系。在校期间，被学校公派苏联继续深造。1959年起，在华东化工学院（现华东理工大学）任教。

回归正题，告别了1952年的盛夏，一个金风送爽的日子里，周慧珺来到了上海市南洋模范中学。彼时的南洋模范中学是中国人自己最早创办的新式学堂之一，始建于1901年，其前身是南洋公学附属小学，为中国"公立小学之始"。

南洋公学附小在创办时期，程度相当于后来的高等小学。学制先是三年，有一段时期是四年。开办伊始课程设置有修身、国文、历史、地理、算术、理科、图画、体操等学科，为贯彻西学为用的原则，对英文、数学也颇为注重。从1901年到1927年，共计二十七年，是南洋中小学作为大学附属学校的时期，是南模的前身。到1952年，上海南洋模范中学已是一所相当规模的全日制初高中学校。1950年4月，毛泽东主席应学校学生请求，为学生壁报题字"青锋"，意为"青年先锋"，更使学校蓬荜生辉。

周慧珺初进该校，就感受到了学校良好的学术氛围，宽松的政治环境让她至今不忘。学校有一支高水平的师资队伍，一位姓马的国文老师对周慧珺特别青睐。在南模的学习生活使周慧珺身心得到了舒展，她天资聪颖、用功又勤，学习上得到了很大的提高，初中三年各科成绩都名列前茅。他父亲为此奖励她，由她自己挑选一件礼物，于是在哥哥姐姐们的怂恿下选了一个乒乓台。周父本来自己就爱运动，游泳、打乒乓、跑步都深谙要领，自然一口答应，当即就去体育用品商店看了样品。后嫌材料太过单薄，于是请来木匠师傅用柳桉木料打了一个，腾出楼下店堂一间仓库安放妥帖，兄弟姐妹们自是开心不已。

我国本就是乒乓球大国，小小的乒乓球在那时娱乐活动甚少的年代里几乎是全民唯一的运动。在上海狭窄的弄堂里随处都能看到孩子们用家里的刷衣板作

第六章 考学风波

球桌面，两只凳子一搁，衣板中间拦三四块砖而搭成的简易乒乓台。旁边围了一大群孩子焦急地等待着打上一圈，打赢的独霸一方，输了的再从末排起。对周家孩子们来说拥有一只漂亮结实的乒乓桌自然是欢喜无比，当下再三商议，组成了一支家庭乒乓球队，十四名店员组成了另一支"义昌号"队。于是买球衣、定规则、训练、比赛，忙活了好一阵。可是家庭队的成员男女年龄参差不齐，个个都要读书考试，哪能像店员队那样整齐划一、训练规律，没几个回合就败下阵来。反而"义昌号"队是屡战屡胜，还参加了行业乒乓球赛，拿了几回名次。这让周慧珺的父亲乐开了怀，亲自担任"义昌号"的领队参加行业比赛。有了老板带领，队员们自然是个个卖力，愈战愈勇，渐渐在行业内声名鹊起。而家庭队则群龙无首，一来父亲成了对方的领队，二来也恐怕训练耽误了孩子们的读书、习字，只能偶尔进乒乓房过把瘾。因而每逢行业比赛如火如荼，"义昌号"队训练夜以继日之时，可怜那乒乓台的小主人只能从门缝里偷偷地瞄上一眼。

第七章

圆梦市三

1956年1月10日,北京首先宣布实现全行业公私合营。接着,上海、天津、广州、武汉、西安、重庆、沈阳等大城市以及五十多个中等城市相继实现全行业公私合营。在1956年的第一季度末,全国全行业公私合营的私营工业已达到99%,私营商业达到85%,基本上完成了对资本主义所有制的社会主义改造。周志醒经营的"义昌"五金商号也实行了公私合营,在1967年与其他五金商店合并改为"上海第一五金商店"。

随着国内社会主义改造的突飞猛进,政治上成分划分,经济上公私合营,使周慧珺的家庭陷入了窘迫。1955年,周慧珺初中毕业又面临着考高中的难题。在南洋模范中学的三年学习,培养了她较强的独立学习、独立思考、辨别是非的能力,增强了自信心及与他人交往合作的能力。因而,周慧珺认为南模对她的早期人生起着不可估量的作用,至今在影响着她的人生轨迹。另一方面,市三女中是她从小向往的学校,

↑ 中学时的周慧珺

第七章 圆梦市三

三年前的一幕重又浮现眼前。

虽然此时还未经历全行业的公私合营，但已有了政策，周家的经济状况就大不如前了。从经济上考虑也是市三女中更优：市三女中属于公立学校，学费十六元；而南洋模范中学属于私立，那时的学费要五十五元。总之，那时的她处于深深的矛盾之中，最后还是通过全家协商，决心依旧报考市三女中。主意既定，周慧珺即刻投入了紧张的复习备考中，这时的她不仅为了圆自己的梦，且担负着为家庭减轻学费的责任。

试毕，虽然周慧珺感觉考得不错，但顾及成分的因素，还是轻松不起来。在极度的焦虑和惶惶不安中，终于等到了张榜的日子。这次她一个人去看榜，途中换了两辆车，一路上脑中一片空白。到了学校，站在榜前抬头查寻，"有了！""周慧珺"三个字赫然在榜。十六岁的她盯着自己的名字，眼中一会儿清晰，一会儿模糊……

往事重温，她感谢父母家人给予她的关怀、温暖和支持；感谢南洋模范中学的老师给了她扎实的文化基础知识，积极面对生活与学习中所面临的各种压力的能力；感谢上苍让她得缘实现自己的理想。她暗自下了决心在以后的日子里会更加努力，会怀着一颗感恩的心去开创崭新的人生旅途。

两个月后，周慧珺终于迈进了市三女中的校

↓ 市三女中

门。抬眼望去，学校的大门古朴典雅，中西合璧的校园建筑掩映在雪松、金桂、蔷薇、翠柏、草坪之中。令人击节赞叹的是，红瓦尖顶，绿树荟郁，环形的长廊和高耸的钟楼无不体现出古典与现代、庄重与秀逸的完美结合，所有的一切都显得那么和谐与令人陶醉。沿途石径交错、花木吐香，一年四季，春色长驻，环境极为幽雅清静，令人心驰。

市三女中的前身是1881年美国基督教圣公会创办的圣玛利亚女中和1892年基督教南方监理公会创办的中西女中。1952年时，两校由上海市人民政府接管，合并命名为"上海市第三女子中学"。学校向以严谨治校、勤奋教学著称，名人荟萃：除宋氏三姐妹、张爱玲外，还有前中国科学技术部部长朱丽兰，美国俄勒冈州副议长邓稚风，中国科学院院士黄量，中国工程院院士陈亚珠、闻玉梅，艺术家顾圣婴、黄蜀芹等都毕业于该校。用学校的校旨来说："（本校）努力探索女子成长成才规律，营造女子成才氛围，启迪女子成才意识，挖掘女子内在潜能，发挥女子个性特长，为造就德才兼备、秀外慧中的现代化、开放性的杰出女子人才奠定基础。"

进校伊始，周慧珺并不适应。当时学校校规很严，不但学习抓得紧，而且对学生的衣着、发型都有讲究。市三女中的办学特点和长处，她是通过不断地学习和生活实践才逐渐发现和体察到的，并在潜移默化中受益终身。当时已病魔追身的她最喜欢的是女中优美的自然环境，花开四季，丛生的灌木郁郁

↑ 中学时的周慧珺

葱葱，一切都有益于学生的身心调养，吸入肺腑的总是洁净新鲜的空气。

女中的同学也以能够成为女中的学生而备感自豪，非常珍惜这难能可贵的机会。尤其是女中老师学识渊博，上课风趣幽默、引人入胜。周慧珺从小就喜欢诗词，但只限于朗读背诵，她羡慕诗人们能从普通的事物中寻找到美，再用言简意赅的词句表达这番美。有一段时期她特别喜欢南唐后主李煜的词章，自己找些来读，也试着写了点小诗，但内容无非是那些无病呻吟，"为赋新词强说愁"的少女情怀罢了。

在这个阶段中，尽管周慧珺勤奋好学，兴趣宽泛，是生命中什么都想跃跃欲试的豆蔻年华，然而她的类风湿关节炎已露端倪，体育课被迫免修。偏偏市三女中极为注重对学生课外能力的培养，经常会组织丰富多彩的社团活动、歌咏比赛及年级之间的各类球赛、话剧与舞蹈表演、演讲等，她一概不能参与。每逢星期六下午学校放假，同学们会结伴去看电影、逛书店，她则要去医院看病，这让周慧珺的少女时代变得不像同龄人那样色彩斑斓。

不得已她就经常上图书馆借书看，也问好友借些小说阅读。因祸得福的是她读了许多小说，特别是翻译小说，让她开阔了视野，了解到与周遭大不相同的绚丽世界。她整日潜心于文学的海洋中，尤其是罗曼·罗兰的《约翰·克利斯朵夫》成为她当时最为挚爱的"伙伴"。因为她和克利斯朵夫竟是如此的相像，同样身患病痛，却都有着不放弃、奋勇向前的心气。慢慢地，一粒文学梦的种子开始破土而出了。

那时的市三女中，学生还大多是有钱人家的孩子，有一个班级私底下还被称作"贵族班"。这些学生家里信奉基督教的人很多，学校前身又是教会所兴办，所以师生的日常生活常常会带有宗教色彩。这也影响到周慧珺对宗教的思索：她的父母笃信佛教，佛教是不重今生修来世的，认为一切皆空，是抱着"出世"的人生态度，在她那时的年龄来说不太能懂。而基督教则教导人们"入世"，以积极的态度去面对人生，参与到世俗生活中。尤其是"施比受更有福"的教义在周慧珺的脑海中扎了根，铸造了她善良诚实的秉性。

不过，在当时接受最多的仍旧是共产主义教育。周慧珺常常想"只要实现共产主义社会，我们就会有一个真正富强民主的国家，人人安居乐业"。更令她期待的是"共产主义社会消灭了阶级，不会再有成分的划分，没有歧视，人人平等"。

市三女中的教育无论在精神上还是在知识的接受上，都使她感受到从未有过的新奇。她常想：宇宙和生命被创造的目的，我们远未知晓，但如何做人、如何信仰、如何探求真理却是与生俱来的品格。生命既然如此短暂，我们是否有足够的时间去完成一项对人类有意义的事业呢？这类问题都会让年少的周慧珺感到困扰，从而产生强烈的求知欲望。因而，三年的女校生涯带给了她数不尽的文化知识和宝贵的人生信条，促使她识见到了广阔的人生舞台。

三十余年后，也就是1984年10月28日，市三女中隆重举行了上海同学会成立大会，校友从四面八方汇聚母校，同窗好友久别重逢。周慧珺作为杰出校友挥毫泼墨，感谢母校曾经的悉心教养。

第八章

初学技艺

话说中学时代的周慧珺已经出落成亭亭玉立的少女，开朗随和的性格使她不会跟别人争执什么。她一心读书、画画、写字，一手漂亮的毛笔字娟秀清丽、闲适流美，老师经常在她写的作业本上勾画红圈，同学之间练字也常以她的习作为蓝本描摹。老师们的赞许、同学们艳羡的眼光和赞誉满足了一个少女纯真的虚荣心，使得周慧珺自小就对艺术有着别样的情愫。

同时，少年时代的周慧珺和前辈一样觅踪于《芥子园画谱》中，呼吸着艺术的氧气，汲取着中国画的传统精髓。少女周慧珺尤爱荷花，喜欢画洁白的睡莲在幽绿色的水池中静静地绽开。可以说她的父亲周志醒为他的儿女创造了一个良好的文化环境，让他们阅读最好的书籍、品鉴最好的画作、临习最好的字帖、赏析最佳的曲乐，使他们无论身处的环境变幻如何，始终能不失那份清雅与高洁。

↑ 周慧珺所画的兰花

上世纪八十年代，周慧珺已是一位享誉全国的书法家了，为了使自己的书法技艺在线条和墨韵上更为丰富，凭借着曾经临习过《芥子园画谱》的基础，以写意的方式又画了好一阵子"梅兰竹菊"。凭着临摹画谱的童子功和几十年书法笔墨功力的融合，此时的周慧珺落笔自是不同凡响。她的学生李静手里藏有一张周慧珺当时所画的兰花，曾经得到过大画家唐云的赞许，还说要亲手画一张与李静交换呢，可见真的是好。

随着年龄与阅历的增长，周慧珺开始花更多的时间在书法学习上，在钻研颜、柳的基础上，和大哥周坚一样受父亲的引导开始深入取法赵孟頫。

提到赵孟頫就不得不谈到他所创造的"赵体"。赵

第八章　初学技艺

孟頫在书法上对于宋朝书风大加贬抑，认为其尚意失形，缺失唐人的谨严法度。因此就主张学古，学什么古，就是他所擅长的以尚韵为标志的晋书，尤其是"二王"。但是殊别有异，赵孟頫推崇晋书但不尚韵，他所欣赏的是晋书的用笔和结体之法。他认为"学书有二，一曰笔法，二曰字形。笔法弗精，虽善犹恶；字形弗妙，虽熟犹生。学书能解此，始可以语书也"。换句话说就是要取晋之形、采唐之神，即"化晋韵为唐法"、"贵有古意"。

我们知道，晋书的韵和宋书的意是人们主观心理所产生的内在精神感悟，没有可供参照或立范的准则，使人循门难入。而唐书则尊法，提倡法度，因而有严格的"体"，诸如欧阳询、虞世南、褚遂良、颜真卿、柳公权的书式被后人称为欧体、虞体、褚体、颜体和柳体。正因为赵孟頫严谨而不失流美的书风，才有了以其楷书和行楷书为代表的"赵体"的出现，因而奠定了赵孟頫在元代的至高地位。在画史上赵孟頫有"托古改制"之誉，在书法上又何尝不是如此呢。

父亲周志醒钟情于"赵体"，不是简简单单的浪漫天性所驱使，而是深受二十世纪中期海派书坛帖学中兴的影响。承父亲旨意，周慧珺和周坚白都曾在少时通晓此道，字迹秀美端庄、婀娜流变，不仅笔画映带牵连，结构上也是温润光泽。当然学赵是由他父亲的意志所决定的，在父亲的眼里，赵字代表着书法的正统。他希望自己的女儿将来能像赵夫人管道昇那样，成为享有书名的女子。即使不成，"字也写得漂亮嘛，将来出去做人做事体面"。然而，年幼的周慧珺并没有如父所愿，相反，那秀媚恬熟的赵字怎么也引不起她特别的兴趣，断断续续写了几年，说不上对"赵字"有多少爱好，只是勉力顺应父意罢了。

第九章

弃文从医

　　1958年，全国又掀起了"大跃进"运动。5月，中共八大二次会议正式通过了"鼓足干劲、力争上游、多快好省地建设社会主义"的总路线，在主要工业产品产量方面在十年内超过英国、十五年内赶上美国（所谓"超英赶美"）。尽管这条总路线的出发点是要尽快地改变我国经济文化落后的状况，但由于忽视了客观经济规律，根本不可能迅速地改变我国经济文化落后的状况。从1958年"大跃进"开始的三年"左"倾冒进脱离了实事求是的精神，导致了国民经济比例的大失调，并造成严重的经济困难，乃至一场空前的人道主义灾难。

　　在教育领域，自1958年到"文革"前夕，高校招生还有"不宜录取"和"降格录取"的政策，实质上就是1957年"反右"导致极"左"路线的延续和发展。校方会对报考学生一一作政审，政审的结论基本分为四类：可录取机密专业，可录取一般专业，降格录取和不宜录取。政治审查的依据，并非个人表现或学习成绩，而是家庭出身和社会关系。出身地主富农家庭的子女，或者家长在1957年被划为"右派"的学生，抑或是有海外关系尤其是港澳台关系的学生基本上都是不宜录取和降格录取者。在当时的氛围下，人们对于原因心知肚明，却又不敢声张。

　　这年夏天周慧珺高中毕业，正面临考大学。她心心念念地想进复旦大学汉语言文学系，这都是她大量阅读翻译小说、古典诗词，对文学产生兴趣的结果。

第九章 弃文从医

哥哥姐姐们都已被名校录取，当然，对于成绩优秀的她来说，复旦大学也并非遥不可及。然而时过境迁，那个年代命运不是掌握在自己手中，像她那样家庭成分的人，显然是不宜被名校录取的。无奈之中家人考虑到周慧珺和她三姐都得了类风湿关节炎，恐是遗传因素导致，家里若能有个学医出身的将来便于照料，求职也相对容易些。因此，周慧珺报考了上海科技大学药学系。几乎不费周折，周慧珺就被上海科技大学药学系录取了。虽然之前她从来没想过要成为一名医生，做的都是文学青年的梦，但是在那个年代她能被大学录取已属幸运。想到今后能为别人解除病痛，能在生命中实践《圣经》中所说的"施比受更有福"，周慧珺也心满意足了。

↑ 周慧珺和母亲、妹妹合影

是年，上海市兴办了几所新的大学，上海科技大学就是其中之一。报到那天环顾四周，同学们年老的年少的都有，年龄结构参差不齐。有的同学衣衫整洁，有的学生破衣烂衫，甚至赤着脏兮兮的双脚。原来那年头需要培养的是根正苗红的工农子弟，学生中也被分为三类：一部分是像周慧珺那样成分不好但考了高分从而被幸运录取的；一部分是考分稍逊的工农子弟；还有一部分就是"调干生"（已经参加过工作，思想进步且贫苦出身的录取者）。学校初创没有校舍，只得借读于上海第一医学院。

可是，那时整个中国的"大跃进"运动正如火如荼地开展着，各行各业狠抓生产，大炼钢铁，热火朝天的氛围哪里能容得下莘莘学子安心读书呢？开学伊始，还没摸过书皮，就下到工厂参加劳动，地点是信谊药厂下属的一个分厂，劳动内容便是清洗药瓶子。当然也不全是药瓶那么简单，什么型号、样式、大小的瓶子都有，身处困难时期，可以利用的都要回收循环。这些瓶子既肮脏又难洗，瓶颈小的还得将手指硬是"挤"进去擦洗，割破手指是常有的事。此刻的周慧珺关节炎已经十分严重，高强度的站立劳动加之长时间将手指浸泡于冰水中，全身感到锥心的疼痛，走路都迈不开步了。一天七八个小时站着洗瓶子，正常人都已累得精疲力竭，何况疾病缠身的周慧珺。更难受的是有时凌晨四五点钟就将学生集合到操场，然后分散到学校各处扑灭蚊蝇。周慧珺拿个洗脸盆涂上肥皂沫到处扑兜，不断地闪转腾挪，腿脚僵硬得不听使唤。学生中本来斗争的意味就非常浓烈，界限分明，周慧珺这些成分不好的同学饱受歧视，自然也就无人帮衬。但少女的倔强与坚韧又促使她觉得以生病为由推脱工作是件难以启齿的事情，因此终究不曾吭声，咬着牙硬是挺了过来。但久而久之，病情也愈发严重。

白天辛苦劳动不算，晚上还需摊开医学书籍自学。学校虽教育劳动能坚强人的意志，改造人的世界观，但医术是人命关天的事，治病救人没有精专的医学知识和科学的实践是不行的。所以开学前夕，周慧珺就去医药书店买了张人体解剖图粘贴在寝室的壁墙上，每天无论多累，都要对着图片一个部位一个部位地做上标记，慢慢地默背解构。以致毕业时一本《人体病理学》已被她翻烂，做了不少圈圈叉叉。打小周慧珺读书就属于那种不是用死功，但记性奇好，悟性敏捷又长于思考的人。念书期间，凡是中考、高考从未开过夜车。有时上课时玩性未泯，还曾在课桌下偷偷看闲书，却各门课（除了体育）名列前茅。但面对博大精深且陌生的医学知识时，她却迫使自己刻苦用功，不惜死记硬背、师心自运，渴望在学校教学步入正轨后专心攻习医业，做一名优秀的医师。

孰料，白天繁重的劳动和夜晚的挑灯夜读使周慧珺的病情每况愈下，不得已常常要向校方请假看病。最后校方以周慧珺身体患病为由，又是资产阶级的子女，没有商量、同情、关怀的余地，入学不到一年即被强令劝退。

第十章

偶遇《蜀素》

1959年的春天，万籁俱静，周慧珺被上海科技大学退了学，这对年轻的她不啻是一次沉重的打击。她成了失学的社会青年，又气又急，病了整整一个月。她终日窝在家中，耻于见人，仿佛是被整个社会抛弃一般。可以说是"前途茫然无所知，疾病缠身备煎熬"。痛苦迷茫之中，她苦读小说、诗集以谋得心灵上的慰藉。她还拿起久已弃之不用的笔墨纸砚，锻炼臂力的同时，消磨时间，化解心中的抑郁与忧伤。但天意造化，退学后的闲暇却使得她每天有了余裕习练书法，醉心于对书法艺术的上下求索中。

某日，周慧珺在家中书柜内搜觅字帖，无意间瞥见了一本表皮残破但内容齐整的字帖，顿时令她一见倾心。这本尺牍小行书结字左伸右缩、姿态奇谲、笔力遒劲，以侧势取妍，左右摇曳生姿，雄强俊逸、风樯阵马的风格令周慧珺惊叹。一种因新奇所带来的快感猝然而生，仿佛电流触击一般，第一次使周慧珺感受

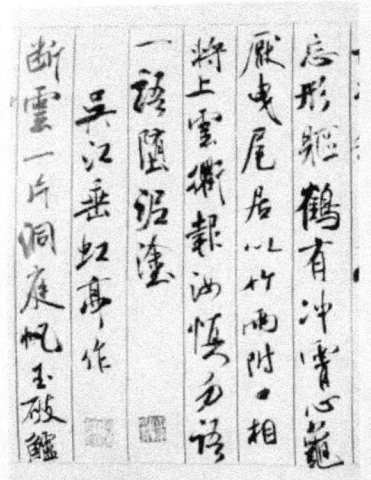
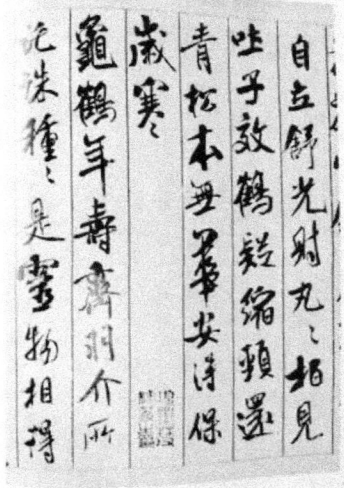

↑ 米芾《蜀素帖》

到了书法的雄浑魅力。于是,她心急火燎地翻看此帖,细细端详,方知此乃宋代大书家米芾的《蜀素帖》,为米芾三十八岁时所书。青年米芾意气风发的神姿,深深撼动了周慧珺的心灵,她似乎找到了米字与自己气质的感应点。

《蜀素帖》亦称《拟古诗帖》,被后人誉为"中华第一美帖"。全文七十一行,六百五十八字,字字动人心魄,神妙决能。尤其是米芾表现出"刷字"的风格特点更是令周慧珺心律加快,久久难以平息。周慧珺一边品读一边感受着米书的神韵:书风跌宕取势,一泻千里,于雄峻中蕴涵清新,于遒劲中绽放瑰丽。尤为难能可贵的是"蜀素"难以受墨,通篇枯笔较多,虽枯湿浓淡却浑然天成,顿挫提按势如流水。董其昌在《蜀素帖》后跋曰:"卷如狮子搏象,以全力赴之,当为生平合作。"沈周赞曰:"苏长公论其清雄绝俗之文、超妙入神之字,今于此卷见之。"这种狂放骏快的笔锋何尝不是周慧珺多年来苦苦觅求的风范,不想今日在机缘中偶遇。

再说米芾(1051—1107),字元章,号火正后人、鹿门居士、海岳外史、襄阳漫士等,从名号中我们就可以窥见米芾张狂不羁、异于常人的为人处世之道,以致时

第十章 偶遇《蜀素》

人冠其以"米癫"的称号。尤为难得的是他书画皆精的同时还善于辨伪鉴真,可谓博闻广记,学贯古今。在书法上他先学颜、柳,后及欧、褚,再涉羲、献和前人名迹。尤爱王献之的超然脱俗、标新立异,因而卑唐之法度,融"献字"于自己的风格体系中,讲求"集古出新",变化百端。也因此,他的行书相较草书有过之而无不及,在集古的同时锐意创新,自成一家。米芾的"刷字"更是给周慧珺的书法带来了清新之气,那种侧锋下笔,八面出锋的用笔令米芾洋洋得意,自诩"善书者只有一笔,我独有八面",对周慧珺日后"八面出锋"的书法风格裨益甚多。

这《蜀素帖》本是周志醒偶尔让周坚白参阅的摹本,只可惜周坚白攻书于赵字,对米字不太经心,因而长期搁置于壁橱之间,鲜有问津。于是周慧珺就借来此帖心摹手追,浸淫其中,一发而不可收,四季昼夜临习不辍。往后,周慧珺对米芾的临习又由《蜀素帖》延伸到《苕溪诗卷》,从《自叙帖》扩展到《珊瑚帖》,但凡米字几无遗漏。

周慧珺学书的态度谨严而审慎,她临摹米字,对点划的使转运行,字体结构和章法布局,犹如分析和解剖人体结构那样,要求完全吻合。直到现在她依然认为临帖,特别是第一本帖必须要临得像,力求形神兼备。第一本帖基础打扎实了,再临其他就会便易得多了。托迹于"米字"给周慧珺带来的不仅是精神上的享受,在临帖的过程中也使她的身体得到了一定程度的锻炼,渐而忘去了因病痛和失学所带来的愁苦。

周慧珺在笔者对她的访谈中曾谈到自己何以"情定"米芾,她说:

> 小时候年纪小,贪玩,也就不得已顺着父亲的意思练习赵字,练啊练的,只是依葫芦画瓢而已。后来,在书柜里找到了一本米南宫的《蜀素帖》,刹那间就被吸引了。于是,练了好些年的米字。米芾的书风跌宕取势,一泻千里,有"刷字"的美誉,我很喜爱。我觉得这还是和我的性格有关联,我喜欢刚强的一路。

从被退学到因祸得福,这番令人啼笑皆非的经历使周慧珺体会到:

人生，就如开车在路上行驶。一路上既有平坦的道路、美丽的风景，也有泥泞山道，迂回曲折。人生就是如此，我们要达到目标，就不能受美景诱惑，也不可被挫折击倒。（李静、张亚圣：《一生一首翰墨诗——周慧珺》，第23页）

古人亦曾告诉过我们一句箴言："祸兮福之所倚，福兮祸之所伏。"

第十一章

命运垂青

正当周慧珺沉浸在书法艺术的殿堂孜孜矻矻之时，1960年初春，报上登出特招消息：由于数理化师资严重缺乏，将于本年春季在复旦等八所大学增设两年制大专班，培养基础学科教师。这一利好消息对于像周慧珺这样"闲散在家里的社会青年"来说，无疑是一次重新实现自我价值的契机。她当仁不让地又一次报了名，迈入了考场。

通过了统考，周慧珺被分配入华东纺织工学院（今东华大学）物理系学习。由于是统一培养师资，系别是由不得个人抉择的，周慧珺不得不再一次面临重起炉灶的尴尬。时值上世纪六十年代初期，我国正遭遇前所未见的自然灾害，"大跃进"运动进入尾声，天灾人祸面前，政治环境宽松了许多，阶级斗争也不再像以前那么反复强调，师生之间、同学之间的关系相对比较融洽。在华东纺织工学院学习的两年是愉快的，学员水平虽然也是参差不齐，来自社会的各行各业，但大家都很珍惜这次特招的机会，能够安下心来扎扎实实学些有用的知识。想到毕业后将为人师表，授业解惑，对周慧珺而言更是不敢有丝毫地懈怠，虽然身体不好但极力忍受着，以免遭人非议，进而重蹈退学的覆辙。

当年的自然灾害令年轻的周慧珺感同身受：那时她在学校交到了一位好友，那位女生学习非常用功，功课很好，只是衣衫破旧，面黄肌瘦，每天放学她都会

第十一章　命运垂青

去学校后面的杂草丛里挑些马兰头回家。初始，周慧珺不解其意，后来才知晓她是拿回家煮菜，心里就感到非常地难过。又有一次听说同班的一位安徽籍同学暑期回家，看见村里有很多人都饿死了，她简直无法相信这些都是发生在身边的真人真事。

在华东纺织工学院的两年，一晃眼就过去了。临近毕业之时，由于学习努力，各科优秀，周慧珺和一位男同学被分配到上海科技情报所当技术员（国家政策有变，不充实师资了）。正当周慧珺焦急地等待报到日期到来的时候，学校却发来通知，男同学如期报到，周慧珺暂缓报到。过了些许时日，学校又告知周慧珺去上海同仁合金厂报到。

上海同仁合金厂位于嘉定郊区，偏远得很。父亲周志醒和大哥周坚白考虑到周慧珺的身体状况，事先跑去探查了一番——工厂位于嘉定的边郊荒野，交通异常不便，步行十几里到小镇也只有小小的两家杂货店，更不用说正规的医院了。像周慧珺这样患了近十年类风湿关节炎的人，需要长年看病、吃药打针，附近没有一家医院自然不行。大家都晓得，当年的"单位"对于一个人来说有多么的重要，成千上万的单位构成了一个有效而庞大的体系，组织了人们的工作，为员工分房，决定了他们的食品供应、婚姻与迁徙。万般无奈下父女俩战战兢兢地跑去学校反映了实际的困难，让他们意想不到的是当时华东纺织工学院的领导还是通人情的，不仅接纳了他们的诉求，还为周慧珺的情况协调奔波。不久，周慧珺被分配进了位于杨浦区的上海化工厂塑料研究所，开始了她的物理测试技术员生涯。经历了诸多坎坷，周慧珺的工作总算安

← 没有彼时的成功，焉能有现如今的周慧珺

定了下来。

上海化工厂塑料研究所是从中心分离出来的独立单位，周慧珺被分配到第四研究室，整个科室基本都是大学毕业生，气氛活跃宽松。周慧珺们主要研究用于国防的"聚四氟乙烯"绝缘材料的物理性能测试，全新的环境、全新的工作对于周慧珺而言是既兴奋又感到任重道远。她每天勤苦工作，踏踏实实，虚心求教，接受新事物的能力很强。她品性纯粹，处世简单，与同事关系相处得不错，口碑颇佳。上海化工厂塑料研究所犹如周慧珺的世外桃源，她两耳不闻窗外事，一心工作，研读专业书籍，工余则勤于书法。

恰在此时，命运也垂青了周慧珺！

1962年秋，经历了一个溽暑长夏狂风暴雨的倾泻与洗礼，上海又恢复了往日的安宁与祥和，但仍不时会有如丝般的细雨淅淅沥沥地从天而降。这由苍穹而下的雨，一丝一丝地飘着，像飞舞着的细沙，向人们预告着一个金色的丰收季节。这时，上海中国书法篆刻研究会（上海书法家协会的前身）举办了一次市级书法展览，周慧珺以节临米芾的《蜀素帖》入选，并被刊登在《新民晚报》上。首获成功，令周慧珺振奋不已。

原本周慧珺和大哥周坚白同时投了稿，预展时兄妹俩的作品双双入围展出序列，家人都非常高兴，特别是父亲周志醒，笑意与满足写

↓ 周慧珺1962年习作

第十一章 命运垂青

在了脸上。在投稿前，儿子写字他展纸磨墨，陪侍左右，甚至细心地调节灯光的明暗。相反对于女儿周慧珺，周志醒只要求字写得漂亮些，将来出去做事做人比较体面即可，任由她在一隅书写作品，全凭周慧珺自身对书法的兴趣与热情。所以对于此次儿女书法作品同时展出，他的喜悦之情溢于言表，亲朋好友处奔走相告。

不料到正式展出时，周坚白的作品没有被选入，这对周志醒及周坚白来说不啻是一次沉重的打击。后经多方消息探听，方知是最后审查时专家认为周坚白的作品内容上不合时宜，与时代脱节而被删了下来。这让他们非常沮丧，懊恼不已。

但很快，女儿周慧珺的入选就消弭了周志醒心中的落寞，他买了许多刊有周慧珺所临《蜀素帖》登展消息的报纸，挨家挨户询问亲友有无订报，没有的就会亲自送去。那几日周志醒真是其乐融融，志得意满。而对于周慧珺来说，因为这一次偶然的机会，使她在不经意中叩开了书法艺术的大门，与书法艺术正式结缘，从此开启了她接受正规书法教育与训练的坎坷道路。

由此我们可以猜知，周慧珺与《蜀素帖》的相遇虽属偶然，但其中亦包含着必然的因素。从小由父亲规定他们兄弟姐妹临帖习字到自觉对书法艺术产生兴趣，又由"赵字"到"米字"继而孜孜以求。周慧珺以一种跌宕取势、一泻千里的书风与米南宫"刷字"的特点心神相映，亦与其刚强的性格全然吻合，是一条适合她自身发展的煌煌大道。

周慧珺辛苦走来，其中冷暖自知。

第十二章

投师名家

依旁人来看,周慧珺敏行讷言,但她的内心却始终潜藏着一股对艺术的激情与追求。对书法的投入,使她的这种情感被极大地开掘、激发了出来。此刻的周慧珺感觉要在书艺上更为精进,需要规范化的训练和名师的指点。于是,她决定正式拜师学艺,于1962年《蜀素帖》登展结束后慕名进入了江西路上的上海市青年宫书法学习班。

当时的上海市青年宫书法学习班是由上海中国书法篆刻研究会创办的,目的在于普及青少年书法事业,前后共办了九届,学员达四百多人,现今活跃在上海书法篆刻界的众多英才,很多都出自青年宫书法班。青年宫学习班的学资不过两元,却云集了上海市最顶尖的书法师资队伍,有沈尹默、白蕉、翁闿运、任政、胡问遂、拱德邻、潘学固、钱君匋、赵冷月、方去疾、单晓天等一批享誉书坛的大名家在此执教,革新了中国书法长达千年私相授受的惯习。

就上海中国书法篆刻研究会本身来说,也是在我国书法事业呈现凋敝、青黄不接的境遇下,由沈尹默先生倡议,在陈毅和魏文伯同志的关心支持下,连同潘伯鹰、王个簃、郭绍虞、任政等人的不懈努力,于1961年4月8日正式宣告成立的。协会占据了一栋两层楼高的花园洋房的底层,装饰亮堂,文化气息浓厚,二层则是上海市委写作班子的所在地。"书刻会"是新中国成立后的第一个书法篆

第十二章 投师名家

刻组织，由沈尹默担任主任一职，其时会员仅有八十余人。1981年，上海中国书法篆刻研究会易名为"中国书法家协会上海分会"。1989年，又更名为"上海市书法家协会"。

那时的周慧珺还只是初出茅庐，这种齐整而高水准的师资队伍和严格的基本功训练，使得周慧珺书艺大进。尤其在名家的亲炙下，她的眼界不断拓展，遍临了多种字帖，楷书有颜真卿、褚遂良、欧阳询等，行书则以宋四家为主。各班的学生临写的碑帖都不同，有写颜体的，也有写欧体的。青年宫老师的高明之处就在于并不对此作任何的限制，他们只教你用笔的方法、用笔的原理，帮你分析哪种字体好在哪里，告诉你临习的要点与精髓。不像现今的老师让学生学临自己的字体，结果是众多学生千人一面、状若算子，没有了个人的气息，学生的字一眼就可以看出来是师出何人。这种教习方式是有很强局限性的，对于书法教学而言无异于倒退。

书法艺术千变万化，代代相传，靠的就是一支毛笔的功夫。相对来说，运笔的技巧，古人远在今人之上。作为老师，就是应该帮助学生掌握这种技巧，懂得"取法乎上"的道理。海派书家一向对魏晋风雅蕴藏之美情有独钟，"二王"书法的中和简澹与淳厚典雅历来是海派书家的终极审美追求，因此对于帖学要素的掌控成为青年宫学习班中的必修课程。受到诸多名家指点迷津，周慧珺茅塞顿开，拿起一本帖时，不再像初学时那样茫茫然不知所措，能比较迅速地领会各种字帖的用笔技巧和结构特点。

在青年宫中，学生们被划分为若干个班级，一个

↑ 周慧珺的第一位书法老师——拱德邻

老师分管一个班，拱德邻成为周慧珺的指导老师。拱德邻先生六十多岁的年纪，操着一口浓重的苏北话，长相清秀，书卷气十足。在周慧珺眼中，拱德邻是个和自己性格相近的人，平时萧索寡会、闲静少言，口才更是一般，但思维敏捷，也是个敏行讷言的人。那时拱德邻早已从邮政局文书的岗位上退了下来，每日精研书法理论和古典词章。周慧珺一直十分钦佩拱德邻，原因就在于他拥有深厚的国学根基，古文非常好，不张口则已，一出口惊煞旁人。就像偶像崇拜一样，青年周慧珺对拱德邻这类学识渊博、学贯古今的人持有一份仰慕、一份敬意。尤为难得的是，拱德邻为人低调，不图名利，一心蜗居潜游于学问中，因而在当时的名气较之其他教师来说并不是最盛。平时为人处事又特别耿直，难免得罪了不少人。周慧珺记得最清楚的一件事是一位林姓同学将一幅写就的书法装裱好后得意洋洋地拿给拱德邻看，请他指点。拱德邻看都不看，只说了句"你已经都裱好轴头了，还给我看干吗，很满意了吧"，说罢转身就走。林姓同学尴尬地站了半天，尔后怏怏离去。但对于那些踏踏实实、闷头习练的学生，拱德邻却丝毫不吝惜赞扬之词。

两期学习班后，拱德邻就不再去讲课了，每周日周慧珺就跑到四平路邮电新村的拱府上门求教。一次，老师对她说："你从北京路市中心跑过来太远，胡问遂老师住在南京路河南路附近，以后可以向他多多请益。"一点门户之见都没有，她对拱老师的书品、人品更崇敬了。

那么，上老师家讨教要不要交钱、要不要送礼呢？周慧珺笑答："那时候不兴交钱的，学生朴实得

↑ 沈尹默先生

第十二章 投师名家

也不晓得应该送啥礼，顶多偶尔拎点水果去。"她记得当时有学生送了一只火腿给胡问遂老师，"在书法界传开了，大家都在说一只火腿哦，算很重的礼哦！"

拱德邻还时常出入沈尹默（1883—1971）的寓所，为沈打点日常接待事务，特别是来信都由他代为处理。此时的沈尹默已年逾古稀，近视度数高达两千多度，读书看字十分艰难，有时要紧贴着纸卷才能略视一二。因此，已然很少写字作画，唯咏诗谈兴聊以自慰。周慧珺回忆："沈老为学生示范时会不自觉地将字左倾，需要师母的不断提醒。揿墨时，偌大的一个砚台他却只在没墨汁的沿上轻碰，浑然不知根本没揿着，反而接着写。"

↑ 沈尹默先生在挥毫

沈老家居海伦路，正对着海伦公园，是一幢日本式的建筑。屋子分为上下两层，上层作为卧室，下层则为书房，接待来自各地的同仁同道。整个房间的格调清雅简朴，除了书画还是书画，和沈老的气质颇为相契。由于沈老历任市政协、市博物馆、市文管会、中国画院、市文联、市文史馆、中国书法篆刻研究会的各项行政职务，因而公务缠身，访客如织。不得以，他让好友拱德邻代为操持。基于这层缘由，加上沈老一生关注青少年的书法普及事业，拱德邻有时就会把周慧珺他们带到沈家求教请益。每次，周慧珺都是战战兢兢地踏入房门，沈尹默的名声对于自小学艺的周慧珺来说是如雷贯耳，遥不可及的。而沈老总是表现出对学生特别的关爱，往往总会先接待他们，因为他觉得"青年人就像一张白纸，没有坏习惯，只要好好调教，容易把字写好。不像成年人，有的已养成不好的习气，先入为主了，要改掉是很困难的"。

对于周慧珺来说，最受益匪浅的莫过于沈老对于"悬腕"的讨论，这点谢稚柳在《沈尹默论书丛稿》序中也曾谈及。沈老常对她说："学书必先学会悬腕，同时人要站正，笔墨才能随心而动，灵动自如，肆意挥洒。"他赞同黄山谷"腕要随己左右"的遗训，但有些人就误以为沈老认可写任何字都要持笔抬腕，手不离桌。其实沈尹默的悬腕论并不等同于他认为写字都需悬腕，诸如写小楷，他就觉得不必悬腕，写大正书时即使你不想悬都不可能。沈老早年取法不高，几不悬腕。直到在寺庙壁墙上抄写祖父诗文时才深感不悬腕之痛，后到二十九岁时才能悬腕自如。因此"悬腕抬肘"的理论对于周慧珺日后喜欢直立悬腕写字且书风凌厉的格调起了开蒙作用，始知：

写字不必笔笔中锋，要妙于起倒，达到四面灵动、八面出锋的境界；字的结构就是布白，字由点画组成，空白处也是字的组成部分，虚实相生、相守，才成艺术品。（周慧珺：《书道苦旅》）

话题回转，青年宫在当时会经常举办各色展览会、报告会、歌咏会、讲座、兴趣培训班和青年读书月等活动。书法课则一般安排在周日上午开课，分为两节。第一节是老师讲述基本用笔的方法和技巧，课间让学生自己习字临帖，到第二节课时由主管老师讲评并亲做示范。示范时几个班级同时汇聚在大厅中，划桌为邻。拱德邻先生评点时往往话语不多，更喜欢亲身示范。他口授言传，悬腕示范，使学员在执笔、运笔间熟练体察和驾驭其中的技巧。

一日，周慧珺在观看拱德邻的示范，忽然听见旁边一桌的老师正滔滔不绝地对学生作品进行讲评和指正，而且理论性很强，顿时使年轻的周慧珺产生了一种好奇。他觉得这个老师很擅言辞，而且言词犀利、切中要害。于是，周慧珺悄悄询问边上的同学，方才得知这位老师是翁闿运先生。初遇翁闿运，周慧珺就被先生的人格魅力所吸引。多年后，翁闿运先生也是伯乐识得千里马，两人结成师生

第十二章 投师名家

忘年交。

上世纪六十年代，上海中国书法篆刻研究会还有一项重要的"政治任务"，就是为市里的"劳动模范"、"三八红旗手"等书写奖状。于是他们就挑选青年宫书法班的冒尖者到市里执行"任务"。周慧珺每次都很乐意去写奖状，原因在于写完奖状，市里领导就会安排他们去"乔家栅"吃中饭。当时在"乔家栅"吃饭还是很体面的事，尤其是店里的鳝丝煨面，总是使得馋嘴的周慧珺垂涎欲滴，回味无穷。

回顾周慧珺在青年宫书法班的学习，不仅在书艺上有了长进，更结交了许多志趣相投的同龄人。假日里朋友们结伴一起去看书画展，一起去朵云轩看书画买笔墨砚纸，一蹲就是老半天。买不起的就慢慢欣赏，畅想所有。大家即使经常见面也照样用手书信札互通有无，切磋技艺。有时候他们还会交换作品，简单装裱一下，作为市里内部观摩的展品。周慧珺至今感激那段岁月，曾说道：

> 青年宫的老师都是名家，沈尹默、拱德邻、翁闿运、白蕉、任政、胡问遂，哪个不是响当当的人物啊。而且那时的老师是有多少讲多少，从不藏着掖着，是真心在培养苗子的。我在其中学了几年，受这些名家指点迷津，茅塞顿开，在用笔上有了进一步的理解。就算现在，也忘不了那些老师对我的教诲啊！（李静、张亚圣：《一生一首翰墨诗——周慧珺》，第6页）

这样的日子过得闲适惬意，却不想一场暴风雨已经悄悄来临……

第十三章

厄运袭来

悠悠岁月，漫漫长河。生命的乐章中跳动的音符不仅有激昂高亢的大调，也有滞涩沉闷的小调。但所有的人生经历，不管是幸福、快乐，抑或是磨难、挫折，都是一笔很好的财富。虽然除了幸福、快乐，没有人会自愿重复同样的经历。即便是幸福和快乐，也未必会乐意一点不走样地再过一遍。常听到这样一句话：如果有下辈子，我一定要换种活法！然而，在历史的进程中，对于社会，人只不过是沧海一粟，渺小而又无能为力，自身所处的时代、生存的客观大环境是不容选择的。但涉及具体的生活过程，其中主观方面所包含的内容，如走什么样的路，如何走路，却可以由自己的意愿、自己的心志去抉择。主观选择了，也就决定了你将来成为什么样的人，作出什么样的成就。就像周慧珺感受的："出生，是一段人生旅途的开始。知道上天赋予你的使命是什么吗？那就是，找到属于自己的那条路一直走去！"

上世纪六十年代，中国发生的"文化大革命"，被称为十年动乱的那段颠倒是非、混淆黑白的历史，给当时的一代人带来了痛心的记忆，可同时也创造了诸多的故事和传奇。

俄国文豪托尔斯泰说："幸福的家庭都是相似的，不幸的家庭却各有各的不幸。"但这句话套用在"文革"时期却失去了合理性，那时候降临在许多家庭

第十三章　厄运袭来

的厄运却惊人地相似：一夜之间，命运就发生了翻天覆地的变化——成了"黑五类"家庭，从此生活就陷入了一片混乱……

自1967年元月始，"红色风暴"便迅速席卷了上海的大街小巷。

潮水漫过，没一块干土，周慧珺的家自然不能幸免。父亲周志醒新中国成立前开的"义昌"号五金商店，虽然资产在1956年公私合营时，就被国家赎买了，后来店名改成"上海第一五金商店"。从那以后的十年时间里，父亲一直十分配合政府的各项工作，认认真真做事，老老实实做人。但按照当时的阶级划分标准，还是被划为"黑五类分子"，成了专政的对象。

这一年，周慧珺二十七岁，仍是当时上海塑料研究所的技术员。由于风湿性关节炎常年累月地折磨，她的四肢严重畸形，这给她行走和做事带来诸多不便和困难。那是个唯成分论的年代，家庭出身不好让她背上了一种无形的包袱，使本来就性格内向、沉默寡言的她更加低调，除非不得已是工作上的事情，人多的地方，热闹的场所，她都尽量回避。人们总看到她穿着简洁朴素的衣服，带着一脸腼腆的样子悄悄经过，印象中的她是个文静、不苟言笑、沉稳的女孩。单位里人事升迁、工作变动、争斗吵闹等是非发生，基本上与她没有任何关系。她谨慎和善地对待同事，认真负责地干好手中的每项工作。所以在单位里，倒也一直太平无事。

"文革"中，父亲不幸被政治棍棒无情击中，成为专政的对象。作为子女的周慧珺也免不了被戴上隐形的帽子——"黑五类子弟"。虽然心里难以理解和接受，但她也很清楚一点：在当时的政治大环境下，他们家想安然无恙几乎是不可能的。伴随而来的是，周慧珺在单位里的处境开始艰难起来。因为在那个政治挂帅，以阶级斗争为纲的社会，人们害怕政治打击就像恐惧战争和瘟疫一样，害怕一不小心就被无辜卷入一场冲击中去。所以人们对待那些所谓有问题的人避之犹恐不及，更不要说会继续友好往来了。本来相处还好的同事也形同陌路，她的周围好像倏地竖起了一道墙，连空气也变得阴冷死寂，快要让她透不过气来。年纪轻轻的她经受如此待遇，真是生活的一种严峻考验。极度的郁闷压抑着她，逼迫着她。这让她不时地感到心里闷闷的疼痛，却只能以沉默、以转身来暂时忘却那些不公正的对待。她只能无可奈何地宽慰自己：人性是脆弱的，在复杂诡变的情况下，普通人会本能地选择保护自己。这样想来，她就会好过一点，平静一些。

而此时，周慧珺的老师、书法界的泰斗沈尹默老先生也被挂上了"反动学术权威"的牌子，被关进了牛棚，日夜遭受批斗。不仅传统的书画艺术被打入冷宫，书画作品也付之一炬，那些书画名家们屡受抄家、批斗、迫害之苦。另一位书画大家谢稚柳先生也被"送"去打扫上海博物馆的楼梯。试想连沈尹默和谢稚柳这样的书画名家、政协委员都要经受这般经历，覆巢之下，安有完卵！拱德邻、翁闿运等"书刻会"的老师或被抓了起来，或列入"靠边站"的名单中。"书刻会"也未经宣布即刻解散，房子被"造反派"占用。

其实，"书刻会"被解散后归入上海中国画院，有一部分原因在于受"裴多菲俱乐部"的影响（"裴多菲俱乐部"之名源于十九世纪匈牙利革命民主主义诗人裴多菲，俱乐部原本只是匈牙利共青团劳动青年联盟领导下的一个知识分子学习小组，主要为党内年轻人提供一个讨论问题、评议时事的讲坛）。"风乍起，吹皱一池春水"。中国的许多知识分子受其影响，在全国各地也组建起许许多多的所谓"裴多菲俱乐部"，谈古论今，针砭时弊，"书刻会"中也渐渐流行起这样的"修正主义"思潮。直到"文革"初期对"三家村"成员邓拓、吴晗、廖沫沙进行了深刻的批判，报纸也将他们定性为"裴多菲俱乐部"，全国的"裴多菲俱乐部"才告瓦解。

"书刻会"在"文革"初期有"裴多菲俱乐部"的影子，自然令人注目，故而被解散并入中国画院也是当时社会政治形势变革及转捩的必然结果。青年宫的学习随着"书刻会"的解散而被迫中断，周慧珺又一次被"退了学"。于是乎日子在苦闷中一天天度过，不觉就到了夏季。

此时的塑料研究所基本停工，很多人都去搞大串联了。有一段时间里，周慧珺和同事们俨然一副"逍遥派"的模样，经常用塑料边角制作台灯、毛主席语录、像章等，闲来无事还会自己炒点西瓜子充当零食。谁又知道，这是周慧珺在"文革"期间唯一可以放下戒备、放松身心的时候，只有在这时她感觉到自己还悠闲地"活在这个世上"。

第十四章

收藏俱失

随着"文革"如火如荼地开展,耳闻目睹了社会上不断进行的批斗会和抄家事件,周慧珺一家开始了战战兢兢的生活,不知道哪一天同样的厄运也要降临。他们胆小老实,知道不能抗拒、不可回避,却不知道也不敢提前转移一些有价值的东西,只是像案板上的鱼肉一样,被动地等待着他人来处置。

是祸躲不过,他们担心的事情还是毫无悬念地发生了。上海塑料研究所和五金公司两个单位不约而同地于同一天来抄家了。其实,五金公司本不会那么快来抄家,却是被一件小事吸引而来。大哥周坚白的房里有许多藏书,其中一本是他从别人处借来的精装本《金瓶梅》,在当时不仅是禁书,还是四旧,是黄书。和家人商量来商量去,周坚白决定将此书连同其他一些禁书烧掉。于是他们就到大灶台那里点火烧书,浓浓黑烟从烟囱中滚滚而出,原以为神不知鬼不觉,哪晓得这浓烟吸引了五金商店的注意,抄家就此降临。

那天,这两队领头的造反派都说执行公务,还算客气地请周家人回避。不知道是互相制约、监督,还是不想粗鲁的表现被对方看在眼里,总算还表现出一定程度的文明,只是翻箱倒柜地选择所谓的"封资修"物品抄走,倒没有砸坏家具器物,最后抄走了明显地放在储藏室里的几百件书画藏品。

几天后,周慧珺到塑料研究所上班,同事们就告诉她共抄了多少件物品,手下留情之类云云。这次抄家经历，虽然对家人情绪造成了一定影响和冲击，但还不算特别严重，阴郁的气氛过了几天就减弱许多。

以为抄过家了就可以松口气的周家人，还没从暗暗侥幸中清醒过来，更残酷的事情就到来了！一天下午，父母还在午睡，房门被拍得"砰砰"响，一队左臂上套着红袖章的男女"造反派"光顾了，原来这些人是硅酸盐研究所来的。周慧珺的二哥和嫂子都是留苏归国的科学家，二哥周世珏是华东化工学院教授，二嫂则是硅酸盐研究所的研究员。因为业务出色，嫂子被戴上"走白专道路的反动学术权威"帽子，此时已被勒令靠边，停止了工作。他们并没有与父母住在一起，谁会想到嫂子单位也会来抄家！

随后带头的一声令下，那些队员们便争先恐后如恶煞凶神般扑向房间的各个角落，翻箱倒柜地"抄"将起来，凡是他们认为"封资修"的东西等都被作为"罪证"没收了。其中抄走书画作品无数，光是赵之谦、吴昌硕、张大千、吴湖帆等的书画成扇就有五六百把，还有母亲陪嫁的金戒指、金项链等金银玉器，连同周慧珺及妹妹房间里的留声机、画报、手表等也一并被抄走。他们一直折腾了整个下午，才鸣金收兵，把所谓的反动东西归了类，并做了简单的登记。临走还宣布："今后他们全家只能居住两间房子，其余房间由革命组织统一管理调配，即日执行。"这两间房的分配结果是周慧珺的大哥一家住三楼朝北的一间房，父母、周慧珺和妹妹共住一间原本是储藏室的房间，仅有一扇很小的窗户，基本上是暗室，要是用来住人的话整天都得开着灯。这次抄家，果然如那个造反派头头说的那样，抄得是干净彻底，周慧珺家被劫掠一空，损失惨重，几乎再也找不出一件值钱的东西了。

唯有一幅吴湖帆(1894—1968)的《赵松雪林塘晚归图》幸存，这幅山水画原是吴湖帆为好友钱少峰医师所制。画面为青绿设色山水，分前中后三段。近景苍松映翠，虬枝盘曲，笔墨刚劲厚重。中景丘陵墨树中屋宇深藏，似如世外桃源，弯弯碧水徜徉于前，一帆孤叶逐波而下，撑船老叟直立船头，悠然自得。后景则是山川巨峰矗立于氤氲之间，画作的意境令人无限感想。整幅绘卷清雅隽丽，饱含"千仞之高，百里之迥"的唐宋气韵。

周志醒当年通过一位苏州藏家得来，特地用陈巨来专门为他镌刻的"醒斋赏

第十四章 收藏俱失

↑ 幸免于难的《赵松雪林塘晚归图》

鉴"印章钤在此画的右下角。正因为他格外珍爱，因而在清楚抄家是免不了的前提下，就在红木镜框的玻璃上边糊上红纸，再在上面书写毛主席语录，然后照原样挂在墙上。果然，造反派来抄家时翻箱倒柜地把周志醒苦心收集的几百件藏品都拿走了，唯独这幅画安度劫难。现历经六十余年的沧桑历史，仍挂于周寓正厅。周慧珺说："这幅画已有六十多年的历史了，是家父留给我们的纪念，也时常会使我们想起家父常说的'要老老实实做人，认认真真做事'的谆谆教诲呵。"

待周慧珺上完中班，拖着疲惫的身体回到家中时，眼前的一幕让她懵了：楼下的地上弃置着凌乱残破的纸张画卷，随处可见的是一块块古玩器皿的碎片，房间的门一间间洞开着，里面的桌子柜子斜躺横卧着，几个柜子的门耷拉着……整个家像被洗劫了一样。她靠着门墙支撑着站了好大一会儿才镇静了下来，总算明白究竟发生了什么事情。她忽然想起来不知道年迈的父母怎么样了？就急急拖着病腿艰难地往父母房间挪去，手扶着房门往里看：还好，还好，父母安然无恙！她心里一松，差点坐到地上去。真的会安然无恙了吗？仔细一打量，她的心冷得像掉进了冰窖：只见父亲规规矩矩地坐在椅子上，目光空洞，就连她进来都没感觉到，仍然是面无表情，不发一言；母亲呢，蜷缩在床尾，低着头，双手抱臂，还在瑟瑟发抖；未出嫁的妹妹依偎在母亲身旁还在抹着眼泪……

老佣人也吓坏了，她一边擦着不停流出的眼泪，一边抽噎着告诉周慧珺事情发生的经过。老佣人的讲述周慧珺起初并没有完全听进去，她感觉呼吸困难，耳朵在嗡嗡地响，视线也模糊了。她闭上眼睛，脑子里却如火山喷发，陨石撞击，轰然爆炸……随着烈焰渐渐熄灭，她的内心世界也变得空无一物，只剩下一片静寂，凄凉和残败。她挣扎着张开了眼睛，还要过日子呢。

按照那些造反派们的吩咐，他们要搬到楼下那一间原本是储藏室的暗室居住，不赶紧执行不定再闹出什么是非来。她只得强打精神安慰了父母，开始清理那个阴暗潮湿的房间。那房间呈拐角形，不足二十平方米。周慧珺打量着斗室，心里默默计划着怎么安顿父母和自己。靠着妹妹及老佣人的帮忙，她们三个人艰难地清理了房间，把三张小床除了门口绕着三面墙壁放置停当。小窗前放一张没被抄走的红木八仙桌，这张桌子因上面盖着一块橡皮且又乱放了很多杂物，没被造反派认出来才幸免于难（那时红木家具一般都会作为资产阶级奢侈品而被抄走）。这样一间昏暗的斗室，在妹妹出嫁后，就成了周慧珺和父母一家三口此后十多年的生存空间，父母后来相继在这间房里谢世。

风霜雪雨严相逼，厄运并没有停止肆虐！父母被开会批斗和游街示众的闹剧开始接二连三地上演。周慧珺至今仍然清楚地记得当时一次批斗会的场景：父母和另外几个"黑五类分子"被造反派拉到楼下店堂前，批斗会的主持人声嘶力竭地宣读了她父母的罪状："周志醒及配偶资本家本性不变，残酷剥削他人劳动，家里至今仍然雇佣着保姆，过着腐朽的资产阶级生活，我们一定要将其斗倒批臭！"说着立刻上来一帮人，分别给他们的脖子挂上书写着"不法资本家周志醒"、"资本家狗婆娘"的醒目的大牌子，牌子足有十多斤重，父母的脖子立时被压弯下来。同时他们被一边一个人凶狠地反揪着胳膊，按着头，身体弯成九十度。整个姿势就像一架喷气式飞机，难受的程度可想而知。

第十四章 收藏俱失

老佣人是新中国成立前就在家里的，她无儿无女，无依无靠，除了周家再没别的去处。因为相处时间长了，就如一家人一样，所以，虽然历经解放，三反五反，她都不愿意离开。但这样的实际情况，却成了父母的主要罪状！父亲一生善良耿直，他认为待老佣人一直如亲人，不属于剥削，拒绝承认"揭发"出来的问题。这时，大会的主持人就厉声吆喝他"不老实"，警告他"顽抗到底，死路一条"，有人就带头高呼"周志醒不投降，就叫他灭亡"。台下也群情激愤，好像真的觉得台上的父亲竟然敢抵赖自己的罪行，是坏到家了。负责反绑父亲的人则用力扭动他的胳膊，又有两个人冲上去对父亲拳打脚踢。父亲从凳子上滚落到地上，嘴角淌出了殷红的血……

靠抓住老佣人的手臂勉强站着的周慧珺，亲眼目睹着父母经受灵魂和皮肉的折磨，她心如刀割，她痛苦，她愤怒，她感觉血液都涌上了大脑，鬓角在豁豁地跳……痛！然而她什么都不会做，什么都不能做、不能表示！所有的愤怒都只能被狠狠地压制进紧闭的嘴唇和咬紧的牙关中，淹没于狂呼乱叫的喧嚣里……

终于熬到批斗会散场，周慧珺蹒跚着把父母搀扶回家，老佣人打来了水，周慧珺轻轻替父亲擦洗去嘴角的血痕，然后就不知道该做些什么了。小小的房间异常安静，只听到闹钟走的滴答声。最后，老佣人首先打破了静默，她一边轻轻抹着不断涌出的泪水一边说："不能再拖累你们了，我还是离开吧，再在一起生活说不定会给你们一家人带来更大的灾难。"周志醒左思右想也没有更好的解决法子，只好似是而非地点了下头，算是勉强同意了老佣人"明智"的选择。

此后，这个六十多岁的老人被安排到街道的里弄加工组做工。老人原籍浙江绍兴，本来有一个儿子的，可后来儿子在家乡为了救一名落水儿童不幸身亡，被追认为烈士。老人属于烈属又长期居住上海，所以被安排进里弄加工组，给予一份能赖以维持生计的工作。老佣人没有居所，依旧住在周慧珺家楼梯旁隔层的房间里。"文革"一结束，老佣人也从里弄加工组退了休，还是回到了周慧珺家中帮忙做些力所能及的家务事。大约快八十岁时，被她的侄子领回家乡绍兴去了。虽然她有一份退休工资，在乡下足以衣食无忧了，但周慧珺从她回乡那年起，每年都寄钱接济老人的生活，直到她活到百岁时去世。

在他们对批斗和游街示众逐渐麻木的时候，周慧珺于一天早起，忽然发现母亲有点不对劲了：她一个人摇头晃脑地在笑！这让周慧珺突然惊慌起来：有一段日子了，母亲状态一直不好，人木木的，总是表情呆滞地长时间坐着，从来不说话，只在有人注意她时眼睛抬一下。大家以为她只是心情不好不想讲话，没有过多留意。哪想到她是不断受刺激，心理负荷超限，精神出了问题，可怜的母亲！这就意味着，母亲今后不会料理日常事务，照顾他们了，从此家里的所有事情都将落在她瘦弱的肩上！周慧珺注视着母亲，一手紧紧捂着嘴巴，整个人也如傻了一般！

其实，周慧珺自己的情况更是苦不堪言！多年罹患的类风湿性关节炎随着生存境况的恶劣，一点点加重，一刻不停地折磨着她。每行走一步，都得用尽力气拉动她的病腿，一段路下来，即使是冬季寒冷的天气里，也会因为又痛又累让她汗湿内衫。

那时上海正处于政治学习的无政府主义状态中，市内交通情况很糟糕，上下班高峰时车辆拥挤。周慧珺上班从北京路出发，途中要换乘两次车才可以到达距离上海塑料研究所半里地的停靠站。为了正点上班，她常常是早上提前一小时就等在车站了，车来时，等得急不可耐的乘客，哪里还顾及什么秩序，就像打仗冲锋一样蜂拥而上，周慧珺行动困难，挤不上车是常有的事。等到她气喘吁吁、跌跌撞撞地赶到单位，如果迟到了，就要受领导的批评，挨同事的白眼。她就如一只漂泊在浩淼无边大海里的小船，不知道哪里才是岸！面对波涛汹涌的海浪，和暗流下隐藏着的随时吞噬小船的凶险礁石，在孤独无助和担惊害怕中苦苦挣扎。现在母亲又突如其来病了，连偶尔享受一点母爱温暖的权力也被夺去！这几重打击快要把她压垮了。

有几次下班，周慧珺都是徒步回家，几十里的长路严重摧残着周慧珺脆弱的身躯，到劳保医院杨浦区中心医院看了几次病都无多大的作用。几经犹豫下，周慧珺终于决定请病休长假。好在其时的上海塑料研究所在全国"造反"浪潮冲击下，也已经处于半瘫痪状态，单位领导考虑到她的实际情况，没有过多刁难，同意了她长期病休。

第十五章

重拾笔墨

不再每日奔波着去上班的周慧珺似乎一下轻松了许多，但情况仍然不容乐观！由于之前家务都是母亲在操持，她因为身体的原因，很少插手帮忙。现在，母亲非但不能继续做家务了，就连自己的日常生活还要人照顾。虽然周慧珺自己同样病魔缠身，可是没有其他办法，她必须咬紧牙关，忍着病痛，学会照顾父母，担负起家庭生活的责任。从来不知道如何做饭炒菜的她要从头学起来，开始的时候买米粮菜蔬，住在楼上的嫂子知道她确实行动不方便，又没做过这类事情，就好心帮她带回来。可是过日子是比树叶还稠（愁）的事情，次数多了，嫂子的脸色渐渐就难看了。周慧珺是特别敏感的，知道拖累了嫂子。她的性格是：自己能做的事情，最不愿意麻烦别人。因此她狠了心，决定不管再怎么难，都要自己想法子解决，不让别人代办。唉，健康人做起来很简单的事，对她来说却是难题！凡事只有亲身去做了才知道其中的不易，在不易中才能不断地成长。

此时，挨整的父母已经没有任何经济来源，周慧珺一个人微薄的病休工资，需要支付全家的所有生活费用，虽然二哥二姐每月也各补贴家里一些钱，但还是捉襟见肘，许多地方都要用到钱，她无从回避缺钱的窘迫。每次领到工资，她会先开列计划，除了不得不消费的事项，能缩减就缩减，该节约就节约。她自身的病，要靠不断就医和吃药来减轻疼痛和阻止症状加剧，但为了减少开支，她只有实在忍受不住痛苦时才去就医。而且每逢看完病，在医生开处方时，她总是红着脸，局促地请求医生："请尽量开些价格便宜的药吧。"这种生存的尴尬，一直伴随了她许多年。慢慢地，周慧珺从一个不知道生活艰难、不识计算的懵懂青年，成长为一个心智成熟，会精打细算的人。这种成熟，是生命受到难以逆转的阻遏时，渐渐折损棱角的疼痛！

　　单纯与锅碗瓢盆打交道的日子里，周慧珺表面上被忙碌填满了，好像无暇思考什么问题。但生性聪慧的她，就这样打发着过日子，她怎么会保持平静呢！她还不到三十岁，这样年轻的生命，每日蜗居斗室里，长期消磨下去，她也很可能会压抑到崩溃。急躁的时候，她也想发脾气，想喊想叫！但她不能，她现在是父母的主心骨，得扛住！她只好站起来，坐下去，再站起来，重新坐下去……全然忘记她的病痛，是不适宜这样和自己过不去的。精神压抑，无所事事，不能发泄，如何打发时光？怎么走下去呢？她得给自己一个信念，一个支撑，一个理由。她陷入彷徨、忧郁，在斗室里辗转踟蹰，时间变成了一种压迫，一种煎熬。

　　在惆怅郁闷不已的瞬间，她偶然瞥见了桌子上的一张纸，纸！她下意识地把那张纸拿到手上，脑中浮现出已经中断数年的青年宫学书生涯，沈老师、拱老师、翁老师……翻来覆去看了一会儿，忽然醒悟过来，她去找了墨汁、毛笔，又准备了一些纸，就开始在桌子上随手写起字来。时间在悄悄地滑去，不知不觉地一下午过去了。这一个写字的下午，她沉浸在书写的乐趣里，很平静、很充实、也很开心。当她放下笔，走出阴暗的房间时，她感觉外面的天空很明亮，不由得张大鼻孔，深深吸了口傍晚有些润湿的空气，眯着眼睛捕捉着就要西坠的太阳从一座座楼间筛下的泛红的光线，举起双臂大大地伸了个懒腰，感觉身心是一段日子以来少有的自在。大概这就是做了让自己喜欢的事情后，一种满足感、成就感！这让她倏忽明白了：对她来说，写字是摆脱苦闷、走出逆境的最好办法！也就是从那个下午开始，周慧珺有了自己想做的事情，有了让她振作、让她坚强、让她挺下去的事情！

　　有一点也算不幸中的万幸！神志失常的母亲因为怕见人，尤其是有陌生人出现，她会立即躲到房间里一个她认为安全的地方。所以她最多是到楼上的晒台晒晒太阳，绝不会单独到街上去，而且从来不吵不闹，外人甚至看不出她和常人有

第十五章　重拾笔墨

什么不同。这给监护她的周慧珺省去许多麻烦，也免去了她会走失的担心。父亲在家里，她可以很放心地出门去购买生活用品。而周慧珺做事的时候，母亲一般都是安静地呆在她的视线范围内，似乎也在关注着她的活动。因此，周慧珺除了需要偶尔看看母亲在做什么，照顾她的饮食起居外，有许多时间可以很安心地做自己的事情。

重新拿起笔写字的周慧珺，仅仅是因为生活压抑、苦闷和无聊，基本上是一种下意识的行为。对于怎么写，写些什么，她根本就没有用心去想。这种毫无目的、不要章法的书写，让她身心十分放松。她犹如闲庭信步一样，不做家务时，就磨墨展纸，把自己熟悉的诗词歌赋在纸上信马由缰。笔下的字体，随着心绪的起伏变化，流淌出的或斯文如细泉、或猛劲如狂涛……

她自由地放言、宣泄，忘记了时间，忘记了病痛，做着黑白天地里狂放不羁的主人。她温和平淡的性格中原有的不屈刚强，在书写时就表达得淋漓尽致。有情绪就写，有事情要做或身体疲累就歇笔。加上社会上对父母的批斗似乎放松了，她有相当长一段日子按部就班，生活很规律。早起去菜场买回一天必需的菜蔬及其他生活用品，然后做饭，做家务，写字。虽然微薄的病休工资维持一家三口的日常开支，生活很清贫，但就因为不再心悸，不再做噩梦，躲在小屋成一统，可以相对自由地做自己的事情，所以她依然觉得生活充满乐趣。在经历过狂风暴雨之后，风停雨住都会让人觉得是一种安慰，特殊时期人的生存欲望就是这样简单。

写着写着，她追求有了，疑问产生了，原本清晰的线条开始朦胧起来。多年的写字经历和对书法的理解告诉她，这样随心所欲地写，只能停留在自己原来的水平上，不可能会进步。既然喜欢写，不进步，就没什么意义，慢慢地就会提不起兴趣了。于是她决定继续临帖，吸取古帖的营养，博采众家之长。她需要搜罗字帖。本来她家中收藏字帖很多，那次抄家，造反派们把它们也看做资本主义的毒草，统统抄走烧毁了。原来青年宫的老师们现在也一个个被打倒，和父母一样遭受批斗，也不能去找他们寻求帮助。怎么办？只有靠自己了！她忍着病痛，开始频繁出现在书店，可是那时的书店里哪有字帖可卖？很长时间都没觅得一本有价值的字帖。也是机缘巧合，一个偶然的事件，应了"踏破铁鞋无觅处，得来全不费工夫"的俗语。

　　有一天，家里来了一位亲戚，帮忙修理抽水马桶时，脱下手表顺手放在了桌上。可是等修好马桶，洗过手想要戴回胳膊上时，手表却不见了。怎么回事？亲戚急得满头大汗，要知道，那时候一只表可是一笔大财富，要靠几年的省吃俭用才能攒够买表的钱。周慧珺安慰亲戚别急，说肯定在房间里，丢不了的，多半是被她母亲藏起来了。母亲自从抄家受刺激后，神志就不清楚了。抄家时她亲眼目睹造反派把家里的东西拿走，特别是把她珍藏的陪嫁时的金银首饰等细软一件不剩地卷走时的印象，深深地刺激了她，她现在没事就喜欢把小物件一层层包好藏起来。有时放在被窝里，有时放在某个角落的夹缝里。当你打开里三层外三层的包装后一看，经常会让你哭笑不得：一粒纽扣！有时候你打开一大包以为是什么重要东西时，一看却是个早已烂得发了霉的水果。那天为了找表，周慧珺和妹妹、亲戚三人把平时母亲喜欢藏物的地方翻了个遍也没找到，只有一间斗室而已，还能放在哪里呢？不得已把床下所有的铁箱木箱都拖出来看，还是没找到表，倒是有了意外的收获：整整一箱子字帖安然无损地躺在里面！周慧珺一阵欣喜，回看她母亲时，老人优哉游哉地安然坐在一边，全然不知他们几个人拖出那么多东西来要干什么？还是周慧珺的妹妹眼尖，叫道："瞧！那表不是在妈妈手上嘛！"呵呵，忙了半天一场虚惊！

　　亲戚走后，周慧珺高兴得抱着老母亲的头说："谢谢妈呀，要不是你捣乱，字帖还出不来呢！"

　　意外地得到一箱子字帖，周慧珺觉得写字心里有底了。每天每月，她都沉浸在各种名家字帖里。对她来说，帖中自有黄金屋，这里名家荟萃，她可与这些古人大家对话，也可自言自语，从此她不会再寂寞！

　　以后的每一天，她对着一幅字的章法布局就会目不转睛地盯视好长时间，直到她确信自己真正理解了原作的真实意图，领会了线条和间架结构的伸缩开合、行与行之间的疏密空间后，她才重新拿起笔开始临摹。偶尔也根据自己特别喜欢的一个局部，从实临到意临，反复摹习。写到兴奋处、忘情时，她也会孩子气地一迭声呼唤父亲快来看。如果父亲没有被她的兴奋感染，她就会不依不饶坚决地把他拉到桌子前，把自己认为得意的地方指给父亲看，非要对书法有一定鉴赏水

第十五章　重拾笔墨

平的父亲作出评点。听到赞扬的话如期从父亲嘴里说出来，她满脸都是笑意；假若父亲不以为然，她就会嘟着嘴，悻悻地重新提笔。有时父亲看她赌气时掷出的线条出人意料地冷峻挺拔，就不由鼓励她："哦，不错，不错，挺好！"她就气鼓鼓地接口："谁信你呀？不用安慰我！"认真严肃且又入迷的她，写字成为她快乐生活的主要内容。看着一日日渐渐累积堆放起来的写过字的纸垛，她有时会莞尔一笑，自己也感到惊讶。

在阴冷的空气中，她心无旁骛地书写着，如同书写生命一般。在她不断挥洒的手臂下，赋予每张字以美感、愉悦和温柔，于是她肌体的每个细胞都跟着活跃起来，苍白的脸上抹上了一丝润色。有时，她会面对着摊在桌子上已经写好的字，长时间坐着，凝视它们，用眼睛抚摸着一个个字形，就如同它们有棱有角，可以很方便地触摸一样。这样的情况会持续好长一段。时间慢慢溜走，直到她忽然意识到什么，才会悄悄地、轻轻地挪动一下身体，让自己清醒过来，她该做别的事了。星移斗转，在日复一日临习碑帖的过程中，她更加瘦了……

但迷茫也由此产生了："日子怎么过下去，今后的路怎么走？"这问题不时地敲击着她的脑海，她坚信：风浪不会长久，阴霾总要散去。但病魔带给她身体的影响是根深蒂固的，自己将终身拖着畸变的四肢，不可能如健康人一般地生活，也不太有可能再回研究所正常工作，需要面对的问题是她难以克服的。写字？不行！不行！念头一闪现出来，她就很快否决了自己。没听说过有谁是靠写字为生的呀！但她又想，不管将来能做什么？写字能不能当做职业，但现在可以让她释放心灵，抒发情怀。无论做什么，总也没有什么坏处。写下去，坚定不移写下去！既然是写下去，周慧珺陡然生发出一种豪气、一种不服输的激情：我要做我自己，写出属于自己的字！要写出那点画如掷地有声，展现傲骨铮铮的书法。

接下来是一段漫长的沉思，每次一个要素，她都想分别从所有不同的角度去思考，回顾了她熟悉的所有有关书法的记忆和知识。现在再去看待一个书法大家的成长经历，这样的叙述似乎有点不合情理。但是，书写产生质的飞跃的每一次过程，应该都是艰难和苦涩的，非凡的成就背后必然是非凡的付出！任何人都不例外。所以周慧珺停笔了，外人眼里，她静静地呆坐着，好像一尊塑像，一动不动。父亲是真的担心起来，怕她有什么想不开的事情，会一下子像她母亲一样精神失常。但令父亲释怀的是：她有时候显得很正常，就是到了该准备餐饭时，她会一下醒悟过来，摇摇晃晃，脚步蹒跚着去淘米洗菜，然后有条有理地做饭。

其实，这个时候的周慧珺只是特别会苦思冥想，她在专心想着寻求一种突破方法，让临写方法有一个新的调整。她清醒地意识到：

> 要想前进一步，就必经摒弃所有的习惯性临摹定式，以前自己特别追求的临摹要求是像，最好是丝丝入扣、笔笔吻合。但这样的结果难免会写得呆板，不容易贯气，缺乏节奏感。有时候写字写到准备罢手时，信手再乱临飞行，反而会出意外效果。在熟谙了用笔技法之后，要特别注重笔势气势、结体造型的有机结合，即便是临摹，也不能忽略这一点，只有这样才能把字写活，写出精气神来！

看待原作字帖时不要带一丁点先入之见，虽然很困难，也许根本就做不到，但她暗暗鼓励自己：我能做好，我能克服。其实要改变多年的思维习惯谈何容易！就如同经常用右手拿筷子吃饭忽然让你改用左手一样！但却远非如此简单，动作的改变，只要多加练习就可以做到，书写观念却是融入了执笔者的全部思维、理解以及记忆，这样的修正过程做起来是一项复杂而又浩渺的事情。要做到潜移默化，就看执行者的毅力和决心了。她开始实行了。经过深思熟虑，她决定选择自己偏爱的米芾书法为切入点，因为对米芾笔法已经很熟悉了，看看是不是能够通过默临、意临来获取自己想要的结果？

许多的夜晚，睡下去的她仍然在睡梦中书写，字的形体逐渐变大将她吞没，那些字显示出了无可言喻的魅力和诱惑。她失重般徘徊在字的间架结构里，描绘它们的点画，想象它们的轮廓，赋予每个字以生命让它们跳跃舞动⋯⋯

原来，心就是一个人的翅膀，心有多大，世界就有多大，张开想象的翅膀，你就可以在你理想的领域里翱翔！如果不能打破心的四壁，即使给你整个天空，你也找不到自由的感觉！

每当醒来，回忆起梦境的她会自嘲地一笑：或许执著于一念，孜孜不倦去做事的人都是有一点神经质的性格。但恰恰正是这种痴迷，使她愈加深爱书法，把它当做生活快乐的源泉，生命信仰的寄托。字里有她的思想、情感，有她的追求，她想把所有对生活的爱、理解、追求、向往都写入字里行间。同时，在写字的过程中反思生活，不断自新。对于她来说，写字的乐趣已超越了世上所有有价值的东西。除了书法，周慧珺从小受父亲影响爱好戏曲。周慧珺认为艺术是相通的，乐曲的起伏跌宕，正好比写字，她喜欢从戏曲的旋律中幻化灵感获得激情。家里唯一的留声机早就被抄走，她只能靠听收音机来聊补。当时收音机里播放最多的就是京剧样板戏，那唱腔的绵长、婉转、奔放被她吸纳进挥毫泼墨的线条里，她的字昂然升腾起一种豪放、铿锵的韵律……

言为心声，书为心画。她柔弱的躯体蕴涵着常人无法比拟的撼人力量，展示给世人的字就别有洞天的大气、雄浑！

几千个日夜过去了，正如禅宗无门禅师的一首诗偈说的："春有百花秋有月，夏有凉风冬有雪。 若无闲事挂心头， 便是人间好时节。"周慧珺在孤灯清影里或书或思。尽管外面的世界充满了火药味，人性已被扭曲到无以复加的程度，可是此时的周慧珺视而不见，她执著而又孤独地过着"三更灯火五更鸡"的生活，悬着病痛的臂腕写呀写，在属于自己的一方天地里顽强地行走着，不管是苦旅还是快意的行程。冥冥之中她如践约前盟，决然毅然地要赶往那个目的地。也许，那是她与书法的一场心灵约定！

逆境往往是通往成功的重要途径，只有勇于挑战命运，把苦痛和磨难当作警示，化为动力，就像悬崖峭壁上的青松一样顽强扎根岩石缝隙，迎风坚韧挺立旺盛生长。如此则必能驱散人生旅途中的各种困扰和烦恼，实现人生目标，继而尽情享受人间的美好。

第十六章

命运多舛

经历了"文革"的周慧珺，经历了痛苦，也获得了新生。可以说，那是她生命的低谷部分，却也是她学书的高潮章节！病痛的磨难和遭遇的不幸不但未压垮周慧珺，反而让她坚韧地活了下来。同时，时间磨砺了她的意志，坚定了她顽强的信念，也成就了她的雄健潇洒、具有强烈时代节奏感的书风。正所谓："知我者谓我心忧，不知我者谓我何求！"

周慧珺安安静静地走过了那个动荡不安的年代，这些年的经历让她确立了自己今后的人生观——就是在人生的每一个环节上都尽力而为，认真对待到来的每一天。她是一个优秀且又普通的人，或者说她的优秀之处正是在于她以普通人的普通方式生活着，兢兢业业地去承担命运赋予自己的全部责任，并且以同样的态度去品尝那些绵延不绝的欢乐和苦恼。她可能天生具备一个书法家的特殊才华，她后来的幸运境遇，确实也给她提供了展示才华的机会。不过，在更多的时候她的才华会在日常生活中，与环境和疾病的抗争中找到更加肥沃的土壤，结出丰硕之果，她能够在痛苦的磨难中获得生活的轻松，并让它们不分彼此。从而让自己时常心领神会地去体验世俗的乐趣。

到了上世纪七十年代初，尽管还是处在"文革"之中，但各方面的情况已有了好转，"文革"前期轰轰烈烈的造反、批斗、打、砸、抢现象已经在全国范围

第十六章 命运多舛

内基本平息。周慧珺的类风湿关节炎的病症经过一年的长病假也趋于好转，但她的病休却使得家里收入减少，经济拮据。那时规定，长病假六个月以上工资是要打六折的。周慧珺是大专生，一月工资有54.5元，打了六折只有30多元，而父亲周志醒的工资也只有42元。基于身体恢复和家庭经济负担加重的原因，周慧珺又回到了塑料研究所上班。原本以为家里会好过些，却不想命运多舛。

平安是幸，健康是福！可惜生活处于平安和身体健康的人是体会不出的。只有遭遇磨难经受苦痛的人才会感叹！厄运可以剥夺你的财富、健康、亲情，唯一不能剥夺的，是你的智慧！

首先是大妈孙银凤因中风去世。虽然孙银凤不是周慧珺的亲妈，但是仍旧给周慧珺留下了倔强、坚忍的印象。孙银凤是个小脚老太，喜好热闹，讲究情趣，吃饭时总会叫上五金店的员工。还喜欢用宁波话讲英文，什么"来是come，去是go。一分洋钿one dollar"之类，引得家人哄堂大笑。生活中对于自己的形象更是一丝不苟，天天要请人梳头。孙氏有三个女儿，小女儿周慧瑾住在无锡，后到南京工作。六十年代周家经济情况不好，周志醒就让孙氏到南京去住，条件可以好些，每月定数贴点生活费。谁知去了两次，都说住不惯，说"金窝银窝不如自家的草窝"，再也不肯去了。却不曾想到要在数年后经历"文革"的折磨。要是一直住在女儿家，情况可能还不会那么糟，毕竟女儿、女婿的成分属于劳动人民。"文革"期间，孙银凤被居委会分派去扫地，一个一米七高的老太挪动着小脚来前去后，煞是辛苦。批斗时，顶着用纸做的牛鬼蛇神帽，敲着牛奶锅到处游街，不时忍受毒打。在批斗之余，她还得帮活。尤其是扛煤球，一个七十岁的小脚老太歪歪扭扭地艰难前行，那情景实在是让人感觉酸涩和可怜。当周慧珺因类风湿关节炎病休时，孙银凤就帮她煎药，自己却也忍受着高血压的痛楚。直到1971年，半身不遂，挣扎数月，不幸过世。

其次周母病情加重，得了重症老年痴呆。以前周母任劳任怨，操持家务照顾孩子，虽身处大户人家却养成了省吃俭用的习惯，把所有好吃的都让给几个孩子吃。现在倒好，不论饿与不饿，只要是食物，拿起来就吃，甚至吃坏肚子，令人不由感叹天意弄人啊。原本穿衣体面干净，连领扣都扣得整整齐齐的周母，现在却随人摆弄，自己毫无知觉了。发病严重时，甚至搞不清自己刚刚做了些什么或者正在做什么，每当此时周慧珺心中犹如千万只蚂蚁钻心般地难受。其实心里痴迷糊涂何尝不是一件好事呢，她既不知生活的艰辛，也不知家庭的变故，更不用遭受批斗的摧残，如稚童般"轻松"而"茫然无知"地活在这个世上，也算是那个年代不幸中的大幸了。

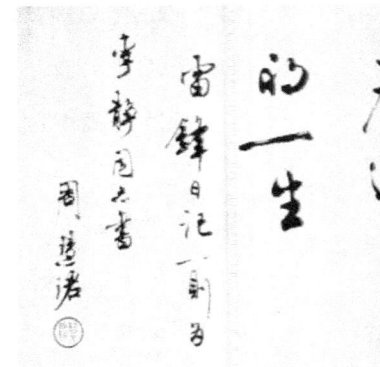

而此时的周志醒也已不复当年的英迈气度，蜷缩着一米八的身子，犹如干瘪老头，两眼呆定而无神，整日一句话不说，愣愣地坐在屋角边，心中若有所思，根本看不出一点儒商的影子了。最困难时，周志醒还将家里找得到的瓶瓶罐罐、废旧纸张卖到废品站，补贴家用。愁苦时，周志醒总是喝着蹩脚酒，生活的压力和身体上的折磨终于摧垮了这个曾经意气风发、勇闯江湖的男人，胃病屡屡发作。

不过，"文革"形势的缓慢好转，对于书画界的复苏则起到了积极的作用，上海的"东方红书画社"开始尝试举办一些书法活动。东方红书画社原名上海书画出版社（又名朵云轩），成立于1960年，由上海人民美术出版社木刻水印室、荣宝斋上海分店等十数家书画老店组合而成，专事书画的出版和经营。

1971年1月21日，为推动"工农兵书法作者通讯员活动"，上海东方红书画社召开了工农兵业余书法爱好者座谈会，与会者达三十多人，主办者是上海东方红书画社编辑组负责人周志高，由此活跃起一支由一群年轻人组成的"工农兵通讯员"队伍。当时通讯员活动人员最多时达一百五十多人，每月举办一次书法交流活动，周慧珺由翁闿运和方去疾两位先生介绍进入。

1975年，周志高曾以讲课之名，将"资产阶级反动权威"王个簃(1897—1988)带到"书刻会"的大厅讲演。那天王个簃先生是坐着三轮车来到会场为台下的听众阐述从艺数十年的经历与感受，周慧珺聚精会神在台下听讲，不由为王个簃的个人魅力和书法艺术的博大精深所由衷折服。第二天，就有人质疑周志高为何让资产阶级反动权威腐蚀工农兵，要他作深入检讨。但周志高临危不惧，利用毛主席"对资产阶级反动权威，要发挥他们的一技之长为无产阶级所用"的最新指示义正辞严地拒绝了对方的要求。加上周志高出身贫下中农，又是红卫兵的

第十六章 命运多舛

↑ 周慧珺《雷锋日记》手迹

队长、恢复出版革命小组的组长之一，是党培养的对象，根红苗正。他是"身正不怕影子斜"，就利用自己的身份之便积极开展书法活动。据说在南京，周志高整天骑着辆借来的破旧自行车，四处寻访那些被政治风暴吹得七零八落的书法大家。

客观地说，周志高对于上海书法的复兴乃至中国书法运动的发展是有重大贡献的。不仅体现在他邀请由"红"变"黑"的老书法家们重新出山，诸如王个簃、萧娴、沙孟海、林散之等；更反映在他积极开展书法活动，为上海书坛培养了一大批中青年人才，日后有多人在书法复兴的历史大潮中击楫激流，成为上海书坛的中坚力量，例如周慧珺、韩天衡、张森、沃兴华等。

也就从那时起，朵云轩的橱窗里，经常有周慧珺的作品展示，此后的大小市、区级展览会，每每有她的作品亮相。那时的作品不像现在能够自由创作、自由发挥，而是要参照党中央的最新指示，配合"文化大革命"的形势，书写带有强烈宣传意识的政治标语和口号。诸如《雷锋日记》摘录、"批水浒"语录等，都会印制成散页或小册子在朵云轩展示。

周慧珺曾书写《雷锋日记》一则馈赠弟子李静："我愿做高山岩石之松，不做湖岸河旁之柳。我愿在暴风雨中艰苦的斗争中锻炼自己，不愿在平静的日子里度过自己的一生"，算是托物言志。由于是早期的作品，可以看见这幅作品中沾染有强烈的帖学气息，深受沈尹默等大家的影响。在近现代碑学引领书坛风骚的大背景下，让二王帖学一脉薪火传延不息，他们这种对传统经典帖学的固守和力求创变，从某种程度而言，也无疑是对书坛片面强化碑派影响的一个反正，为"二王"书风在近三十年以来的再度兴盛做了有益的铺垫。同时，我们发现作品中金石味几乎不存，周慧珺真正沐浴到碑学的甘露还是在若干年后，当她跨入上海中国画院成为专业书法家的时候。这幅作品不如沈尹默老先生的萧散高蹈，却因渗透米芾的字形布局而显得在骨力和气格方面略胜一筹。印象中还有一幅《一滴水》的作品，同样使人过目难忘——"一滴水放进大海里，才能永远不干"，显然是时代的产物。在这一时间段内，周慧珺书写了大量的毛泽东诗词与鲁迅诗歌。

1975年夏日过后，周志高要编写出版一本《怎样写行书》的教科书，成立了一个专业的写作班子，由周慧珺、刘小晴、陈炳昶、杨永健组成。当时编辑室已从南京路搬到衡山路办公，考虑到交通便利，写作班子仍在朵云轩三楼的办公室工作。这本书的分工是周慧珺负责行书技法部分，刘小晴负责行书的历代主要书家介绍和行书的演变发展，陈炳昶负责行书的章法，杨永健负责插图的收集和统筹。大家在讨论中认为在当时的年代中这本书必须通俗易懂，符合工农兵的要求，但又不能脱

↑ 版本学家顾廷龙

第十六章 命运多舛

离书法的实际,特别是历代书法家的介绍要有所选择(当时正在尊法批儒,社会上说苏东坡是儒家),否则是封建主义回潮。

在收集历代书法的资料中,周慧珺等人找到了上海图书馆的顾廷龙(1904—1998)先生,得到了他的大力支持。顾先生将他们安排在图书馆二层半的小室中,拿出了图书馆的大量资料让他们翻阅,他们看到了很多当时社会上看不到的资料,并请彭浦机器厂的夏国忠拍照,印成照片供大家分享(其中只有极小部分能作编书用,在当时也算是"假公济私")。周慧珺等人在这二层半的小室里,觉得好像是在书法的春天里,浑身温暖。尽管当时的政治气氛还很严肃,但他们偷得轻松自在,讲讲书法,开开玩笑,乐在其中。有一天,杨永健带了十张一角钱一张的宣纸给周慧珺过目,周慧珺觉得纸好又便宜。正巧,刘小晴闯进来了,看到他们在看纸,他也是个惜纸如命的人,见宣纸又好又便宜,急着问他们在哪里买的。平时周、杨他们和刘小晴开惯了玩笑,就笑着说:"对面工艺美术服务部孙友山那里有卖,快去买,不买就要买不到了。"刘小晴听了二话不说,转身就下了楼梯。没多久,刘小晴气急吁吁地跑来,说:"没有卖呀。"此时,周慧珺和杨永健二人哈哈大笑,小晴才恍然大悟:"上当了,上当了!"至今,刘小晴提起此事,还"耿耿于怀"呢。

待得此书定稿,"四人帮"已经粉碎,书法的春天来临了,此书的观点明显跟不上变化发展的形势,书也就没有出版。如今周慧珺谈到这段和刘小晴、陈炳昶、杨永健在一起工作的日子,脸上就会浮现出欢乐的笑容。

这一系列的书法活动之所以当时能够在上海有条不紊地展开,有一个重要原因,那就是抄写大字报、画毛主席像。这两项活动促使上海的一大批从艺者在"文革"期间依旧有从事艺术事业的契机,学习书画的爱好者尤其多。特别是很多工厂单位都设立了"政宣组",吸引了许多人的争相参与。"政宣组"有着高门槛,不为别的,只因"政宣组"的特殊待遇——属一技之长,可脱产搞宣传,有许多的实惠和便宜可沾,是一份不可多得的轻松工作。这个带有强烈政治色彩的无意之举恰恰为上海书法的翻身突围保留了一丝希望,好比一根填埋地下的导线,只需外界的一小簇火苗,就能引燃起熊熊火光,爆发出不可思议的力量。之后的事实也明白无误地证明了这一点。

1971年,一代书画大师、学者、诗人沈尹默不堪身心折磨,溘然仙逝。追悼会在西宝兴路举行，周慧珺也去送了自己的恩师最后一程。由于沈尹默的特殊身份——"资产阶级反动学术权威"，因而送别者寥寥，就连花圈也没有几个，场面悲戚万分。这种"无可奈何花落去"的景象对已成年的周慧珺来说触动很深，联想起沈老对青少年书法的关怀免不了潸然泪下：

> 漫长的"文革"岁月使这个社会丧失了维系整个人类社会最基本的东西，就是爱。无论何种社会都需要爱的传递，需要真情的奉献，要让爱时刻萦绕于社会的角落和人们的心中。一再地提醒和强化这种意识，告诫人们道德、真情或者爱的可贵，是不可缺失的。

两年后，周慧珺又送走了自己敬爱的拱德邻先生。这两位为书法事业奋斗终生的老人在"文革"中横遭迫害，但依然坚守着自己的信仰，笔耕不辍。更为可惜的是，沈老生前担心"反动书画"累及家人，虽是万分痛苦却不得已将自己毕生积累的作品，乃至明、清大书法家的真迹藏品一起撕扯成碎片，浸入洗脚盆中泡成纸浆，最后捏成团条，放进菜篮里，让儿子在夜深人静之时带出家门，倒进苏州河……

谢稚柳先生在听闻噩耗后作诗祭友人：

> 诗书老去颂生民，健笔纵横意态新。
> 放眼江山风物美，忆公何止念平生。

七年后，经中共上海市委批准，为沈尹默平反昭雪，补办追悼会，来者络绎不绝。

第十七章

结识伯乐

送别了沈尹默和拱德邻两位大家前辈，周慧珺迎来了人生中的另一位伯乐——翁闿运先生。

翁闿运(1912—2006)的大名早在青年宫时周慧珺就已经熟知，他的滔滔不绝给周慧珺留下了深刻的印象。翁先生原籍浙江杭州，故居西湖翁家山。其父翁有成是清光绪二十年（1894）进士，迁居苏州，博学精诗，著有《南峰诗草》四卷行世。翁闿运是家中幼子，早年丧母，父亲一人担两责，对于翁氏教导甚严，训勉甚勤。翁有成守持了清人好碑的特点，在翁闿运十岁时令其临习颜真卿《颜家庙碑》，并以颜氏其人其事教他

↑ 翁闿运家藏碑帖无数，日后成为周慧珺汲取前人手泽的养料

做人。此后,翁闿运对颜字情有独钟,愈发废寝忘食地临池,直至深夜。曾作诗:"鲁公铁书可摧坚,不畏艰难更向前。我学公书非好事,立身正直仰先贤。"成年后,翁闿运尝试读帖,读帖时间渐多于临池。对于墓志碑铭无所不涉,尤其是名碑古帖常向人借购。眼界日阔,阅历愈深,遂而复工欧赵。翁闿运少时读书极勤,中学时进入了省重点江苏省立苏州中学读书,课余反复练字。

他在《学书与立志》文中记录了这样一件事:

初中二年级时,苏北来了一个插班生,觉得他字比我写得好,便引为知己。而我费了两个月时间加倍努力,超过了他。全省中学生书法成绩比赛,我名列前茅。但我私想,凡人做的事,应该人人都能做到。我的目标,想超越古人。因此同学取得的成绩,从不嫉妒,只希望人家比我学得更好,提高我的对立面的水平,迫使自己提出更高的要求,相互追赶,共同前进,这是最愉快的事。这种想法,到老未变。(翁闿运:《艺舟新楫——翁闿运书法诗文集》,上海书画出版社,2001年8月,第3、4页)

在习书之余,翁闿运还工诗文,曾拜在国学大师唐文治先生(曾为周父编撰《竹径草堂记》)的门下。因而翁闿运国学根基可谓深湛,所作诗文不下百数,大都写就于"文革"动乱时,情寄于诗文借以自慰。他在"风教移新"中以"诗思养和平",却也不曾称自己为诗人。亦曾作诗数首赠予周慧珺,兹摘录于下:

健步歌赠周慧珺(1976年7月)
老来健步意兴高,时穿闹市阅人潮。
攀登不觉楼居苦,疗贫斗室难解嘲。
闲居读书厌枯寂,走访女弟看走毫。
要知健步不及健腕好,横扫千军席卷昆仑任君豪。

赠周慧珺,兼慰其病二首(1977年1月)
其一

爱君少小秉天聪,重以谦虚正直风。
不作铅华称淑女,高悬健笔是书雄。
由来志士运多蹇,今日良医术最工。
二竖焉能缠启秀,三光明烛现长虹。
其二
汝书富丽似琼瑛,风骨中藏实峻嵘。
细及毫铓求妥贴,重如铁石比坚贞。
中锋克己成行准,落纸无心见毕生。
我信古来仁寿说,相君笔迹保咸亨。

送周慧珺棣应日本书家邀渡东瀛(1980年9月)
振翮搏霄今展程,暂栖富士瞰东瀛。
凤鸣唤起蓬仙贺,赢得蜚声响赤城。

口占赠周慧珺(1983年10月27日)
君名我字偶相同(注:翁闿运字慧仁),
愚慧秉天难冒充。
可喜灵犀能自点,
后来居上见英雄。

(翁闿运:《艺舟新楫——翁闿运书法诗文集》,上海书画出版社,2001年8月,第143、163、167、179页)

↓ 1988年,周慧珺和翁闿运在一起

静观诗文,我们知道翁闿运先生对于周慧珺的书法、为人的推重与赏识。那何以周慧珺和翁闿运之间能结下如此深厚的友谊呢？这还得从1971年说起。

"文革"初期，翁闿运作为"靠边"对象被上海中国画院的"造反派"关入"牛棚"。在"牛棚"中，翁闿运遭到了毒打，他体态瘦小，因而"造反派"对他是"格外关照"。有个二十多岁的"造反派"瞅见了翁闿运的弱势，将他倒吊起，头朝下，脚朝上，死命抽打，一边还叫嚣着："打死你这反革命，看你还老不老实。"反复多日，打得翁闿运死去活来，痛不欲生，男青年这才作了罢。以后翁闿运只要远远见到这个男青年，就退避三舍，浑身还忍不住打颤，四肢发软。

此后"文革"形势渐松，翁闿运得以从"牛棚"里出来，每天仍要去画院上班。翁氏家住吴淞路，要坐15路换21路，因而每日都得经过周慧珺家。对于周慧珺，翁闿运记忆犹新，这个学生不仅书法基础打得好，而且造诣高、天赋好，很早就已经留心了。于是，翁闿运常常吃完中饭，趁着换车的机会主动上门到周家教书法。第一次上门时着实将周慧珺吓了一跳，简直不敢相信自己的眼睛。而当时的周慧珺恰恰需要名师指教，虽则她已部分摆脱临摹的局限，开始寻找新的感应点，但总是遇到瓶颈，翁先生的出现犹如雨后甘霖，不期而至。尤其是翁闿运家藏有许多名家碑帖，都是绝好的善本佳作，翁闿运总会捎带一些到周慧珺家供其读临。正是这一机缘巧合，使得周慧珺的视野再度放大，从王羲之的《圣教序》，颜真卿的《祭侄稿》、《争座位帖》到黄山谷的《松风阁》、《忆旧游》。

正是从那时起，周慧珺对翁先生就抱有一份感恩、一份敬重，对翁老的感情是很深的。他们的关系亦师亦友，直到2006年翁老西归，翁闿运和周慧珺一直保持着每周切磋书艺、谈古论道的习惯。可以说，翁老就是周慧珺书学思想的直接灌输者和启导者。

世有伯乐，然后有千里马。策之以其道，食之尽其材，鸣之而能通其意，则千里马有之。翁老这个良师益友确是周慧珺学书之道的伯乐。

翁闿运自身的书法得萧蜕庵亲授篆法，上自两周金文，下迄秦汉以至北宋，名碑佳迹皆勤习，因而四体兼长，尤以真行两体为妙。真书微掺隶法，厚重朴茂，筋骨内含，秀雅外溢；行书则兼容碑帖，笔法精熟，酣厚老练，秀逸清峻；篆书温润古雅，似汉碑额，又含己意；隶书端雅方正，内秀外雄，颇得古韵。此

第十七章　结识伯乐

外，翁闿运还是书法理论家、碑帖鉴定大家。上世纪六十年代，谢稚柳在周总理和陈毅市长的授意下，以上海文管会的名义回购征收了许多流散于公私人家的书画真迹，其中翁老就负责书法方面的鉴定，谢稚柳本人负责绘画方面的甄别。例如，有颜真卿第一全本国宝之美誉的宋拓《李玄靖碑》正是翁老仔细斟酌，拍板确认为真迹的，现存于上海博物馆。这种鉴定能力的高超展现其实都和翁闿运深厚的家学渊源和国学涵养密不可分。同时，翁闿运又特别欣赏甲骨文和青铜器上的文字，因此对金石文字也颇有研究。

在周慧珺家窄小的厨房里（"文革"中，周慧珺和父母被赶到一间黑暗的斗室里居住，厨房也兼作了客厅和书房），周慧珺经常接受着翁闿运的指导与帮助，犹如奔泉渴骥，苦练真书。尤其是翁闿运深厚的诗文功底更是让周慧珺别开眼界，每每在学书闲暇时诵念诗文。念得久了，翁闿运就会摇头晃脑，带着长长的唱腔，好似古人般咏怀抒情。

不过，翁闿运也有一个毛病，那就是话多好动。在青年宫教书时周慧珺就是被翁闿运的滔滔不绝所吸引，现在是切身体会到了翁氏的能言会道，交谈时往往容不得自己插口。甚至连

↓ 晚年翁闿运常和周慧珺出席各种社会活动

平时已经沉默寡言的周志醒也忍不住苦笑，苦叹翁氏说话的功力。

一次，翁闿运在和周慧珺谈论书法，不知不觉到了傍晚用饭时，可翁老丝毫没有歇止的意思。于是，周志醒就催促起来，周慧珺则碍于师面，只得应付："等一下，就来。"不曾想，翁闿运仍旧我行我素，言无不止，道无不尽。待到周志醒第六次来催时，也许是翁闿运感到了肚子有点饿，才赶忙歇了下来。老人也不用饭，径直告别而去，撇下了已经饿得发慌的周慧珺。

此外还有件趣事。周慧珺和三姐都患有严重的类风湿关节炎，幸好有一位金医生是周家的旧友，时常会到周家为她们推拿治疗，久而久之也识得了翁闿运。这位金医生虽是医生但却目不识丁，有点"江湖医生"的味道。长得倒是清秀白净，举止彬彬有礼，尤其是一双眼睛炯炯有神。一次看见翁闿运又在那绘声绘色地说着什么时，他偷偷地对周慧珺说："你看他那瘦小的样子，活蹦乱跳的像个猴儿，和我比起来谁更像知识分子啊？谁更有文化啊？怎么着看上去也是我更有文化嘛！"说得周慧珺哈哈大笑。

和翁闿运熟识的人还知道，翁老端坐时喜欢"跳动"——每说一句话腰板就喜欢挺一下，片刻不闲。这种好动的天性使得翁闿运不喜欢呆在家里，走亲访友是常事。所以说，翁闿运那时虽然已六十多岁，体貌渐老，但心态依旧好似一个青壮年般，自始至终怀揣着强烈的创作欲和求知欲。不得不说正是这样通达的生活态度才能使他挺过"文革"的迫害，在以后的日子里大开大阖，驰骋书坛。

周慧珺的一位表亲还认识方去疾（1922—2001），随他学刻印，因而方去疾也到过周家几回。方先生在当时是篆刻界的权威人物，也擅书法，对周慧珺的书法十分看好。

七十年代初期，某人携带杂志拜访全国政协副主席的沈雁冰（茅盾）时，说到最近上海出了几位年轻的书法家，很有前途。茅盾回应道："周慧珺写得好。"茅盾是驰名中外的一代大师，他本人的书法受宋徽宗"瘦金体"的影响，颇有成就。他对周慧珺的评价可谓是"慧眼识英才"，也是当时级别最高的领导人对周慧珺的评价。后来，周慧珺还为茅盾故居所在地乌镇景区入口题写匾额，不知是否巧合。

第十八章

师徒结缘

在不知不觉中，周慧珺的书法深深吸引了一位痴迷于书画艺术，此时正在艺苑外盲目摸索、不晓门径的懵懂少女，她的名字叫李静。以后天赐的机遇和命运的巧妙安排使她们走到了一起，结成了令人艳羡的师徒关系。

李静，1956年10月出生于上海，现为中国书法家协会理事，上海市书法家协会副主席、创研室主任。李静的童年是在祖籍浙江绍兴度过的。祖宅和鲁迅故居前后相望，人文气息非常浓厚。从小耳濡目染，又有些许天分，三四岁起就识字看书，往往一坐就是半天。生就男孩子的性格，女孩子玩的游戏她一概不喜欢，整日跟随读中学的小叔学画画。因为李静特别喜欢涂涂抹抹，而已经上小学的小姑姑最怕写毛笔字，所以经常把老师布置的毛笔字作业交给侄女来完成。李静就从山、水、田、土等简单的字入手，为姑姑"造假"。每逢看见小姑带回画了许多红圈圈的作业簿，李静会很兴奋，以至经常会眼巴巴地等着小姑放学回家来，抢着为她做写毛笔字的作业，有点走火入魔的意思。

李静还特别喜欢听大人们讲故事。那时她家居住的街上真有些饱学之士，讲的大都是些名人轶事、历史掌故。家对面就是浙江绍剧院，一到晚上李静就会和小伙伴们一起偷偷地从后面溜进剧院看绍兴大板、莲花落等绍兴地方戏。在绍兴的那段童年往事是她美好的记忆，六十年代中期回上海读书，她是极不情愿的。她从小是祖母带大的，对祖母很依恋，回到上海后还经常想着要伺机逃回绍兴去。

　　进小学后的李静很好学，成绩好还会写写画画。五年级时很得一位代课女老师的青睐，经常会出题让李静画画，每次画完总会摸摸她的头说："好好努力，你长大以后会有出息的。"有时候她还会拿来几张黑白照片让李静着色（那时没有彩照），李静为了不让老师失望，特地去照相馆买来照相专用颜料，经过多次练习和请教，终于学会了照相着色的基本技巧。老师的相片经过李静的加工，果然增色不少，老师很高兴，作为回报，买过几次《小兵张嘎》、《鸡毛信》、《地道战》、《地雷战》之类的电影票送给李静。

　　一日，这位老师看到李静的班主任在批改大楷字，想李静画画那么好，字也一定漂亮吧？就特意提出要看看李静写的字，可能字的蹩脚出乎她的意料，她看后露出惊讶的神色，皱了皱眉。这一幕正巧被李静撞上，李静那时特别在乎这位很看重自己的老师，此刻老师那种失望的表情顿时令她感到无地自容。于是放学后李静就直奔朵云轩买了字帖，从此刻苦练习，直到画着许多红圈圈、由她所写的字经常贴在学校的橱窗里成为一景。从那时起，李静算是结识了书法艺术。

　　由此想到教师确实是人类灵魂的工程师，老师的一句鼓励或批评的话语，一个赞许或失望的眼神，都会改变一个学子的一生。那位女老师也许做梦也不会想到，那年她皱了皱眉，竟令一个自尊、好胜的小女孩义无反顾地走上了学书之路，这一走便是四十年……

　　李静小学二年级时，"文革"爆发了。那时搞"停课闹革命"，学校里不上课了。李静几乎天天一个人窝在家里画画，写毛笔字。那时家里经济拮据，买不起像样的纸，更不用说宣纸了，就去家隔壁的印刷厂要些纸的边角料画画写字。坐在炉子边烧饭，拿起旁边的火柴盒子就写了起来，香烟壳拆开的背面、电车票根都会见缝插针般地布满钢笔字的印迹。如果是一整张的白纸，那更是写满了钢笔字后还要再写些毛笔字。

　　李静从小在家里还是个小当家，总是偷偷省下一些买菜钱，其实也就是每天从不到一元的菜金中省下一两毛积攒起来买些廉价纸笔。因为家里经济不宽裕，抠下了菜钱等于损失了弟妹们的营养啊，所以现在弟妹们也会开玩笑说："你现在书法上有成就，我们可是有过贡献的呀。"说起这些从小学艺的经历也是蛮心

第十八章 师徒结缘

酸的，客观条件是相当的艰苦。对于李静，在那样的年代学习书画完全是自觉的，是兴趣使然，所以充满了一股子韧劲。当时十几岁的她也曾有机会拜会过一些名师。

那年邻居有位大哥，就读北大，暑期回沪，见李静一个小女孩这么迷恋于书画，就对她说："我有一位高中同学，我们一起集邮的，关系很好，他叫胡考，他父亲是胡问遂，想不想见见？"

胡问遂是沈尹默的入室弟子，在沈老的言传身教下刻苦钻研，在沈老的基础上融会贯通、别开新路，竟泾渭相异。"文革"时，造反派喝令胡问遂揭批沈尹默，但胡问遂戏言："老师学问深，学生不懂没法批。"

此时，平日只在朵云轩墙上见到的名家一下就出现在眼前，年少的李静很紧张，顿时慌了手脚，云里雾里的脑子一片空白，只道了声："胡伯伯好"，在邻家大哥的提醒下才取出自己写的字请求指点。只见胡问遂老师清瘦、儒雅、亲切，没一点大师架子，不但仔细过目、娓娓道来，一边讲解一边举笔示范。

也不知怎么的，站在一边的李静看着胡老先生写字特别的慢，忍不住开口："胡伯伯您怎么写字那么慢啊？"只见胡老微笑着说："骑自行车是快容易还是慢容易呢？"这些话当时的李静是无法理解的，只有慢慢地咀嚼了。十多年后，李静看到谢稚柳先生写字异常的快，又问："谢老您写字怎么那么快啊？"谢老答："如果你足够的熟练，当然是越快越好，能写得快，为何要慢呢？"可见，无论是用笔方法还是艺术观点，都是见仁见智，不会有统一标准的。几十年下来，最终李静似乎更认同谢老的说法，她写字的速度也是相当快。

那天临走，胡老还展纸磨墨书写了一幅曹操的《观沧海》诗送给她以示鼓励，李静一直保存着。以后李静还拜见了任政、赵冷月等当时一些著名的书法家。

但最重要的还是"文革"后期李静与周慧珺的相遇、相知及相守，使她的学书之路步入了正轨，也是周慧珺老师金针度人，引领她走入了书法艺术的殿堂。以后李静学书不辍，不断吸取周慧珺老师书法艺术的精髓，博采众长。特别是八十年代中期以后，她东渡日本留学，开阔了视野，汉魏、唐宋、明清无所不涉，尤倾心折服于汉简帛书的古朴率意及明清书法的跌宕多姿。并对日本假名书法的章法布局颇为欣赏，创作时常借鉴并加以发挥。

而能得识恩师周慧珺，完全仰赖于中学同班同学周德音，即周慧珺大哥周坚白的女儿。

1970年，十四岁的李静进了上海市六十七中学，因为笃爱绘画，已在黄浦区文化馆学素描两年，书法是自学的。同班有个女同学叫周德音，长得非常文静、秀气，又写得一手漂亮的毛笔字。李静知道她书法幼承家学，就特别愿意和她接近，交流切磋，由于志趣相投，很快就结成了好朋友。她们经常在一起为班级出墙报，总是李静画画、周德音写字，边创作边在一起谈文论艺。有一天，李静路过朵云轩，被橱窗里挂着的一张署名周慧珺的书法作品吸引住了，字体腾挪多姿、刚健骨力，很有节奏感，是她特别喜欢的风格。也许是有缘吧，总觉得这字有些眼熟，好像在哪见过，可名字却是陌生的。

那天晚饭后，周德音让她妹妹周德林来请李静去她家玩，李静忽然想起下午在朵云轩看到的字，就问周德林："你家有叫周慧珺的人吗？"周德林回答："周慧珺是我姑妈。"李静不禁心中释然并笑道："怪不得我觉得眼熟呢，原来德音的字是跟姑妈学的呀。"后来，李静不止一次向周德音提出，想拜她姑妈为师学习书法，但总是一次次被婉拒。周德音说姑妈生性安静，不容易接近，她是不肯收学生的。

李静的要求未能被接受，按理说她也并不是个很执拗的人，可不知为什么周慧珺的名字和她那特别的书风像在她心中扎下了根似的，无法忘怀，更不愿放弃。从此，跟周德音的姑妈学书法成了她当时最大的愿望。

那年夏天，李静去宁波外婆家过暑假。外婆家在宁波镇海一个叫岭角湾的山区，连绵的群山、湖泊、大海。这是她第一次真正走进大自然，这对于喜欢绘画的她犹如进入了画境诗意中。于是拿起了笔，贪婪地画了起来。巧的是外婆家隔壁正住着一位上海回乡知青，喜爱画画，那时正准备报考杭州美院。于是李静整天跟着他转悠，在那里见什么画什么，逮谁画谁，整个暑假画了一大摞大人小孩的素描头像，高山、流水都尽入她的眼底，融入她稚嫩的画中。回到上海后，她特别选了两张渔民模样的炭笔头像送给了好朋友周德音。

→ 周慧珺和李静

几天后周德音告诉李静,把她和同班另一位喜欢绘画的男生作品给父亲和姑妈看了,他们一致评说,那个女生画得好,笔画干净、准确。周德音还特别强调姑妈的话:"这个女生笔性很好,她要是写字,肯定很快就会超过你。她要学书法的话,我倒是愿意教的。"

李静惊喜道:"真的?你姑妈真那样说?"于是她缠着周德音,要她马上引荐,无奈那次还是没能如愿,周德音说她姑妈也就说说而已,未必能真的答应,以后再说吧。

哪想,李静早已将此事当真了,简直是迫不及待,茶饭不思了。思来想去,于是提笔给周慧珺写了平生第一封信,信里求学之心溢于言表,自以为是能感动她的。可是信发出后,左等右等也没等到回信,心想周慧珺真像周德音所说的不太好亲近吗?可她还是执著且焦虑地等待着。

有一天,李静和周德音在周家楼梯边闲聊,见一个戴着眼镜、走路有些费力的女子从身边走过,当时只顾说话没在意,还侧过身给她让了下路。等她上楼后李静才下意识地回过神来,问周德音:"刚才那人是谁?"当周德音回答是我姑妈时,李静那个悔呀,不知如何形容好了!她怨周德音不上路,明知其拜师心切,居然近在咫尺也不行个方便。周德音也有理:"我注意你表情的,你看见她时只当没看见,莫不是你写信她没回,你心里已无所谓了?"李静说:"天哪,我怎么知道她是你姑妈呢?"说真的,确实也怨不到别人,她虽没见过周慧珺老师,但是周老师走路的特征那么明显,李静竟傻到"伊来不认得,望背空叹息"的地步!

什么时候才能再见到她呢?当时李静心中特别惆怅。稼轩他老人家凭什么说"少年不识愁滋味"啊,那时李静才十几岁,为了拜师学艺还真没少发过愁呢!苍天不负有心人,不经意时机会悄然而至。1972年,在一次上海市书法展上,李静终于得以和周慧珺不期而遇。

那天风和日丽,李静和周德音相约去美术馆看书法展,走到大门口时,周德音推了她一把说:"你乱张望什么呢?到时可别再怨我不介绍啊,喏,这就是我的姑妈!"望着已经到她眼前的心仪已久的周慧珺老师,李静脸涨得通红,不知所措,紧张得想说的话全都噎了回去,傻傻地呆在那里不知说什么了。周慧珺

第十八章 师徒结缘

↑ 李静和老师姐妹合影，摄于1995年

很善解人意，见李静紧张得不会说话了，笑了笑说："你的信我收到的，只是我这人懒得写信，一拖拉也就放下了。这样吧，下周三我休息，你下午两点左右来我家吧，把你写的字带来，我们谈谈。"

就这样，李静和周慧珺遇上了，在以后的日子里，师生俩反复地感叹过今生的相遇。佛说："相遇是缘。"芸芸众生，我们不断地与人擦肩而过，扫视过的人不下千万。周慧珺是李静今生注定要寻觅到的，书法给了她这样一个理由和契机。而周慧珺，也正是在回眸一瞥之际注定了和李静的缘分。以后周慧珺也曾对李静说过："这一生有了你，多了很多快乐。"对于李静来说，能拜周慧珺为师才是她此生最大的幸运，长者改变了晚生的整个人生！

星期三很快到了。那天下午，李静走上周德音家那熟悉得不能再熟悉的楼梯时，激动得心都要跳出来

↑ 周慧珺为李静书写作品两幅

第十八章　师徒结缘

了，她真切地体会到了"崇拜"两字的滋味，用现在的话来说，她早已体会过了作为"粉丝"的疯狂。只是没想到那天一脚跨进周老师的家门，是她作为周老师入室弟子的开始。从此，她心无旁骛，在周老师的指引下，走上了探索书法艺术的道路。

进入周慧珺简陋的居室，李静就把平时临写的几种楷书给周慧珺看了。在这以前李静还从未写过楷书以外的书体，心里却一直特别喜欢具有节奏感的行书。她问老师："我很喜欢你的字，可不可以学？"周老师回答说："不可以学现代人的字，你若喜欢我的字，我是学宋代米芾的，你也可以去学米芾。"整整一个下午，她感到周慧珺老师非常的亲切，就天真地乱提问题，周慧珺都是耐心地有问必答。临走老师还特意拿出几本字帖和毛笔，有米芾的《蜀素帖》、黄庭坚的《松风阁》，还有汉简类字帖，要她带回家临写。当时的李静诚惶诚恐，很孩子气地指着汉简说："这字太难看了，我不要学。"老师也不见怪她的无知和大胆，笑笑说："你现在还不懂，拿着吧，或许你以后会喜欢的。"

临走还不忘叮嘱她说："我休息日是星期三，只要我在家，你想来就来吧。"这正是幸运之神降临呵！以前李静在展览会上或朵云轩里看到周慧珺的作品时，总会听到人们对她的评论，说她不好接近，连她的侄女周德音也是这么说的。可今天周老师给自己的感觉却很亲切，使她进门前的胆怯与不安一扫而光，进而急切又兴奋地对老师说："和您在一起很开心，我下周三一定来。"

以后几年的时间里，李静经常去周慧珺家写字、聊天。那时周慧珺的父母还在世，三个人住在一间整天开着灯的斗室里各行其是。她俩说话时，周慧珺的父亲周志醒就不声不响地坐在离她们两米远处看着她们，从来不搭话，只是默默地倾听。李静也只在进门时顺着同学周德音的口气叫他一声"阿爷"，就再不和他说第二句话了。她感觉老师的父亲——这位外表俊朗，身高一米八，两眼炯炯、曾经打拼商界又热衷涉足藏界的真性英雄，虽已不复当年之勇，但在这小小的斗室，终究由于他的呼吸而徘徊着逼人的英气。周慧珺的母亲因"文革"时受刺激，这时已经神智不太清楚了。不过老太太慈眉善目的，虽然不知道进门的是张三还是李四，却总是很热情地招呼，和李静嘘长问短。开始没人会觉得她有什么异常，话过几巡才会感觉出来。

光阴到了1975年初,师生间暂时告别。按照当时的政策,李静即将去黄山茶林场务农。于是,周慧珺给了她很多纸笔,告诫她尽量抽时间写字,别因为工作忙把书法荒废了。并叮咛李静:"你很有悟性,这点是我特别喜欢的。但临摹字帖要善于思考,多动大脑。鉴赏力和判断力是智慧的真正体现。假如一个学书者始终没有自己的怀疑和思考,没有自己的鉴赏力和判断,而仅仅停留在临摹,那他就永远没有超越、没有创造了。"

临走,李静请老师给她留幅字作纪念,周慧珺就从当时号召和鼓励知识青年上山下乡的诗歌选里,摘录了一段:"党是阳光我是花,雪山草原把根扎。立志务农干革命,装点江山美如画。"这是周慧珺对年

↑ 激情燃烧的二十岁,右为李静

第十八章　师徒结缘

方十八的学生李静的勉励和教导。李静就带着它去了农场，一直把它挂在自己的房间里。每天看见它如同见到周慧珺一般，在那个寂寞无聊的岁月里，是她聊以寄托自己对老师思念之情的唯一。

1979年，李静参加高考被上海旅游高等专科学校录取，回上海时那幅周慧珺送的字也随着她回来了。没想到的是，这张周慧珺在特别时期给特定对象写的字，让李静在三十多年后旁人的文章里看到了一段不公平的评论："手边存有一本十余年前出版的书法字帖。尊敬的启功翁书写了毛泽东的一首诗词，全部用的简化字；周慧珺女士则更绝，除字简化外，内容更加革命：'党是阳光我是花，雪山草原把根扎。立志务农干革命，装点江山美如画。'这样的创作，难道是书家内心情感的流露吗？符合书法创作的规律吗？也许，这只能用'功利主义'来解释了。"

谁不知道新中国成立以来中国的政治运动接二连三。特别是在"文化大革命"时，说真正被洗脑的也好，配合政治运动的高调也好，被逼无奈的也好，有谁不曾说过一些合乎当时情势的话，写过一些符合当时运动的官样文章。有谁没有高呼过"万岁，万岁，万万岁"。也不乏自觉或被动坐下来认真研读、背诵"语录"的。只有经历过大大小小的政治运动的人，才明白在那些个着装统一、言论统一的年代里，人们别无选择。现在有些人提起当年，总喜欢把自己弄成"完美"。要么是运动中的逍遥派，要么是反当时之潮流者。好在人是社会的人，言行举止自有公论，不必对此人作任何评论。估计作者会这么写，可能为年少青春辈，实在不知三十多年前的国情。那时写书法是既取不到功名也无利益可言的，周慧珺只不过是抄录了它，并把它送给了自己那个即将奔赴他乡务农的学生。

往事如烟，十八岁的学生如今已年过半百，看到这样的评论，真是哭笑不得啊。

在离开周慧珺去黄山务农的日子里，李静为黄山的壮丽和丰饶而迷醉，因而有数十幅涂绘黄山美景的作品。尤其是面山写景的十余幅山水小品，更是体现了她虽稚嫩而不失朴素的写生功底，清简而不失韵致、灵动而不失古拙。奇山怪石、云海温泉在李静的笔下犹如腾跃的龙虎玄雀，雄奇奔逸、崔嵬秀绝。还沪后，她将这些作品都给周老师过目，博得了周慧珺的赞赏。

第十九章

书坛回春

1972年,一个重大的转折即将改变上海书坛的发展轨迹,预示着书法事业的复兴。

那年中日邦交正常化,毛主席在接见来访的日本首相田中角荣时,发表了关于"学一点历史,学一点哲学,学一点书法"的讲话,并赠给随同田中来华访问的日本外相大平正芳一本怀素《自叙帖》的影印本,堪称国礼。就是这句"学一点书法"的言谈被张春桥知道后,揣摩上意旋即跟进,电令在上海的徐景贤授意复旦大学教授郭绍虞在《文汇报》上发表文章,题为"学一点书法",同时紧急要求上海画院书法组把全市的书法工作抓起来,开展起一些小规模的书法交流活动。这个政治运动的新导向,对于上海书法界在全国书法组织尚未勃兴之时率先崛起意义特别重大。

说到那个时段的中日书法交流活动,就不得不提及日本书法在这百十来年的精进。大家知道,中国书法是日本"书道"的母源,这是毋庸置疑的。在江户时代之前,古代日本人称书法为"入木道"或"笔道"。西晋年间,一个名叫王仁的百济国(今朝鲜半岛一部分)使者扬帆渡海来到了日本,被日本天皇任命为皇子菟道稚郎子的老师,随同进献了孔子的《论语》十卷和《千字文》一卷等书籍,作为皇子的教材,这些系统的汉字和汉文的典籍使日本人第一次接触到了中

第十九章 书坛回春

国的书法。此后中国的汉字在日本生根发芽，书道初见流行。

平安朝后期，日本人"自己的文字"——假名开始出现。到奈良时期，一些日本学者就有意识地开始创造系统性的本民族文字，将原有的表意文字变为表音，也就是日本现代假名的滥觞。之所以有此现象孵出，究其原因在于日本废止遣唐使制度仅仅十三年后唐朝就被灭亡，日本书法家迎来了一个自行糅合外来文化和本土文化的崭新时期。但不可否认，假名虽自成一派，但假名书道却是真真实实脱胎于中国的草书，这点连日本人也不讳言。在江户时代，"和风样"和"唐样"（远规苏、米、赵，近学文徵明、董其昌的流派）书道并驾齐驱，交相辉映。

到了明治维新时期，日本民众在天皇的导引下，上行下效期望变革图强，国力趋于强盛。就是在这种社会背景的影响下，日本文化空前发展，诞生了日本近代书道的泰斗级人物日下部鹤鸣以及岩谷一六、松田雪柯和稍晚时期的中林梧竹、西川春洞、宫岛咏士、北方心泉等。明治十三年，也就是清光绪十五年（1889），我国著名的金石书法家杨守敬东渡日本，随身带去汉魏六朝隋唐碑版无算，日下部鹤鸣以及岩谷一六听闻后，多次到清国公使馆中与其观碑笔谈，彻夜不休，因而顿悟，风格大变。尤其是日下部鹤鸣一改过去流丽纤滑的积习，转而变成雄强刚健的风格，形成了"鸣鹤流"。这些日本书道家以及他们的再传弟子在中国近代书法的基础上扬长补短、兼容并蓄，注重行草、篆隶，构成了日本近代书道的中流砥柱，成为日本近代书法的先驱。因此，在漫漫一千多

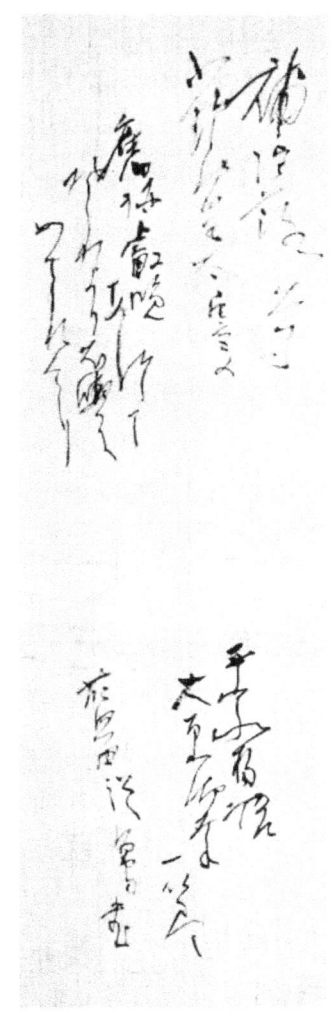

↑ 日本假名书法

年的历史长河中，日本书道有其自身文化的渗入与承转，但中国书法始终扮演着其精神导师的角色，导领着日本书道的前进方向。

但历史是在不断向前发展的，不进则退。中国书法在近代已有所衰弱，到上世纪六七十年代更是裹足不前，书法艺术被打压、被批判。而反观一衣带水的日本历经二战兵燹，在美国的扶持下经济迅猛腾跃，极大促进了艺术文化事业的振兴与繁荣。日本中小学都将书法课作为必修课，青少年写信、签字、誊写发言稿时都会使用毛笔撰书，以示郑重。时至今日，百年前杨守敬所带去的书学理念在日本中小学书法课堂中方兴未艾，起着积极的指导作用，中青年书家的水平堪称一流。而中国的大书家则纷纷被打入"牛棚"，连性命都难保，何谈技艺。青年书家更是面临断层之虞，吐故纳新迫在眉睫。据周志高回忆：

> 自1972年开始，就有日本人到上海参观旅游。因工作关系，我接触到大量日本人，对中国书法，他们有两个基本观点：一，他们认为中国是书法的母国，对古代书法家非常崇拜，对《兰亭》等书法名胜也很向往；二，他们认为当代中国落后，穷，书法在走下坡路。他们看不起中国的书法家，甚至放言，如果中国想把书法搞上去，就得去日本学习，他们那里有研究生和博士生。态度很傲慢。（樊利杰：《风雨30年——对话周志高》，《书法报》第34期，第一版）

此情此景正是当时最真实的文化写照，联系起毛主席要求"学一点书法"和他老人家一贯不服输的倔强气概，此中的深意也就不难理解了。于是，政策的相对宽松也就极大地释放了学书者的创作热情，引发了持续十数年的"书法热"。

同年，书法家徐伯清（1925—2010）敢为天下先，大胆尝试举办书法展览。在其积极斡旋下上海画院和南市区文化馆、园林局共同在蓬莱公园举办了书法展，引起了广大书法爱好者的热议。之所以要提这次展览，在于这是"文革"以来上海书坛影响最为广泛、质量堪称一流的全市性书法展览。"文革"不仅革了文化的命，更使斯文扫地，普罗大众亟待精神生活的重新汲养。因而在百废待兴之时，展览会由王个簃老先生题写"书法展览会"隶书匾额，延请胡问遂手书

第十九章 书坛回春

楷书前言,同时集中展示了任政、赵冷月、单晓天、翁闿运、徐伯清、周慧珺、吴建贤等一大批沪上知名大师及中青年优秀书家的一百多幅作品。中堂、尺牍、条幅等详备罗列,参观群众则是山呼海啸般蜂拥而至,数日不绝。1974年,蓬莱公园又举办了一次书画展览会,除了书法家外,还云集了刘海粟、陆俨少、程十发、关良等名师画作。这两次高质量的书画展览会使得当时的蓬莱公园声名鹊起,为大众百姓提供了一个欣赏艺术、欣赏美的公共场所。

经历了一系列的展览、展示后,周慧珺也凭借出挑的书艺在青年书法家中小有名气,受到了新闻出版单位的瞩目,《人民中国》就刊登了周慧珺书写的行书——杜牧《山行》。1962年,周慧珺所临米芾《蜀素帖》被刊登在了《新民晚报》上,而这一次则是周慧珺的创作作品第一次登上出版物,那天晚上,周慧珺一直写到深夜,忙出了一身的汗。要知道那时能有作品被选中发表可是了不得的事情,周慧珺的兴奋劲持续了好长一段时间,再怎么说也算是"处女作"嘛!

一年后,也就是1973年1月,为庆祝中日两国恢复邦交,《人民中国》杂志的日文版一月号又决定筹办《现代书法作品选》专辑,发表北京、上海、南京、苏州等地二十一位书法家的作品,旨在向日本推介当代中国书家。周慧珺的名字和她那清新脱俗、龙盘虎踞、宽舒练达的书风,赢得了日本同仁的激赏。

同年10月1日,上海博物馆展出甲骨、碑帖、墨迹等共一百六十七件。展览持续了二十五天,吸引观众达八千二百七十七人次,是为中国古代书法展。一个月后,上海中国画院又操办了"文革"以来上海市第一届书法篆刻展,共在上海美术展览馆展出一百五十件书法、四十三件篆刻作品。周慧珺和周坚白的儿子周德兴、女儿周德音的作品都入选了本次展览,后者入围少年儿童作品展。

第二十章

一帖成名

1974年1月，上海书画出版社打算出版一本字帖，囿于古代传统的碑帖被认为是"封资修"的产物不得出版，因而只能由当代人书写近现代人的作品。但者如沈尹默、翁闿运、胡问遂、拱德邻、任政这些大家权威靠边的靠边，过世的过世，谁来书写就成为一道难题。于是书画社领导决定在工农兵书法通讯员中挑选一位，寻来觅去，看中了在青年书法界头角峥嵘的周慧珺。当上海书画社的周志高先生来约稿时，周慧珺简直不敢相信自己的耳朵，并且立刻表示："自己还太年轻，怕承担不起这么重要的

↓ 周慧珺和周志高

第二十章 一帖成名

任务。"但是周志高勉励她："现在只有上海有能力也有机会出版这本字帖，可惜老一辈的书家不能写。我们出版社也是几经权衡，并非贸贸然地找到你。这是我们对你书法水平的认可，感觉你是工农兵通讯员中的好苗子，因此你就放心大胆地写，不要有太多的顾虑。"

几经劝说，又在方去疾等老书家的支持下，三十五岁的周慧珺终于接受了上海书画社的约稿，出版了平生第一本字帖——《行书字帖——鲁迅诗歌选》，比她所崇仰的米芾书《蜀素帖》时小了三岁！这是"文革"时期全国第一本由当代人书写的行书字帖。

刚开始书写字帖，周慧珺一家既紧张又兴奋。周志醒更是一反平日之木讷，时不时会关心周慧珺的书写进度，他是多么希望家里有个人能成名成家，走上文艺的道路啊。这本字帖的书写难点就在于不仅要为诗歌加标点，还要写简化字。众所周知，书者惯写繁体字甚至是异体字，不为别的，就为求结体、章法、布白的变换随意，不主故常。简体字不仅是对书者传统书写方式的挑战，更是对其自由发挥、伸展腾挪的局限，因而对于周慧珺的基本功是一个很好的历练。为

↑ 《行书字帖——鲁迅诗歌选》封面

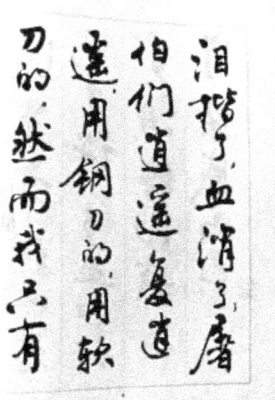

← 《行书字帖——鲁迅诗歌选》内文（1）

此，周慧珺没少费心思，写了两个多月的时间，稿纸堆叠如山，用她写完后朴实的言语来说："真是累啊。"

终究功夫不负有心人，字帖顺利出版了。

赭红的封面，由上至下，抬头"行书字帖"，下启"鲁迅诗歌选"和"周慧珺书"印。翻开字帖，字帖中那刚健俊逸的墨迹令人耳目一新。在字帖匮乏的年代，突然出现了这样一本既含米字那种戢锐于内、振华于外的风格，又有颜体的宽博和稳重的气势，体现出强烈时代感的字帖，犹如在炎炎夏日吹来了一阵凉风，无数人为之惊叹折服，又何曾想到此帖竟出自一位疾病缠身的弱女子之手。

周慧珺在此后刊布的一本字帖"自序"中写道：

> "文革"中家庭遭受变故及自身受疾病折磨，这一时期的书风追求雄强刚健，以表达自己在逆境中不甘屈服的心志。

也许周慧珺字帖里所表达的精神，在当时的学书人心中产生了共鸣，人们争购踊跃，首版很快售罄。于是一版再版，在短短的几年时间里连印十多版，创下了印数一百多万册的空前纪录。一阵周慧珺书法热的旋风吹遍了祖国的大江南北，令全国的书法爱好者都记住了周慧珺的名字以及她那具有独特风格的法书作品，甚至有了"慧珺体"的称谓。这本字帖被视作现今汗牛充栋的书法类出版物的滥觞。有很多从外省市赶来求索周慧珺翰墨的人，仍旧会念叨当时学书临习的

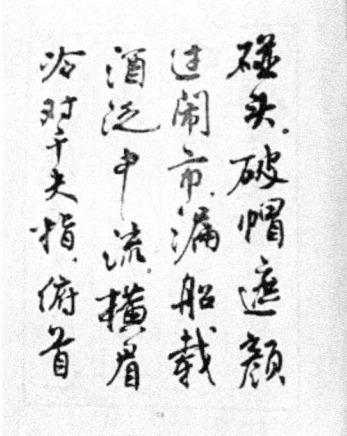 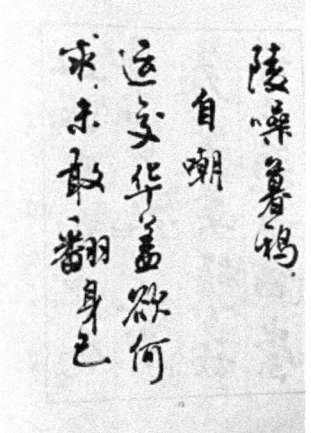

← 《行书字帖——鲁迅诗歌选》内文 (2)

第二十章 一帖成名

第一本字帖就是周老师的《行书字帖——鲁迅诗歌选》。

不过周慧珺在谈及这本字帖时还是保持着一贯的谦逊,她认为:

> 这本字帖的创作水平远不是现在可比,那时还太年轻,技法还不成熟。同时,这本字帖的出版风行也是由当时的特定条件所造成的。首先是传统法帖被视为封建糟粕,禁止出版;其次,老一辈的著名书法家被打成牛鬼蛇神,不准写;最后,就是当时全国范围内唯有上海书画社有能力出版字帖。再加上当时碑帖匮乏,这本字帖出版后销量之好也就可以理解了。(李静、张亚圣:《一生一首翰墨诗——周慧珺》,第74页)

同时她又觉得与现在三十多岁的优秀作者相比,无论功力和技法,这本字帖还是颇为稚嫩的。周慧珺在接受《书法报》采访时毫不讳言:

> 我当时能得以出版这本字帖,或许是一次"历史的误会",现在的青年作者比我当时的起点高得多,社会的氛围也好得多,我相信他们必定能轻松地超越我们这一代人的。

1975年,周慧珺在翁闿运的引荐下进入了上海中国画院,成为一名专职书法家,此前一年周慧珺已被长期借调入中国画院学习、创作。这时期的上海中国画院从上海各处借调来很多优秀的中青年书法家,补充到画院的队伍中。例如,1980年时韩天衡从自来水厂调入,张森是从光学仪器厂来的,童衍方是副食品市场里借调来的。大家都来自五湖四海,只为艺术而聚集。周慧珺还得到了塑料研究所的放行,所里领导很支持她搞书法创作,因而在借调一年后正式将关系迁入上海中国画院。这意味着在经历了公私合营和"文革",周慧珺终于不用再为家庭生计辗转奔波了。

熬到了1976年,十年"文革"结束,一段黑色岁月就此告别。这十年的大动乱对于中国的知识分子来说无异于一场噩梦,打击是毁灭性的。不仅是身体上备受摧残与折磨,更在人格上受到了羞辱、受到了蔑视、受到了唾弃,万千艺术家被迫害。但历史也见证了这些艺术家在面对如此恶劣的环境下依旧不屈不挠的超然态度，始终践行着一个艺术家的准则，保有艺术家的那份尊严。

粉碎"四人帮"后，上海百万群众上街游行，热烈庆祝。周慧珺一家却安静地围坐在家中，没有欢腾、没有泪水，此时的无声已然胜过了有声，因为他们知道，苦难终于结束了……

这里，不妨引用西方学者西蒙·雷斯在其专著《中国的阴影》中的一句话概括"文革"十年对一代中国人的影响："这是一项使地球上最聪明的人们沦为白痴的庞大工程。"

回望这十年，书法老师们一个个被打倒。父亲成了专政对象，家被抄，住房被紧缩。此时成了"黑五类"子女的周慧珺又重疾缠身，蜗居斗室。在人生最艰难的那段漫长岁月里，她不仅送走了崇敬的沈老、拱老，还日夜侍奉着年迈的双亲。外面的天地虽大，却不属于她，唯有躲进小楼，不理世事。此时的她只剩书法为精神依托，每天"三更灯火五更鸡"，悬着病痛的臂腕坚持书写。周慧珺自己形容那段岁月：

帖中自有黄金屋，这里名家荟萃、如众星列河汉。我可自言自语，亦可与古人对话。我寻找着精神慰藉，唯有这片黑白天地才能让我自由地倾吐自己的喜怒哀乐，才能让我通过笔端来表达我身处逆境、自强不息的心迹。这时，我领略了人生，亦领略了"书为心画"的含义。（周慧珺：《书道苦旅》）

还记得英国作家狄更斯有句名言，贴合周慧珺的"文革"十年——"这是最好的时代，也是最坏的时代；这是智慧的年头，也是愚昧的年头；这是信仰的时期，也是怀疑的时期；这是光明的季节，也是黑暗的季节；这是希望的春天，也是失望的冬天。"——这是周慧珺书法生涯的肇端，也是苦难历程的休止。

第二十一章

初入画院

1977年,周志高受梁披云(1907—2010)在香港创办《书谱》杂志的启发,有鉴于"文革"期间书法创作理论研究的停滞,深感专业书法研究刊物的重新刊印势在必行,遂决定出版一本书艺类杂志——《书法》。这是中国第一本书法杂志,被启功先生赞为:"有筚路蓝缕之功,历十余年而其绩弥盛。"

其实,《书法》杂志的创办有其独特的内外因条件。首先,上海的政治形势日趋稳定,书法界得以从萧瑟中复苏,各项活动有序恢复。其次,上海书法具有深厚的群众基础,有锐意创新的驱动力。再次,周志高具有上海书画出版社的职务便利,并有市府领导的扶持,又得到了郭沫若先生的赞许和帮助,不仅为杂志题写了刊名,还随寄了一幅书法作品。

杂志甫一上市,无须广告,人们纷纷踊跃订购,一时脱销,当时国人对精神文化的需求可见一斑。周志高在和樊利杰的一次访谈中说道:"那时杂志是计

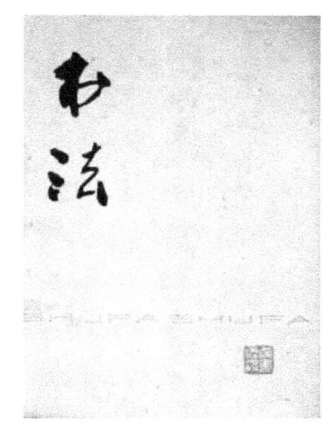

↑ 《书法》创刊号

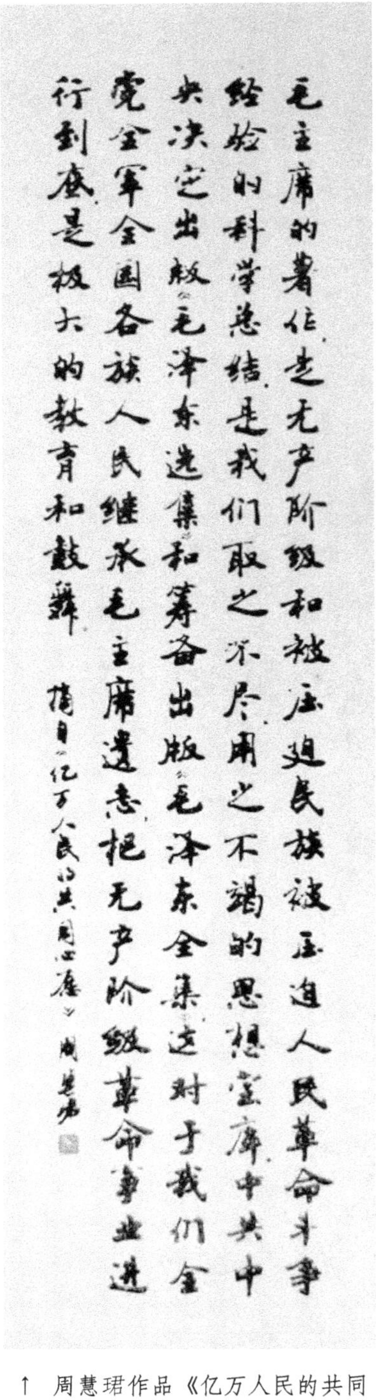

↑ 周慧珺作品《亿万人民的共同心愿》，刊载于《书法》创刊号

划分配，好多县一本都没有，不少人走后门争订。当时，陈慕华副总理亲自写信，希望能订到一本杂志。国家出版局王匡局长写信称赞我们填补了出版界的空白，做了一件大好事。第一期印了五万册，很快被抢购一空。”最终，1978年《书法》出了三期，1979年正式定为双月刊。

周慧珺当然也受到过约请，为《书法》杂志写过好几幅作品，反响热烈，其中就有一幅《亿万人民的共同心愿》的行书作品，代表了她此一时期的风格。

现在看来，《书法》杂志的创办对书法艺术发展的促进作用毋庸置疑，其影响历久弥新。随后的《书法研究》、《中国书画》（1979年）、《书法丛刊》（1981年）、《中国书法》、《书与画》（1982年）、《书法报》、《书法导报》（1983年）、《青少年书法报》（1985年）、《中国书画报》（1986年）等报刊如雨后春笋般相继而起。曾有学者撰文指出此一风潮：

> 不仅满足了书法“十年浩劫”压抑后的暴发——迅猛全面复兴发展的需要，织构了兹后新时期书法在现代信息媒介交流体格上更为社会化的现代文化艺术特征，为当代书法创作提供了展示交流的渠道，而且为书法理论研究和创作创新探索提供了阵地，奠定了当代

第二十一章　初入画院

书法的发展必然主要地表现为首先是在理论观念的争鸣探索交流碰撞中进行。（胡湛：《共和国五十年书法创作理论的探索》）

周志高也因而成为推动当代中国书法发展的旗帜性人物。不久，《书法》杂志社又举办首次全国群众书法征稿评比，开创了群众书法大赛的先河。第一次公开提出"在艺术面前人人平等"的评选原则口号，意义深远。

同年，李静参加了中断十一年之久的全国高考，最终进入了上海旅游高等专科学校日语系深造。学校在市郊的奉贤，于是只能两周一次去周慧珺家学习书法。学校的课业原已相当的繁重，特别是像他们这些从"文革"中成长起来的一代，文化基础相对薄弱，需要花费更多的时间阅读大量的书籍来补缺，每天要背诵大量的日语单词。熬到了深夜，别人休息了，李静还要铺开纸墨练习写字，徜徉于颜真卿、张旭、怀素、米芾、黄山谷、王铎等行草书名家的世界中。

这段宁静的岁月里，作为上海中国画院书法组正式成员的周慧珺将所有的精力都投入到了书法创作中。不仅完成画院交付的任务，参加市里举办的各项展览、展出，接待外宾，同时还宵衣旰食精研书法，拓展新径，《书法》杂志上的几幅小作令她的出镜率陡增。

到了5月，中国书法家协会正式成立，舒同当选为主席。半年后，上海中国书法篆刻研究会易名中国书法家协会上海分会，选举宋日昌（1903—1995）为协会主席，推荐郭绍虞（1893—1984）为名誉主席，选拔会员四百四十八人。在选举会议上明确提出宗旨：坚持文艺为社会主义服务、为人民服务的方向，坚持文艺创作的"百花齐放"和学术研究的"百家争鸣"的方针，继承和发展我国书法篆刻艺术的优良传统，繁荣和发展书法篆刻事业。这一系列的组织变动说明了在体制内的中国书法终于摆脱作为绘画的附庸，以独立自决的形式展示在世人眼前。

对于周慧珺个人来说，成为专业书法家的益处就在于不用再拖着病躯为生计而到处奔波，可以潜心浸淫于书法。而画院书法组也俨然取代了"书刻会"的职能，为周慧珺等年轻书法家提供了一个深造与展示自己的舞台。尤其是书法组的资料室中保存着许多外间看不到的碑帖册牍，不仅范围广且质量精。周慧珺每天一上班就会去资料室中认真临帖，一直到傍晚的五点下班。此时的她如渴骥奔泉，开始了真正意义上的对书法的探索：真、草、篆、隶，大字榜书、蝇头小楷，无所不涉，并把取法范围不断地扩大，上追晋唐、下及明清。博采众长间，形成了自己的"四面灵动，八面出锋"的风格。她临摹时力求于形似中求笔法，每临一帖，几可乱真。对于临摹似真的重要性周慧珺强调再三：

大量地临习碑帖是非常重要的，只有把诸多经典碑帖所蕴涵的技法与内涵都学过来丰富自己，才能积累踏入书法艺术堂奥所必需的"内功。"（李静、张亚圣：《一生一首翰墨诗——周慧珺》，第80页）

酷肖之外，更可贵的是她：

并不以形似而自诩，而能遗貌取神，化裁增损，并由博返约，融会贯通，而自成一格，如蜂之采花，酿成其蜜，这正是她的聪明之处。她作行草时，解衣盘礴，如郢匠运斤，有一种磅礴万物、挥斥八极的气势和力量，其趣如水之兴澜，其体如珠之走盘，汩乎其来，沛然而不可止遏，既沉着又痛快，笔笔从腕力中析出，毫不凝滞，观其作品，使人于不可言传的意境中获得一种美的享受。在章法布局上，她追求整体的精神团聚和局部的奇正错落、浓淡枯润、疏密虚实的完美统一，她的行草若流电激空，挟风雨雷霆之势，似惊飙唳天，具神工鬼斧之奇，很难使人相信出于一个弱女子之手，可想其功力之深，蓄积之厚，决非常人所及。（摘自《周慧珺行书杜甫诗选》，东方出版中心，2007年8月）

第二十二章

与古为徒

在每日不辍的临习中，周慧珺的书学视野慢慢被另一种书法形式所吸引，那就是碑版书法，被视作周慧珺书法涉碑的肇端。清代中叶金石考证学派大兴，一大批精通典章考据、训诂名物的学者，深入探求历代金石遗迹的形式特征、制度沿革、风格递变，大量书法家也加入到搜访研究历代碑刻的行业中来，于是埋藏在地下千年以上的鼎彝墓志得以重见天日，隐没于深山荒冢的残碑断碣成为珍宝，被这些好古之士争相收藏，大量的金石材料使得书法艺术发展演变的历史得以重新挖掘和

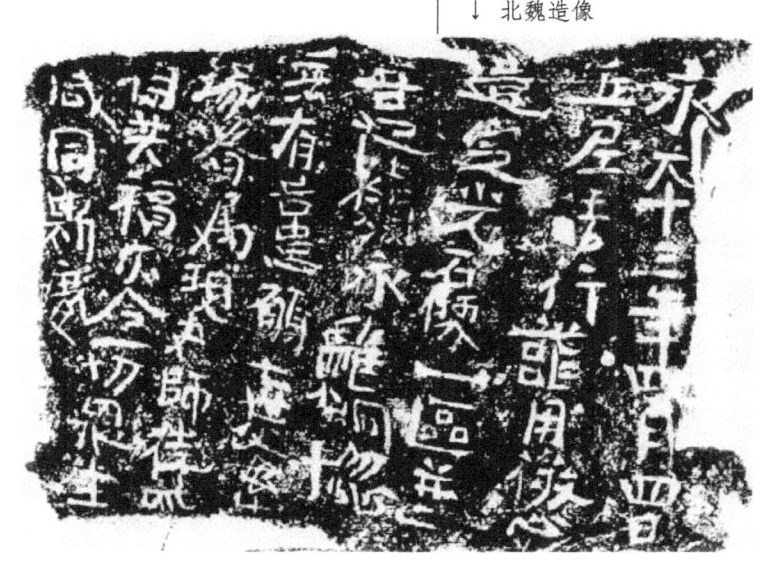

↓ 北魏造像

阐述。到了民国时期，上海书法就深受包世臣和康有为的倡导，形成了尊碑卑帖的时尚，偏向雄强博大、刚猛并济的风格。诸如吴昌硕托迹于石鼓文，李叔同借径六朝写经，王同愈取法唐碑，经亨颐师事《爨宝子碑》等，其余还有沈曾植、曾熙、李瑞清、王震、高时丰、谭延闿、谭泽闿等，都好碑碣。此后，尊碑之风渐渐趋弱，帖学在上世纪五十年代达到中兴的顶端，直到"文革"结束碑学才复有勃兴之象。当时周慧珺临碑的决心很大，她不仅被碑版中所展露的刚猛雄阔、挺拔峻厉的字迹所倾折，更试图摸索出碑帖间的倚斥关系，这为她日后进行探索性质的书法创作埋下了引线。

陆维钊说："碑可强其骨，帖可养其气。"何谓碑？从书法的角度来说，碑是石刻的总称。细加区别，直立中央四周无所依傍者谓之碑，在门上者谓之阙，埋于圹中者谓之墓志，在土中或出土甚低者谓之碣，利用山壁者谓之摩崖，所有这些在石上铭刻的书法就统称为碑。

周慧珺在八十年代之前属于不折不扣的帖学派，深受沈尹默先生门派的影响，几乎没有旁及过碑版书法。

↑ 元桢墓志

第二十二章　与古为徒

↑ 周慧珺于画院习字

今日一旦涉及，令她眼界大开。从那时起，她不断地向老师翁闿运请教。翁先生是碑帖收藏家，对各时期的碑帖都能如数家珍、娓娓道来。他告诉周慧珺："碑版的发展本是经历了一个漫长的历史过程的，在两汉魏晋时期碑版主要被分为三个类型：首先是摩崖刻石。这是当时用途最为宽泛最被大众所接受的铭记文字方式。不少在中国书法史上起着举足轻重作用的汉隶名碑就是摩崖刻石。如《石门颂》、《开通褒斜道刻石》等。其次是墓葬题记和一些警示性的刻石，两种类型旨在迎合古代社会的君王统治者'成教化，助人伦'的治国思想。"

周慧珺在翁先生的指导下，对碑版书法的产生及发展脉络有了清晰的认识。翁闿运看周慧珺对魏碑的兴趣很浓，特别高兴，爱说话的他终于找到了一个可以倾泻的对象。他总是很遗憾地说"我在家里是如何如何的寂寞"，"和家里人没什么舌说"，"不喜欢呆在家里"云云。每次去周慧珺家，总不忘带上几本珂罗版拓本而且勤快，几乎每周都去，一坐下来就会忘记时间似的说个没完。周慧珺在他的叙述中不断地增长着碑版方面的知识，并作了大量的笔记。笔者在2002年为周慧珺准备《周慧珺教魏碑》的文字资料时，就是根据她当时笔记的内容整理的，有的不像是单纯的笔记，似乎还有她自己对魏碑的归纳性总结。

关于魏碑，她有如下的记录：

> 到了魏晋南北朝时，碑刻有了空前的大发展。尤其是民间书法拔冗而出，样式繁多，奇异不同，主要有刻经、墓志和造像。造成这类现象的主要原因在于这一时期国家分裂，兵燹频仍，灾害持续。各族统治者为了巩固自己的政权，利用佛教的传入有意识地大力提倡宗教。因而导致佛教兴旺，佛寺遍布各地。西行求经之人络绎不绝，大量的佛经典籍被翻译成汉文，被刊刻在名川大山之巅、悬崖峭壁之上。之所以选择在山崖绝壁或石碑上刻字，一则认为金石难灭，拓以高山，可永留不绝。

> 综而述之，碑版书法以其独特的表现形式、天趣自然的表现风格赋予了斑驳陆离的山石以永恒的生命。对于信奉老庄思想的魏晋人来说，置身于原始本能的状态便是无为自然。魏晋书法典型的意义就在于走向自然，碑版书法正是使这种理想通过佛经书法的形式，把自然这一概念具体化了，使其成

为书法中一个独特的文化类型。(《周慧珺教魏碑》,上海人民美术出版社,2004年1月)

周慧珺还抄录了许多翁闿运先生对各种碑帖所作的著录及评论文章,诸如:魏晋南北朝代表作很多,其中凌厉角出、气象雄峻带有浓重刀刻意的有《元遥墓志》、《元彬墓志》,欹侧峻厉的有《孟敬训墓志》,华美秀逸的有《张黑女墓志》。应当说,墓志书风的发展,经历了由豪健爽辣、稚拙雄浑,慢慢向洗练遒丽、圆润纤巧变化的过程。

上世纪八十年代以来,周慧珺就开始有意识地从单纯的临摹碑帖循序转向简单的书法创作。到了八十年代中期,又由表及里的书法实践逐渐迈入深刻的自我创作中。内行的人都知道,这一过程往往是决定一个书者能否从"书匠"变身为"书家"的关键转捩。前文讲过,周慧珺年少时酷嗜"米字",几乎临摹过米芾所有的字帖。后来又借法颜真卿、柳公权、欧阳询的楷书,取法过"宋四家",但这更多的只是一种纯粹的临摹,一种对古代文人书法的因因相袭,没有显示出太多的个人风格特点。

周慧珺初始临帖,方法也比较简单,也是一笔一画比较,一字一句比较,直到写得非常相像。进入画院书法组后,在创作一些简单的书法作品的时候,是去碑帖里一个一个地找,然后集合起来。这样拼凑出来的作品,字与字之间没有气息贯通,更不要说谋篇布局了。但周慧珺每日大量临写各类名家碑帖,这种"手不忘熟,心不厌精"的学习态度至少可以使她写得一手好字,就像"熟读唐诗三百首,不会作诗也会吟"一般。基于这个原因,周慧珺在还没有形成自己独特的风格的阶段,依然能笑傲江湖,出类拔萃。

这里摘录了周慧珺关于临帖的一篇短文,于初学者学习借鉴很有必要,实为切肤忠言:

> 学习书法的必由之路,是临习碑帖。临帖最易碰到的问题,是选什么帖和如何临习。我以为,在请教师长介绍推荐一些帖目以后,可以根据个人的爱好,挑选与自身个性相近的字帖来学,不能一味听从老师的安排。初学

时，往往怕走错路子，谨小慎微，希望老师能强制性地下命令，非学那一本不可。有经验的老师在这方面确有独到的见解，但我们也不能忽视了自身的因素。一个人必然是有性情、有好恶感的，对于自己喜爱的东西，才会产生感情，肯下功夫去追求和求索。在选帖时，请教老师介绍优秀的碑帖，是十分必要的。但是在这个前提下，再不要一切由别人包办代替，肯定要老师定死：今年学这本，明年学那本。如果面对罗列的一大堆字帖，自己真的没有一丝一毫的好恶、喜厌的话，那我想，这个人对于书法应该说是无缘的。

在选定了字帖以后，临写是学习书法最重要的一课。在临习中，除了在技法上得到基本功的训练外，更为重要的是眼睛鉴察能力的训练，这两个方面的训练是相辅相成、缺一不可的。这也就是眼与手的关系。临帖的时候，我的体会是：一定要学得像。在学得"像"的过程中，眼和手能够得到严格的训练。在刚开始临一本帖的时候，不妨一笔一笔对照着写，不要急于写整个的字。

诚然，一笔一笔地临写，字容易写得松散，没有生气。但我觉得，字要有气，决非初学者轻易能办到的。开始时，难免都有松散的阶段，因为我们很难设想，一个刚学写字的人，没有精细的观察力，看了一个字，就会对字中的每一点画的用笔方法和点画间的搭配关系一目了然，如果过分强调了字的气，很容易在用笔、结构处忽略了"像"的要求，也就会导致眼力训练上的放松。对于刚学写字，尚缺乏点画基本功的人来说，长此以往，自会显得浮躁、油滑。现代人用笔简单、草率的弊病可能会顽固地左右自己。历代传统的高难度的、细致的用笔技巧既不会被敏锐地察知，更不要说去学习和掌握它了。反之，若一开始即着意于第一笔，仔细察看它的起笔形态，行笔、收笔的全过程领会它的笔意，竭力令自己手中的笔，写出的点画能与帖中的一样，或是逐渐地"像"起来，那么，收到的效果会好得多。由于要求写得"像"（包括点画和结构），就必须要求具有发现不像的能力，即便是很细小的地方，都不要轻易放过。在这个逐渐求"像"的过程中，通过对眼睛的严格要求，也会带动对手的严格训练。经过长年累月的锻炼，眼力提高了，点画过关了，在熟练点画的基础上，笔势自然而生。有了笔势，就不会犯结

第二十二章 与古为徒

构松散的毛病了。(周慧珺：《临帖》，载于《文汇报》)

无论是年轻时抑或是中年之后的周慧珺始终都把临帖看得十分重要。她还觉得，一是临帖时不要一直把字写得很小，要大字小字兼顾，后期更要有意识地写得大一些；二是要在临帖的同时搞一些创作，边临帖边创作，这样会对学书人跨越从临摹到创作的阶段有所助益。现今她依旧会不厌其烦地反复叮咛求学者要选好人生的第一本字帖，要选适合自己性格特点的字帖。待得第一本帖练得纯熟了，再博取兼容、涉猎其他，切忌三心二意、常无定性。严格来说，周慧珺也是直到发掘米芾《蜀素帖》开始，才寻求到了一本完全契合她性格特点的字帖。因而，她是幸运的。但周慧珺在敬畏传统，书风中带有米芾影子的同时，包含着自己强烈的个性色彩，她从米字中寻找到了与自己学养、气质相吻合的东西，取其"一枝半体"，融会在心。所以，周慧珺又认为：

> 要学习经过历史检验、公认的可取法的好东西。无论是名家经典作品还是民间流传下来的精品，对于好的范本应手摹心悟，神应思彻，真正得妙道，做到心中有数，然后择善而从。(李静、张亚圣：《一生一首翰墨诗——周慧珺》，第31页)

一路走来，周慧珺也彷徨过。虽然她所书写的《行书字帖——鲁迅诗歌选》把女性对委婉意趣的理解表达得淋漓尽致，也使米芾的书法精神得到了新的展拓和升华，她的名声也遍布大江南北。但她总觉得自己始终挣脱不了古人的"桎梏"，虽已"一字一笔须从古帖中来"，但却走不出自己想要的路子。清代大书家王铎说："书法之始也，难以入帖，继也，难以出帖。"这"出帖"的问题使她万分苦恼，整日整夜地徘徊于陋室，推敲不止。直到她遇见了碑版书法之后，周慧珺才真正迈入了属于她的创作世界中。

第二十三章

自出机杼

有学书者问周慧珺：书法创作中什么环节最重要？她略一思忖，讲了则有趣的故事：高速公路上有两辆车因为些微的擦撞，两位驾驶员一言不合，就在路边打起架来。这两位驾驶员，一位是普通人，另一位则是知名空手道冠军。交手不到数分钟，结果出来了，并在第二天被作为新闻登上了美国各大媒体的报纸。打架的结果是空手道冠军输了！许多人因此大惑不解，还是一位记者道出了空手道冠军输的真正原因。原来空手道冠军有个习惯，就是不打头部，腰部以下也不打。可是普通人没有学过空手道，因此，没有受到制度与规定的束缚，直直一拳就击在空手道冠军的鼻梁上，冠军就此倒地不起。这说明什么道理呢？那就是：

想象力比知识更为重要，书法创作亦然，不要被技法所约束，要充分发挥自己想象的能力。法无定法，然后知非法法矣。有坚实的基本功，熟练掌握运笔技法后，就要有自己的想法，敢于打破条条框框的束缚。

在与碑碣书法相逢之时，周慧珺已经临习过《张猛龙碑》。虽然《张猛龙碑》属于北碑中方折雄劲、斩钉截铁的一路，符合周慧珺的胃口，但在临写过程中周慧珺总觉得此碑字体欹侧险峻有余，但宽博疏朗不足，不够开阔，因而不甚满意。一

第二十三章　自出机杼

次，在画院资料室里周慧珺偶然读到了《嵩高灵庙碑》，顿感如获至宝。因为她忽然意识到《嵩高灵庙碑》横平竖直、古朴雄浑的特点正好弥补了《张猛龙碑》的不足。于是四处搜寻打探，买到了上海书画出版社出版的《明前拓本北魏中岳嵩高灵庙碑》，回家细细读帖临习。此碑遂成为周慧珺最为喜爱的碑版，从中她汲取了许多书法的妙谛。所以说，周慧珺也是在偶然间才感受到了魏晋南北朝民间碑版书法的奥旨所在，找寻到了解决"出帖"问题的良方，因而很有详细描述的必要，使读者对碑碣的书写和周慧珺书风的演变有一定的认识。

↑ 嵩高灵庙碑

《嵩高灵庙碑》以隶意笔法写楷字，字体属于隶法森严却八法初显的不成熟楷书，故而天真烂漫、古朴无华，没有丝毫的装饰意味，可以根据临习者自己的需要借鉴和发挥。从结体来看，不似道家书法的故弄玄虚，而是宽博而不松散、峻爽率直的风格。其点画波磔挑法属分书残留，有左收右放、左低右高、长短参差的点画组合形式。这证明当时树碑，南北均未使用成熟的正书，而分楷之间，旧的规范即将瓦解，新的规范尚未破土而出，各种造型元素没有任何拘束地纵横交错，变化多端，形式丰富。也正是这种"不成熟"和"无规范"造就了此碑不假雕琢，自成拙朴的天趣。

周慧珺通过对《嵩高灵庙碑》孜孜不倦的研习，革故鼎新，在行书中摄取了魏碑的许多要素，从而使字体发生了巨大的变化。先前周慧珺的行书主要学米芾，楷书主要学颜真卿，两者最大的共通点就在于都以圆笔为主，没有明显的方折直笔。虽然周慧珺一直想在此基础上添加一些方笔的元素，在字体中融入一点刚健、雄强的笔力，但因为种种原因未能得偿所愿，最主要的还是缺少一个沟通"圆"与"方"的介质。现在，魏碑元素的登堂入室无疑是适逢其会，使得周慧珺有机地将帖中的"圆笔"与碑中的"方笔"元素糅合，彼此相得益彰，流露出南帖北碑交相辉映的高古神韵。同时，这种方圆并举、气势雄阔的用笔也形成了周慧珺书法"帖形碑质"的风格特点。

记得前人对入帖和出帖的关系曾有过这样的妙喻——"因筌得鱼，得鱼忘筌"。直白来说也就是用"渔"（捕鱼的方法）捉"鱼"，待捕到"鱼"以后，就不要再受"渔"的束缚了。书法就是这样，经过人们形象的创造，使之成为如唐代书法家孙过庭所云"象八音之迭起，感会无穷"的艺术。书法的架构、韵律、性情的自然表露，都体现了现代艺术所追求的内涵与风韵。书法之所以能成为艺术，是因为它所具有的创造性。书法家们把个人的气质和学养等资源发掘出来，形成个人风格，这就是创造。

然而，并非人人都能借用形象完成这种创造。综观千百年书法历史，真正能自成体格、独领风骚，既领当代潮流，又使后人顶礼膜拜者实在是凤毛麟角、屈指可数。创造对书法家而言说易不易，说难更难，何况乎人的生命只有一次，书法是书家用一生的时间进行的一次创造！

周慧珺的作品正因为有了创新而给人以强烈的时代精神。这是一种毫不做作的、以自己厚实的功力和充溢在笔尖的感情所作的"创新"，一种不用高声叫喊也能起到振聋发聩作用的"创新"。在对待创作的问题上，周慧珺有她自己的理解。她认为个性强烈的艺术家，风格的形成一定会早于一般人，用心搞艺术的人必然会把自己的综合素质体现在其作品里，形成特殊的风格。但风格会随着年龄、学识的增长而变化，然而，这种变化需要时间，是一个渐变的过程，不同于戏剧中的"变脸"，可以在瞬间完成。周慧珺本人创作生涯的嚆矢也是在她苦苦摸索书法曲径四十余年后才有所顿悟而形成的。

此外，在临习过程中，周慧珺还注意到执笔、用笔、点画、结构间的四者关系对

第二十三章　自出机杼

于书写碑版的重要性。因为她觉得唐人楷书法度严谨，有规矩方圆，有法则可遵，容易入手。但碑版书法取之民间，率真自然，无拘无束，看似不难，其实不易。

首论执笔。周慧珺受沈尹默先生影响，认为："执笔无定法，但一定要悬腕、悬肘，只有高度熟练地掌握好毛笔，才能自由地表现出各种形式的线条以及线条之间的呼应与对比。"虞世南《笔髓论·释行》云"每作一点画，皆悬管掉之，令其锋开，自然劲健矣"，说的也是这个道理。因而，在习帖《嵩高灵庙碑》时，周慧珺不竖掌但必悬腕，且使用回腕执笔法，令虎口上行，掌心向胸，指端执管，腕肘俱悬，肘高于腕，以期使腕随己动，将视线顾及腕、肘的全部空间。

其次是用笔。颜真卿在《述张长史笔伐十二意》中论及："用笔当须如印印泥，入椎画沙，使其藏锋，画乃沉着。"周慧珺也有相同观点，她认为：

> 书法线条的基本要求是要有立体感，就先要有相应的用笔原则。无论何种书体，每一点画，都分下笔、行笔和收笔三个部分。要使这三部分都顺畅，就要正确掌握"提按"。按是铺毫行笔，提乃调整笔锋。写楷书，基本上是中锋用笔，行至拐弯抹角处，提按用得恰当，就能使笔毫不发生扭转绞拢或弯曲不复挺直的现象，从而较好地保持中锋用笔；反之则势必致笔毫扭曲，形成败笔。

再次为点画，初学时须心气和平，力戒急躁。这里总结周慧珺的实际经验，罗列详备以飨读者。

点——方笔切入，立刻提笔收起，速度较快，就像打一个钩，呈三角形。

横——以出锋的方法，横画直下笔，中间平拖。收笔有两种，一种是自然离纸，没有特别的动作。另一种是朝下一按立即上挑收笔，带隶意但横截面是方的。

竖——竖画横下笔，回腕执笔，掌心向胸，笔锋朝左有阻力地下移，收笔时向右一顿快速上挑，站立处呈方形，如墨色得体，可呈刀刻状，富有金石味。

撇——起笔如竖，中锋运行，行至中间向左转，笔势转而锋不偏，收笔时停顿一下向上挑，尾部如快刀切玉，截面一刀平，碑意显然。

捺——如横画起笔，笔势向右时偏下，收笔有两种，一种如"燕尾"，在趯出前向上略提，然后慢慢趯出。另一种是在趯出前重按一下快速向上一提收笔，尾部如刀切状。

竖钩——如竖下行，停顿调锋后向左慢慢趯出，底部较平。

弯钩——可以看成先竖后横，在竖横相接处将笔提起，最后趯出的笔道与竖钩相同。

末为结构。结构是字的间架，它着眼于每个字的点画布置。用笔产生结构，临写不同的碑帖，用笔的方法不同，构成的风格也就各不相同。周慧珺认为："《嵩高灵庙碑》介于隶楷之间，因而既不能单纯地按照楷书的结构来临习，也不能照搬隶书的方法，必须着重掌握碑的结字原理，理解'点画呼应'、'重心平稳'、'形态变化'三条。"

首先，点画呼应。楷书点画之间的呼应不像行草书那样容易观察，但它仍然是客观存在的。如果学者用笔熟练，挥洒自如，便能在纵横往来的笔势运动中产生出变化自然的结构来。如果割断了笔势的呼应，任凭精心安排，哪怕用九宫格计算好位置，这样写出的字也会凌乱而不协调，没有了内在关系，结构也就没有了生命力。

其次，重心平稳。对于楷书来说，重心平稳很重要。因为行草的某一个字重心是可以不稳的，它可以通过字与字之间的相互敧侧补充来达到整体的重心平稳。楷书就不允许这样，它的每一个单字本身必须是重心平稳的。《嵩高灵庙碑》虽不像唐人楷书那样规矩严谨、四平八稳，它的笔法方硬险劲，笔势飞动，但整体上是稳重平和的。

最后，形态变化。是以点画呼应和重心平稳为前提的，缺少了这两点，只能变丑而不能变美。如果没有这两个条件下的千变万化，就成为了千人一面，失去了书法美的独创性。《嵩高灵庙碑》的形态变化即使在魏碑里面也是不多见的，它的历史条件决定它的字体处在分楷之间，它的写法没有先例可以遵循，全凭探索精神和创造意识，将一切不同的内容融合起来。点画缤纷，结体错陈，达到了很高的境界。

故而康有为将《嵩高灵庙碑》列为"神品"，赞之"奇古莫如寇谦之"。在《广艺舟双楫》中说它"浑融方峻，奇异雄强，熔汉法以真行，寓华藻于朴质，真

第二十三章　自出机杼

可谓无体不齐，无美不收"，此言可谓中肯。

继《嵩高灵庙碑》之后，周慧珺又将视野投向更为广阔的碑版世界，其中对她影响深远的有《广武将军碑》和《张迁碑》。

毫不夸张地说，这些以刻经、墓志、造像为主体的魏晋南北朝刻石书法给周慧珺的书法生涯带来了非同一般的感受，在无意识中改变了她的书法风格。对于屡经坎坷的周慧珺来说，碑版刻石书法中饱蕴着的那种高亢美和雄壮美犹如琴弦般紧紧贴合着她内心的律动，迎合着她那坚强不屈、遇难而上的贞毅性格。这些既有书艺精湛、刻工精细的，也有不循书丹、野趣盎然的民间书法所独造出的或完美或粗犷的"作品"，对于中国书法来说是一种全新的样式，对于青年周慧珺来说又何尝不是如此呢？

遥忆起汉魏六朝时期的文人士大夫看不起这些胥吏工匠，不仅自己不愿意写碑，而且还对碑版书法不屑一顾，以至于长期以来绝大部分墓碑的书刻者湮没无

← 周慧珺七十年代作品

闻、失声于世。今之习碑者实属大幸！

　　清代诗人赵翼说得好："江山代有才人出，各领风骚数百年。"人生逾百年不易，数百年之事更是难料。周慧珺对于书法，从蒙昧到热爱并为之倾注一生的心血，走过了一个不短的过程，她在《书道苦旅》一文中曾为此作过叙述。尤其是在碑帖稀少、书法理论尚处在讨论技法的上世纪七八十年代，"创造"、"流行"等词语对周慧珺来说闻所未闻，遥远得如望星空！周慧珺不知"创新"，无意"流行"，却在不久以后成了"创新"与"流行"的代言人。这种不期而工的心态使得周慧珺的书法作品中始终充溢着理性与激情的完美结合，使她的作品丰满并具有立体感。她的墨迹给人以心灵的震撼与冲击，跳跃腾挪的节律、出乎常人意料的造型，均使人过目不忘。她的笔下所表现出的粗重与空灵、厚实与淡雅，无不说明她在继承传统的基础上，探入了自己的创作境界，纵横捭阖。

　　周慧珺善良、质朴、宽厚、谦虚，内心世界很充实，决定了她的作品意蕴悠远并能经久不衰。一名艺术家及其创造的作品，能否被世人认可，首先要看作品有没有时代精神，或者说有没有创新。综观中国书法发展史，千百年来能在历朝历代占一席之地的大书家，没有一位不是"创新"的典范。李北海感叹："似我者俗，学我者死。"苏轼说："吾书虽不甚佳，然自出新意，不践古人，是一诀也。"黄庭坚有言："随人作计终后人，自成一家始作真。"石涛名句："笔墨当随时代。"其实，创新并非简单地否定前人，而是一种延展与发扬。

　　周慧珺本就是一个敢于不断自我否定、自我进取的书法家，在她的心目中碑帖合一既是理想也是目标。所以，她才会毅然而然地做了自我否定，把自己的视野和触角深入到北碑之中，作品给人以刚强雄浑的面目。同时，在内质中还不时隐隐地透露出妩媚的意味。她未来的成功对现在的青年书法家来说影响是巨大的，说明了我们当代人在书法这门传统艺术中依然富有极强的创造力。在以后主持上海书法家协会的工作中，周慧珺又将理念践行于实际，积极支持青年书法家的创新、进取和开拓。这就说明在她的心目中，书法的创造是书法发展生生不息的原动力所在。她对一些新的事物和新的表现手法极为关注，会长久地驻足观看，同时，她对理论人才和知识分子极为尊重，善于吸收和倾听各方的意见，这也是为什么上海书法依然保持着旺盛的创造力的原因所在。周慧珺始

第二十三章　自出机杼

终认为："书法创作本来不是为了迎合观众的口味，而是以表现自己为最终目的的。"

因此，上世纪七十年代末期至九十年代中期的十多年时间里，周慧珺作为一个专业书法家，在体悟书法精神的实践中，不断地汲取和扬弃，使自己的书风在这一过程中，稳步地走向成熟，脱离了"出帖难"、"创作难"的沉疴。

周慧珺自己曾将书法的创作实践过程形容为一张心电图，她说：

> 头脑中的想象、构思，一般很难与实际创作求得一致。一旦将构思好的东西写于纸上，往往会变成与想象完全相背离的作品。今天，我们追求高深莫测的激发和无限的精神性，主观希望取得高雅的结果，而实际是很难做到的。
>
> 书为心画，书法创作能把作者的全部姿势赤裸裸地暴露出来。作品就是作者的生活经历、思维行为的记录，并通过自己的创作，展示明天的生活方向，这应是作者的一张诊断准确的心电图。（李静、张亚圣：《一生一首翰墨诗——周慧珺》）

第二十四章

访道东瀛

八十年代初的画院也和周慧珺书风的蜕变一样,正在有条不紊地迈入常轨,创作任务渐重。但总体而言,仍是在较为艰苦的条件和环境下的"二次创业"。创作人员拿着微薄的材料费,平时用来写字的都是黄色糙纸,论斤买。好一点的是毛边纸,专门去石门二路上的一家文具店求购打折纸张,四角一刀。只有到了写作品或投稿的时候才会使用宣纸,不过也是最廉价的那种,二角一分一张。正因为"昂贵",创作人员对得来不易的宣纸都非常珍惜,一笔一画小心谨慎,反而书写得不如平时流畅爽利。练字时使惯了毛边纸,创作用宣纸就自然觉得不习惯了,尤其是遇水则化、腾挪不开的感觉使执笔者仿佛在烂泥中行走般。

同时由于十年"文革"的荒芜,人们学习知识的热情重新被唤起,各区县开办了各类文化补习班。为普及书法,画院书法组的一班人员每天晚上或是周末都要到各区文化馆、少年宫教授书法,为培养青少年书法爱好者不遗余力。各地书法展览也搞得有声有色、蓬蓬勃勃,常邀请书法组成员担任评委。评选过程中,周慧珺等一干青年书家不仅铁面无私,还积极授业解惑、扶助新苗。有时为了一两幅"无名之辈"的作品还争议不休、各抒己见,为的是不埋没人才,使书法这门传统艺术后继有人、薪火相传。

改革开放初期,书画渐渐走向市场。当时的购买者主要是外国旅游者,专门对外

↑ 周慧珺为青年学子示范,摄于上世纪八十年代

营业的上海友谊商店也开始向沪上一批书画家征稿。虽然刚开始时一张三方尺大小的书法作品也才五元钱,但着实使书法家们感受到从未有过的喜悦。记得周慧珺得到的第一笔稿费六十元,是胡问遂先生亲自登上周慧珺家狭窄漆黑的楼梯,送至周慧珺手中的。这是一叠崭新的纸币,在今天看来犹如汪洋水滴,但对于当时的他们来说分量却很重,这证明了他们执著的追求、辛勤的付出终于得到了社会的承认与尊重。当即,周慧珺用这笔稿费下楼打了酒菜,师友间把酒畅谈至夜深,仍意犹未尽。

正当春回大地、万物复苏之际,1979年的早春,周慧珺生命中最挚爱的人、她的父亲周志醒因长年胃病走到了生命的尽头,享年八十二岁。虽然人们的生活走向了正轨,书画界迎来了欣欣向荣的美好前景,周慧珺的书法前途也春光乍现，但生命的滚滚洪流却阻挡住了周志醒人生的步伐。看着被病魔消耗殆尽的父亲，周慧珺止不住泪如雨下。想到父亲年轻时步武于收藏舞台、舞袖在商道之间，晚年却凄凉度日，甚至卖废纸谋生，命运无常的感觉涌上心头。整整四十年的父女亲情，就要在今日戛然而止，怎能不叫人肝肠寸断？同样，在父亲心中最放不下的始终是这个病魔缠身又未嫁的"囡宝"，临终前他把所有子女召集到身边嘱咐道："你们做哥哥姐姐的一定要多关心照顾患病的妹妹，家里遗留的东西，包括书画藏品悉数留给囡宝，好让她有个依托。"虽然由于种种原因，父亲的愿望并没有兑现，但这些并不妨碍周慧珺对父亲的感情。没有父亲每日的庭训，周慧珺焉能走上书法的道路。告别了父亲，周慧珺继续照顾着患病的老母亲，经常陪母亲说话解闷，即使她似懂非懂。四年后，患有老年痴呆疾病的母亲也终于追随父亲的脚步撒手人寰。

斯人已逝，生活却要继续，周慧珺也将面临新的人生。持续已达数年之久的中日书法交流在此期间迫使原本严丝合缝的国门敞露一角，先是日本各民间书社而非官方人士纷纷前来我国与中国书法家进行交流与切磋。我们知道，追本溯源乃是日本人的性格特点，日本书道又与中国书法有着千丝万缕的关系，所以发生这一现象也不足为奇。为接待大批的日本民间书法家，画院对接待工作进行了非常细致周到的安排，特意在画院内腾出一间接待室，配上全套的红木桌椅，摆上笔墨纸砚以作交流之用。周慧珺和书法界的前辈们就经常在这里接待外宾，由于中国书法界有成就的女性犹如凤毛麟角，而偏偏日本多有知名女性书家，故而周慧珺即使身有残疾也要时常迎来送往、切磋技艺。有时，外国友人赠送了一些礼物、纪念品，遵照当时严格的外事纪律都得交公，和对方谈话交流时更要处处小心、面面得体。所以接待工作固然是一种荣誉，却也是一种劳心费神的事。

到了1979年5月，应一些日本民间书画社邀请，我国也开始外派专业书画人士赴日本交流学习。第一批代表书画界访问大阪的成员都是前辈大家，如谢稚柳、沈柔坚、顾廷龙、胡问遂、叶露园等人。其时，出国访问的机会也是非常难得的，出国好似开洋荤，所以像周慧珺这样的小字辈自然是轮不上的。但他们很为这些老前辈感到高兴，"文革"中这些如雷贯耳，让人肃立起敬的书画家受尽磨难，如今冬去春来，书法艺术又得到了应有的尊重，怎能不让人欣喜呢！

第二十四章 访道东瀛

一年后，周慧珺终于迎来了出国交流的机会。日本北陆书道院邀请上海中国画院回访日本，并且点将周慧珺。北陆书道院是日本著名的书法团体，专门从事书法教育和书法艺术的交流研究工作，拥有一批造诣很深的书法家。上世纪八十年代，北陆书道院在理事长青柳志郎的率领下曾十次来沪访问，并举行书法展览，因而在当时上海书法界达到了无人不晓的程度，很多中青年书法家都是应北陆书道院的邀请才跨出国门的。不久，周慧珺就和文化局的两位官员、上海图书馆的一名翻译组团前往北陆书道院所在地日本富山县。

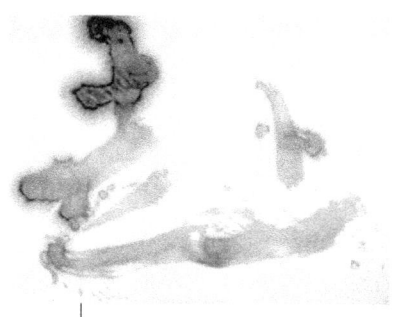

↑ 青柳志郎擅"一字书"

周慧珺一行初抵富山就感受到了日本同行的热情周到，飞机一降落，日本方面就有专人备好轮椅等候周慧珺，之后无论是书法交流、参观访问、游览景区都配备专人推车陪伴。踏上日本的国土，周慧珺的第一印象就是宁静整洁，无障碍设施非常完备，整个人感觉十分舒适。

说是书道院，其实就是一栋传统式样的日本私人住宅，面积不大，外观却颇为清雅。翻译介绍："这是理事长青柳志郎的私邸，相当于书院总部大楼。理事长认为作为一个民间机构没必要将太多钱花在盖房上，现场作书或者讲课都要移步前往另一处地点。"应当说，日本书法界人士对来自中国的书法才女周慧珺表现出了极大的热忱和诚意，观看周慧珺现场作书都是瞪大双眸，表情异常专注、认真。有两位女书家还仔细地为作品拍照留影，并反复表示这是供回家研习之用。

这里谈谈日本女性书法家。很多人都知道，日本女性书法家历来在日本国内占有很大的比重，她们不仅打扮得体、举止端庄，个个都似徐志摩诗"沙扬娜拉"中的那位女子一般，而且技艺精湛，巾帼不让须眉，大多为社交名媛。究其原因，日本女性结婚后多于家中相夫教子，而男性则要养家糊口。于是，赋闲在家的女子为打发时间，往往会选择一些兴趣爱好，诸如书道、插花、茶艺、烹饪等。比如日本最著名的书法组织天溪会主事南鹤溪女士回忆为何走上书法之路时就说："我们全家都爱好书法。一般日本女孩子都要学点什么，家人主张我学字。六岁那年我拿起了毛笔。"因此，日本女子对于书道的研究相较于男子有过之而无不及，深刻冲击了书法艺术中男子统治天下的局面。

反观中国，女性因为"男主外、女主内"的教条，在有了家庭乃至有了孩子后依然要担负起与男子同等分量的社会责任，受制家庭义务，需要付出更多的精力和时间来支持自身的书法创作，这点较之发达国家如日本、韩国、新加坡等尤为明显。同时，日本女性在文化方面历朝历代就有着优秀的传统，对本国历史具有无可比拟的推动作用，譬如《源氏物语》之于紫式部、《枕草子》之于清少纳言。

中国社会长久以来笃信"女子无才便是德"，妇女的才能受到了极大的限制。著名女作家萧红就下笔形容："女性的天空是矮的。"有学者曾将中国女性书法家分为两类——"闺阁派"和"青楼派"，前者奉蔡文姬、卫夫人、管道昇、邢慈静等为圭臬，后者视王英英、马盼、谢天香、薛素素等为楷模。闺阁内的书丹墨迹，大都秘不外传，几乎埋灭无闻。即使侥幸留下一尺半寸作品的人，也因为男子书法的"霸道"而显得势孤力单。反倒是一些青楼女子能名噪一时，显名于文人骚客的日记笔谈中。不过，封建统治者又岂能允许这些出身卑贱、仰人鼻息的女人竖起中国女性书法的旌旗呢，其历史地位自然会受到贬低。

迟至上世纪七十年代疾风骤雨般的社会革命结束后，我国女性书家的地位才有所改观，诞生了上海周慧珺、李静、田文蕙，北京林岫、刘莹，南京孙晓云，湖北胡秋萍，四川戴媛，山西李晓林，天津骆建红，辽宁宋慧莹，河北吴玉，浙江毛燕萍等女书法家，珠玉争辉。但总体趋势仍未得到质变，周慧珺就曾积极呼吁"兰亭奖"应该为女性作者留有一定的比例。

在日本交流切磋之余，周慧珺还饱览了富山县的美景佳色。流贯于富山中心区的松川，两岸遍植樱花，即使不是开花时节，仍时时拥有迷人的景致。时值冬季，周慧珺一边坐在游船上穿梭于松川河道间，一边欣赏着覆满皑皑白雪的日本"阿尔卑斯群峰"和立山绵延二十多公里的壮丽雪墙。碍于腿脚不便，周慧珺没有走上富山的立山山岳内著

第二十四章 访道东瀛

名的黑部湖,却在夜晚享受到了宇奈月温泉池畔缭绕着的氤氲。临别时,北陆书道院理事长青柳志郎亲自送行,向周慧珺一行鞠躬表示谢意,还赠送了包装精美的特色礼品。

短短几天的日本之行让周慧珺看到了书法在日本的普及和受重视程度,尤其发现日本书法家的创作水平相当高,创作意识和创作思想都非常先进。日本书法家大多站立挥毫,而且以刷大字为主,有别于中国书法家惯于坐看临帖,写小字。对于中国人讲究的执笔方法,日本书法家更是判然有别,多元化的执笔法凸显出他们的随性与洗练。但周慧珺并不妄自菲薄,她深刻认识到:

> 日本书法这二三十年间进步很快,也积极向外交流。第一次去日本就是北陆书道院邀请的,去了一周,发现了许多值得借鉴学习的东西,尤其是他们的群众书法和女性书法的地位非常高。但我们也不用妄自菲薄,现在有些人过于自轻自贱也不好,毕竟日本书法的本源还是在中国。(李静、张亚圣:《一生一首翰墨诗——周慧珺》,第7页)

欣喜的旅程却在回国时发生了一则痛心的插曲:因为政策规定出国时须配搭非专业的行政人员,有时甚至行政人员得多于专业人员,因而此次出行外事处特别配备了一名日语翻译。这位翻译是经过专业的层层筛选,从成分良好的一千人众中选拔出来的。可是那位来自上海图书馆的年轻女翻译在飞机抵达上海机场后,怎么也不肯下飞机,泪眼婆娑地哭喊要飞回日本,被一众人抬下飞机后直接送去了医院。据说,后来得了精神疾病。

回国稍歇,画院即委派周慧珺去日本领事馆教授领馆夫人们书法。先前的日本领事馆租用了和平饭店六楼作为总领馆办公和官员住宿处所,现已搬迁到了淮海路上。那些领事夫人多为名媛贵妇,原本周慧珺心中也是忐忑不安,生怕对方难以相处。面授时才发现这些夫人们学习很是用功,特别善于提问,而且质量很高。课后也总是自发完成习作,在下次上课前请周慧珺点评。对于周慧珺,领事夫人们表现出了特别的尊重,连日本驻沪总领事堀野重义和继任有地一昭也时常亲自前来问道学艺。

不久,几位领事夫人就通过一位金姓翻译传达了想登门拜访的意愿,周慧珺在不知晓外事政策的前提下欣然接受,为此遭到了领导的严厉批评。从此,周慧珺对于日本客人的登门约见一概婉拒。就这样,周慧珺教授领馆夫人们五年有余,每月日本方面付给对外服务公司一笔学费,外服公司再发给周慧珺十几元的补助津贴。

第二十五章

二三逸事

↑ 《故事会》封面

《故事会》是中国发行量最大、影响力甚巨的通俗文化读物，深受广大读者欢迎。许多读者在品读刊物时常常会注意到"故事会"刊头题词飒爽神俊，凸显出极强的独立风格来，区别于其他的故事类书刊。于是便有读者询问《故事会》的刊头是由谁书写的呢？其实不是别人，正是周慧珺。

《故事会》创刊于1963年，1966年停刊，后以《革命故事会》的形式复刊，刊头题字邀请周慧珺执笔。到1979年时又恢复原名"故事会"，时任《故事会》美术编辑的李宝强就感觉到

第二十五章 二三逸事

"适合刊物办刊宗旨的刊名题字是刊物的一张名片,为了突出这张'名片',应该有与众不同的美术效应,使得《故事会》与那些'亲兄弟'们区别开来"。于是他再次想到了当时已名重书坛的周慧珺。

周慧珺为笔者回忆了当时的情景:那天一个叫李宝强的人登门拜访,自称是《故事会》的美术编辑,今天有事特来寻她。这不由让周慧珺疑窦丛生,虽然曾题写过《革命故事会》的刊头,却是十数年前的事,早已记忆不清。况之自己从来不曾写过一篇故事或随笔,怎么会和《故事会》挂上干系。话虽如此,周慧珺仍邀其入座,在闲聊中得知了李宝强何故前来。李宝强在简单介绍了《故事会》的情况后,他就怀着十分尊敬的语气对周慧珺说:"《故事会》已办了多年,考虑到刊物发展的需要,想改换原来的刊头字体。经过编辑部大家共同商量,决定请一位书法家重新题写刊名。《故事会》的刊名题字,要能够体现刊物的办刊宗旨,一致认为您的字苍劲有力,字形漂亮,大方易辨,因此想请你给刊物题写刊名。"如此一来,真相大白。周慧珺当即答应了下来,并让李宝强过几日来取字。

几日之后,李宝强又来到周慧珺家中,将写好的刊名拿回编辑部。李宝强后来曾告诉记者:"当编辑们展开这幅刊名的题字时,眼前顿时一亮,齐声叫好。如果我们将一本刊物比做一个人,那么这刊名的题字就是一个人的帽子,这顶帽子是否适合,对于一个'人'来说那是多么重要啊!"

1981年的第一期《故事会》,我们就看到了由周慧珺书写的"故事会"刊头。这几个爽利磅礴的大字,由此刻入了《故事会》的发展历史,也使周慧珺与这本中国老百姓所喜爱的刊物结下了不解之缘。当时给的稿费是十六元人民币,现在早已超越了十六元的价值,它代表着一段故事、一个信念,在千百个日日夜夜里将精神的食粮飞渡关山,从黄浦江畔带到了海内外数以千百万计的读者心中。这熟悉的三个字,寄托了太多人的亲切感、亲近感和记忆。

此后周慧珺为很多报纸刊物题写了报头和刊名,如《民间故事选刊》、《金融工运》等,后者更是书写了三幅任杂志编辑挑选,谨严的态度可见一斑。

为《故事会》题写刊头不久,一封文物管理委员会的通知单送达周家。原来"文革"伊始,难以计数的书画文物在"扫四旧"运动中灰飞烟灭,一批有价值的文物被收集整理后,充实于各级政府收藏机构,化私为公。据查,上海市文清组自1967年4月成立后,共接收查抄6.74万户市民文物、工艺品共计332万件,图书547万册。周慧珺家就名列其中,父亲周志醒积数十年所藏文物被抄不下千件,几无余物。同年10月为紧急处理查抄文物,十万余件较有价值的文物被移交给了上海博物馆。为应付如此之多的藏品,上海博物馆甚至启用了设在安远路、北京路、长乐路等处的仓库。其余三百多万件则作价处理给了上海工艺品进出口公司,那些被认为是赝品的东西就"五角一张、一元一件"处理。其中包括了传世之宝《上虞帖》也被捆在了五角一件的处理品中送至海关准备外销,幸被一装裱工人发现才得以幸免。1980年10月,中共上海市委发出"全市各单位在'文化大革命'期间从市文清组调去的查抄文物、工艺品、图书全部归还市文清组,用于落实政策归还原主"的通知,通过原物发还、顶退发还等形式进行清退文物工作。

于是,这"发还"通知就寄到了北京路上的周家,要他们去开仓认领。此时周志醒已逝,周家就由熟悉书画的周慧珺和妹妹周慧琛为代表前去认领。走入文清组的"发还处",映入眼帘的就是一片忙乱的景象,各种物品杂堆各处。周慧珺叹了口气后,找到了博物馆的一位工作人员,表明了失主的身份,继而等着工作人员的认证和带领。不料那人简单道了声"等等"之后就径自走开了,也不再搭理他们。待了半天,迫不得已周慧珺又去找了不远处的另一位工作人员,是个样貌端秀的姑娘,也就二十来岁的样子,大概看到周慧珺的腿脚不便,就让她比照着自家的被抄物品清单到书画处认领。寻摸了好半天他们也才领回了几十件旧藏,其余的早已不知所踪。想想也是很自然的事,成千上万的认领者来到这里搜寻查抄了十几年的藏品,是自己的自然寻回,不是自己的也希图收归囊中。当时政策规定,失主认领旧藏的数量必须和清单上登记查抄的数量相一致,对于在查抄和交接过程中已经遗失的藏品就折价十二元作为经济补偿处理。可笑有些藏品何止区区十二元,就算以千金买之亦是百世不换之品!于是乎,许多认领者眼见既然只有这零星半点的补偿,那莫不如另选实物,只要数量对等即可。因而,周慧珺和周世珪遍寻旧藏不着的境遇也就有了合理的解释。

当然,此时的周慧珺和周慧琛并不知情,对于湮没的旧藏他们自然不愿放弃,于是就拿着写有旧藏名称和具体情况的清单询问工作人员何以解决。此时,一个

第二十五章 二三逸事

四十多岁中年妇女打扮的工作人员站了出来,狠狠地瞪了他们一眼,横眉冷眼的样子令人不寒而栗,又操着阴阳怪气的上海话说道:"没么就没珺,阿拉哪能晓得啦,反正一件作价十二块,到搁边(旁边)去领。给你们领已经是福气了,别不晓得好歹。"一副颐指气使的凶狠样,至今让周慧珺记忆犹新、心生厌恶。难怪,别人的心头肉岂肯轻易割让给你呢?人家好歹"替"你照看了十来年,已经有了"感情",给你是"施恩",不给你你也只能哑巴吃黄连罢了!

就这样闹腾了好半天,眼看天色已然半暗,人流也缓缓散去,周慧珺和周慧琛仅能领回几十件旧藏,迫不得已只得将单据上剩余数量的那些藏品作价"卖"给了博物馆。与那些偷梁换柱的藏家相比,她们却不曾拿过一幅不属于自家的旧物,道德的约束促使他们始终不敢逾越雷池半步。周志醒曾言"搞书画是清白的",作为一个嗜藏如命的文化人来说,此时此刻的清白尤为可贵。

第二十六章

海外知音

↑ 著名版画家吕蒙

↑ 著名摄影家简庆福

　　1982年，画院领导吕蒙（1915—1996）在锦江饭店接待美籍华人企业家、著名摄影家简庆福先生。简庆福出生于香港商人家庭，二十世纪四十年代，进入上海美术专科学校学习绘画，先后师从刘海粟、张充仁等大师，和程十发是同班好友。后受同窗刘旭沧的影响，开始摄影创作。凭借一部老式莱卡相机，游遍江湖，行迹遍布荒郊野林、边陲山寨、不毛戈壁、市井村落。为人慷慨豪爽，很有爱国情操，尤其是他赞助了上海摄影家协会一幢楼作为办公场所，因此常常会参加内地的各种艺术活动。

　　在接待厅入口处，像瀑布般倾泻着整整一版面周慧珺书写的毛主席诗二首，其字山河尽吞、醍醐灌顶。简庆福先生看了非常欣赏、击节叫好，转身就问吕蒙："这幅字是哪位书法家写的？"吕蒙应道："这是我们画院年轻的女书法家周慧珺书写的。"简庆福当即拜托吕蒙索求周慧珺的墨迹。

第二十六章　海外知音

听闻这一要求后,吕蒙就辗转找到周慧珺。这时的周慧珺已经参加了在北京召开的第一届中国书法家协会代表大会,当选为中国书协理事。吕蒙婉转表示:"有位香港朋友看中了你的字,能不能写幅字给他,同时也给我写一幅?"周慧珺欣然书写了一幅毛主席诗赠予简庆福,又按吕蒙的要求写了一幅唐诗。

不久,周慧珺访日归来,听家人说简庆福先生已经来过家里道谢了,并送了礼物——一台十四吋的彩色电视!那时甭说电视机,就连收音机也只是少数人家才有的稀罕品。电视机旁摆放了一幅简庆福的摄影作品,据说是他的得意之作,特意带来送给周慧珺的。照片上是一位裸体少女,好像是内蒙古采风时所摄,上面用两句刘半农的诗句作为题辞——"微风吹动了我头发,教我如何不想她?"当场就把周慧珺吓得不轻。一则不通过画院直接在家里接待外宾是政策不允许的,二则如此摄影作品容易使人产生误解,而且那时的思想尺度远没有现在那么开放,裸体女人照摆在周慧珺的眼前,令她面红耳赤、哭笑不得。不过,简庆福是真喜欢周慧珺的字,后来经常来周家造访,每次都带

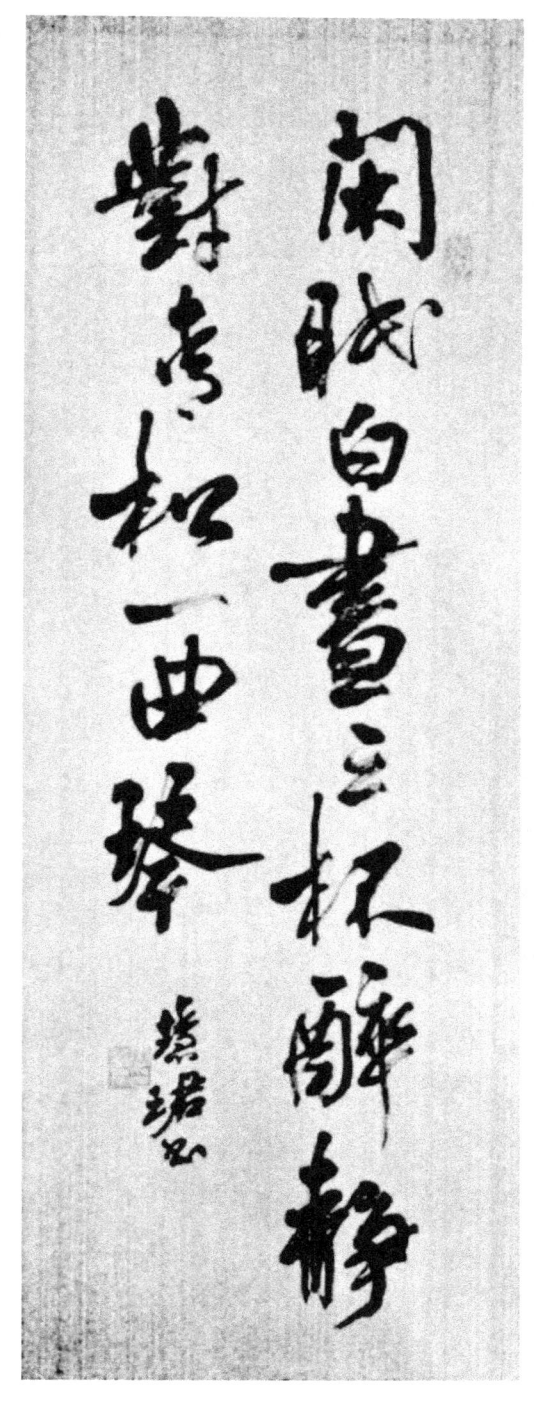

↑ 周慧珺八十年代作品

第二十六章 海外知音

些贵重的礼物。八十年代末起，简庆福多次邀请周慧珺去香港旅游，他最感兴趣的事就是观看周慧珺现场作书。

1982年，画院从文化局争取到一批房源，考虑到周慧珺腿脚不便，有意为她分房。原来北京东路上的周家楼梯又窄又陡，即使上得楼来也是暗无天日，整天得开灯采光。十几平方米的小房间搁着两张床，因为房间窄小，所以一直以来，周慧珺写字都是在厨房间的饭桌上写的，而且住在楼上的人进出也要通过厨房，很受干扰。周慧珺一般都是在晚饭后写，由于饭桌上方的天花板上挂满了买菜、晒菜用的篮子，周志醒在世时总是诙谐地说："任先生有'兰斋'，我家'囡宝'也有'篮斋'（当时著名书法家任政的书斋取名为'兰斋'）。"周志醒是个有情趣、会幽默的人，这一点，周慧珺和他很相像，从不怨天尤人，懂得知足常乐。没想到这次好运降临到了周慧珺的头上。

这批由文化局调拨给画院的职工住房位于徐汇区的天平路上，是以置换形式分配的，即以老房换新房。分新房的同时要收去周慧珺住的那一间屋。当时周家只有一张房产证，由大哥周坚白保管着。二楼斗室里住着周慧珺和尚健在的老母亲，楼上住着周坚白夫妇及他们的儿女。这样的话，就出现了难题——大哥周坚白是无论如何也不肯让画院收去周慧珺现住的那间斗室的。画院的新房也就两室一厅，说是厅也不过是个过道厅，安置母亲和老保姆还行，再多一家三口人就勉为其难了，况且没有周坚白的房票簿也就无法换房。费尽周折，还是画院的领导念及周慧珺的实际居住困难，又是画院培养的新生力量，所以特事特办，不收房了，这样就化解了以上难题。

这房子所在地天平路有三多——领导干部多、科技文化艺术界名人多、统战对象多，是不折不扣的政治敏感区和精英区。长长两排的法式梧桐遮天蔽日，空气极好。对于累受类风湿关节炎侵害之苦的周慧珺来说，不失为调养益地。为了出行更便捷，周慧珺还买了辆上海轮椅车厂生产的电瓶车。类似于三轮车那样的结构，可以搭载两人，有效地解决了上下班挤车之苦。又在房子的出口处开了扇门、搭了个斜坡，方便电瓶车的进出。

← 周慧珺在天平路家中

李静此时也已从上海旅游高等专科学校日语系毕业，来到了老师身边。毕业后，李静被分配至新建的上海宾馆工作。上海宾馆坐落在乌鲁木齐北路上，从天平路乘车过去比较方便，于是李静就索性迁居到周慧珺家，也方便了照顾老师。刚搬入新居时，煤气管道还没贯通，只能用一只五根灯芯的煤油炉开伙，取水要跑到兴国路。师生俩好似蚂蚁搬家，不停地添砖加瓦，每日又"奇文共欣赏，疑义相与析"，倒也乐得逍遥，日子过得滋润。

第二十七章

涉猎收藏

　　收藏文化的宗旨就是感知文明，怡养情致。而一个人真正成熟的时候，物质的丰足所带来的乐趣就会慢慢消弭，精神的需求就会随之而来。因而，有人说文化的乐趣是永恒的，只有珍惜自己民族辉煌灿烂的文化，才是一个真正有品位的炎黄子孙。但文明的坐标不是空泛的，它是由文物来标志的，表明文明的高度包含三个方面的内容：文化、艺术、科技。其中，对于艺术收藏的目的不是聚财，而是教育，教育下一代人。国家和个人的收藏都是对文明的有效保护，合法的收藏更是体现了一个文明人对民族文明具备了清醒的保护意识。

　　对于收藏，周慧珺认为"收藏无高低之分，然有清浊之别。书家觅得书画艺术品，常有'默然凝视，会意于心'之乐趣。与富贾聚宝，附庸风雅不可同日而语"。

　　上世纪八十年代初，李静还没去日本留学的前几年，但逢周日她就会去位于福州路上的古籍书店看碑赏帖，偶尔有了闲钱也会买一两本回家临池研习。当时的福州路远没有现在这般热闹，零零落落地散置着几家书店，只是初具嗣后文化街的雏形罢了。古籍书店是其中最大的一家，虽不像现在这般宽敞明丽，但清新淡雅又不失高洁的装饰风格宛若将读书人带入了文化的圣殿中，浣却了尘世间的浮华与喧嚣，寻找到了心灵的休憩点。正因为这个原因，李静特别乐于去古籍书店，既可以愉悦心情，又能增长学识。因为去的次数多了，渐渐地就和店员们彼此熟识，偶尔会有些交流。尤其是个韩姓店员，自幼爱好书法，听闻李静的老师是周慧珺，故而时常会主动上前攀谈，讨取经验。

一日，李静正自聚精会神地读帖，全然浸淫于碑帖的世界中。韩姓店员从远处匆匆而至，急急地从背后将李静拉到角落里。李静不提防，猛地踉跄了几步，不禁回头怨嗔道："什么事啊，那么急，我正看书呢。""有好事，天大的好事，想不想知道？"韩姓店员故作神秘地问道。"什么好事啊？别卖关子了，你看我不忙着嘛。""行，看在你是我好朋友的分上告诉你，但你千万别外传呐。最近我们店里来了批抄家旧物资，尤其是一批端砚相当不错，都是一等一的货色，瞧你有没有兴趣啊。"一听是收藏经营之事，李静迟疑了一下，开始若有所思起来……

她知道，周慧珺的父亲周志醒本就醉心收藏，虽不曾成为大家巨擘，但也小有名望。周慧珺在父亲的熏陶培养下也喜好收藏，但一系列的政治运动使得周家面目全非，生存都有困难，遑论收藏。不过今时今日，周慧珺已经凭借其出众的书法技艺享誉海内外，因而在经济上也得到了相应的回报。每月六十元的固定工资和些许稿费足以支撑起生活的全部，在那个年代已经算得上是"小资"，积攒所余也能让她在收藏领域内牛刀小试了。尤其是"文房四宝"——笔、墨、纸、砚，历来就是骚人墨客须臾不可离的必备工具，有"工欲善其事，必先利其器"之说，故而深得周慧珺的钟爱。

在"文房四宝"中，周慧珺最偏嗜砚台，不仅是它被誉为"文房四宝之首"，更因为经过长时间的递变，砚台早已不再是单纯的书写用具，而成为集雕刻、绘画乃至诗文于一身的宝物。因而，简简单单的砚台在无形中将各朝各代的文化、经济乃至审美意识完美地凝聚在了一起。汉代刘熙写的《释名》中将砚台解释为："砚者研也，可研墨使之濡也。"当周慧珺边研墨边读帖时，那磨研出的砚墨仿佛凝注着她的气脉，蕴藏着灵感的火苗，随时等待着迸发。

尤其是端砚，因产地广东肇庆古称端州而得名，可称得上是砚中极品，位列四大名砚之首。古称："端溪古砚天下奇，紫花夜半吐虹霓。"其特点在于体重而轻，质刚而柔，摸之寂寞无纤响，按之如小儿肌肤，温软嫩而不滑，且有不损

靈羊之峽孕此精英
安靜堅确是為老阬
余得斯研方總南刑
善夫東坡子言曰以
此書獄常思生

海寧陳氏家藏

↑ 海寧陳氏家藏端硯

毫，易发墨的特点。上好的端砚，墨汁存放几个月也不会干，用时只需往砚台中轻哈一口气，水气就会凝结，又可以磨出上好的墨来，故曰"呵气研墨"，这里有个例子很好地说明了这一特性。

那是唐贞观年间，一位广东举子进京应考，时值京城长安大雪纷飞，寒气逼人。考试当日，考生们在试场内紧张地磨墨准备答卷，岂料天寒地冻，墨刚一磨好，想要蘸墨挥毫之际，墨汁就又冻结成冰。翻来覆去数次，举子们手足无措，只好拼命向砚台呵气，边写边呵，试想这种情状下考生们焉能发挥出最高水平。恰巧，一位监考官走过先前提到过的这位广东举子面前，但见其按笔疾书，砚中的墨汁不仅没有冻结，反而油润光耀、熠熠生辉。监考官越看越奇，试毕，就马上询问考生此为何物，从何而得。广东举子应道："此乃端州出产的砚台，有'呵气研墨'之奇性。"于是，监考官将此砚视为珍宝，启奏皇上。唐玄宗一试，果然了得，遂下令将端砚列为贡品。从此，端砚扬名立万，久得文人墨士之宠好。

从古籍书店回到家中，李静就迫不及待地和周慧珺商量了起来，是否要收购几方端砚赏玩。之所以要郑重询问是因为这其中暗含些许风险。早在1958年时，上海的古玩商业系统就已经完成了全行业的公私合营，专营与兼营古玩业务的单位被紧缩为包括荣宝斋、古籍书店在内的九家。到八十年代中期以前，经营古玩业务的单位更是缩减到了只有文物商店、友谊商店、古籍书店、朵云轩四家，这些店家时而会销售一些流出的抄家旧物资。当时，私人很少涉足甚至根本不敢倒卖文物，一旦被查获就要被冠以投机倒把罪关入班房吃牢饭。

周慧珺当然知道上好端砚的价值所在，于是先让李静再去一趟古籍书店，询问一下具体情况后再谋打算。翌日，李静下班后就径奔书店。来到内堂，粗略一看，小的端砚普遍标价在二十元至三十元之间，大点的端砚更是要价四十元，可谓价格不菲。不过精品也多，以致李静在遍地宝物中左挑来右挑去，迟迟未敢定夺。

突然，一个天青色的端砚吸引了她的注意。来之前，李静已经对端砚的鉴别与欣赏有了深入的了解，晓得在端砚中以天青色为最佳。这种青色而微带苍灰的色彩是以各种青花聚集而成，十分稀有少见，即使称为珍罕亦不为过。尤其是这方端砚上还长有"浮云冻"，也就是所谓的"石眼"，历来认为"端砚贵有眼"

第二十七章 涉猎收藏

说的就是如此。这"浮云冻"是"鱼脑冻"的一种，恰如晴天白云绽开于青色的大地之上，呈白中带蓝携紫之色，色泽光晰透亮，又似棉絮一般，有松软润泽的感觉，迎合端砚上品中"白如晴云，吹之欲散；松如团絮，触之欲起"的说法。近看，此砚砚头雕花考究，刀笔细致清晰，显然用的是艺巧工精的线刻法，流畅细致间繁简有宜，不失古朴率真。用砚轻敲桌面时，发出"咚咚"的木声，表明最佳（砚以木声为佳，金声次之，瓦声再次）。

李静通观此砚，不免呼吸急促，浑身热汗津津。此时韩姓店员又拿出与之配套的砚盒一个，是用整块名贵的玳瑁雕刻而成，堪称鬼斧神工。盒上清晰地刻有铭文一段——"灵羊之峡，孕此精英安静坚确是为老阮。余得斯研，方总南刑善夫东坡子言曰，以此书狱常思生。海宁陈氏家藏。"

由此我们获知，此砚产于灵羊峡之老阮（坑），为极品。其次，这一方端砚乃海宁陈氏家族所藏。海宁陈氏在清代号称"海内第一望族"，素有"一门三阁老，六部五尚书"的美誉，多有名官能臣。金庸在《书剑恩仇录》中借乾隆之口如此说道："你海宁陈家世代簪缨，科名之盛，海内无比。三百年来，进士二百数十人，位居宰辅者三人。官尚书、侍郎、巡抚、布政使者十一人，真是异数。"如此名门大族自然有收藏的传统，以至陈氏藏书，更是独树旗帜。此砚盒上还刻有苏东坡警言"以此书**狱**常思生"，本是苏轼长子苏迈任官外地时苏轼所刻《迈砚铭》中的一句，此处之所以刻上"以此书**狱**常思生"一句，可能也是海宁陈氏借苏轼送砚作铭文一事告诫子孙辈要勤于修身立德，判决狱案时要懂得珍惜生命，切勿草菅人命。

如此罕见秘玩，真如广陵绝响。不仅石质精良、做工精湛，而且立意高远，最重要的是流传有绪。继海宁陈氏之后，此砚即落于吴瀛吴曼公之手。吴曼公精于诗文书画、篆刻和古文物鉴赏，是著名的收藏大家，曾参与创办故宫博物院。去世后，传至其子吴祖光。不久，流入世间。

"这样一个端砚的价格肯定不菲"，李静在心中暗暗忖度道。一问店员，果不其然，要价整整一百二十元，对于当时的人们来说是两三个月的工资。如此昂贵的价格，李静自然不敢当场敲定，于是只得拜托韩姓店员暂且保留一天，莫要让他人先行购去，自己则急急往回赶，寻周慧珺商议。

↑ 董其昌用砚

待叙述完事情的来龙去脉后,李静已经上气不接下气,料想周慧珺会慎重考虑。谁知李静刚一说完,周慧珺就拍案而起,大笑起来,倾珠泻玉般的悦耳笑声绕梁不止,"李静,明天就去交钱,一百二十元买如此珍品怎么会嫌贵,是捡了个大便宜呢。"周慧珺的语气中满是斩钉截铁的味道,说罢,一转身就到里屋拿出几叠钞票交给了李静……

这就是周慧珺和李静合作收藏的开始,第二天李静不仅如期带回了砚台,还顺带捎了一百块旧墨锭。"第一次"的喜悦足足萦绕了两人几周。从此一发而不可收,坚定了她们投身于艺玩中的信念。实质上,周慧珺就是这样一个很有生活情趣的人,比如前阵子特别红火的易中天《品三国》,周慧珺就买来看,研究曹操的治人之道,善用贤才。还说自己身为上海书协主席不能做袁绍,排挤、压制人才。又比如现在火得不行的周立波的"海派清口",周慧珺也会买《笑侃三十年》、《我为财狂》的DVD来看,还像个小孩一样笑得稀里哗啦,煞是可爱。

↑ 多年来淘得的"旧货"

回到艺玩上，不久，发生了一件趣事。话说李静又相中了一方端砚，此砚来头更大，是明代书画泰斗董其昌（1555—1636）的旧物。整个砚台呈长方形，坚实而厚重，品相端好。正面刻有"僻学屠龙似忘机狎鸟来继磨非病之庄叟不才之平子思玄赋香山池上扁壮心真负汝燕处亦超然"（断句），下款"甲戌中秋，八十退叟书"。显然，此文乃董其昌于杖朝之年为贺中秋佳节所书，原录于诗文集《容台集》中。历来有学者认为董其昌"以书画擅名，论者比之赵孟頫。然其诗文多率尔而成，不暇研炼，词章之学盖不及孟頫多矣"。但实际上董其昌不仅书画双全、擅于鉴赏，而且在诗文上也很有造诣，尤其是其文笔流畅清新，熟通叙述阐发。率性而为的诗文比之矫揉造作更显楚楚有致，雅俗共赏。砚台的背面还有周鼎敬所画董其昌像，名曰"百老人像"，刀笔浑然天趣。

这方砚台奇就奇在包浆完好，且明晰可鉴。经历百年风尘透露出温存幽然的旧气，与新生之器刺眼耀亮的"贼光"泾渭判别。原本开价八十元，李静一方面觉得太贵，一方面还要回去和周慧珺斟酌，因而没有当机立断买下。等过了几日李静征得周的首肯再来时，砚台已经被古籍书店的一个职工买了下来，出价七十元。这下李静是措手不及了，带着周慧珺务必买下的"指令"，李静找到了那个职工，现场拍板愿意出价七十五元购入此砚。起初，这个职工看见有人愿出高价，料定这方端砚定有不同寻常的价值，因而摆手拒绝。却不想李静是软磨硬泡的主儿，苦苦劝诱加之心诚意切。如此场景，这个职工无奈表示只要出价八十他就愿意忍痛割爱。李静一听，自然是心急火燎地答应了，约好第二天傍晚交钱提货。

第二天，李静兴冲冲地带好约定的数目前来，先接过了对方的砚台验货。凝神一看，顿时惊得目瞪口呆——原本厚积浓淀的包浆现已变得若隐若现，竟只是依稀可见了。李静惊惶问及卖主原由，对方显得很无辜地表示："你来的前一天，我发现砚台上有一层黝黝的厚厚的污垢，于是就浸在了肥皂水里泡了整整一夜，第二天早上再用刷子刷，不过没完全刷干净。当然你可以放心，这污垢不会影响品质的。"听完这番表述，李静哭笑不得，简直要晕厥了。

有点滴文物常识的人都知道，包浆虽无美感，其意义却不容忽视。古代的有些器物在受到人为把玩、水土侵蚀甚至大气腐化后都会形成一层包浆，砚台、玉器、印石、木器、铜件或瓷器尤其如此。通过人为的把玩、擦拭，砚台上就会留有一层薄薄的包浆，产生出"犹抱琵琶半遮面"的飘渺感，像这方砚台留有如此厚实的包浆更是难得。有些藏家不明道理，会将新购置的带有"污垢"的藏品放入火中烤、水中泡、刷子刷、用油擦，这些方法严重伤害了文物的本来价值，谬之千里。现在这块砚台上的包浆淡如浮丝，被洗得刷白，有些地方还有几许划痕，怎么办？最后，还是李静表示鉴于对方亦是无心，仍以商定好的价格买下这块端砚，只告诫对方能够从中汲取教训，莫要再犯。对方感激李静指点迷津，一再致谢。回到家，周慧珺听闻此事，遗憾中觉得可笑。数十年已过，想来此事也算是她们收藏生涯中的一件逸事了。

此后，周慧珺和李静仍旧秉承着"李看货，周出钱"的模式往来于家中和古玩店，虽是小打小闹却也乐得逍遥。现在已过七十的周慧珺回忆起那段时光时

第二十七章　涉猎收藏

感觉一下子年轻了不少："当时是两个女人搭台唱戏，冒破产之大不韪，游走于刀尖火海之上，纵情于遗兴墨戏之中，攀附风雅，却也乐得闲云野鹤，好不自在。"什么吴熙载、查士标、纪昀、高凤翰、黄易、朱彝尊、吴曼公的故藏旧物，周慧珺和李静都罗致了不少，还买了个宋人的天地盖抄手砚和一些清代墨盒，斩获不可谓不丰。

但有时也有缺钱的苦衷。一本傅抱石的册页，四尺开三大，十二页，要价高达六千元。虽然周慧珺和李静一眼相中，却无奈要价太高，买不起。现在推算，这本册页光一页的拍卖价都可以买一栋别墅了。

还有一张董其昌的书法作品，要价六百元，当时觉得贵，放弃了。过了一周想咬咬牙关去买下，不料已被人买走了。后来听说买主是日本篆刻家梅舒适，此人和上海书法界颇有交往，是个地地道道的"中国通"。每回来上海，必到古籍书店或文物商店内柜转悠，总能淘些珍贵的宝贝回去。李静曾在古籍书店两次碰到他，见了面总会寒暄一番，也算面熟。1982年，李静随上海书法代表团出访日本时，到梅舒适家做过客。梅的眼光很厉害，又有足够的资金，估计很多好东西都被他搬到日本去了。对于周、李二人来说，因为这样或那样的原因，尤其是因为资财不足而错过的佳品数量自然不少。

第二十八章

神交唐云

↑ 唐云

但凡收藏过程中，免不了吃进些假货、次货。论及假货，就不得不提一件"赝品"和一件复制品的故事，这里就牵及周慧珺和唐云的忘年神交。

先说那件"赝品"。之所以为赝品两字加引号，盖因此物之真伪尚难确认，孰是孰非自有公论。这同样是一件李静从古籍书店收购来的藏品，只不过不是砚台而是一幅书法作品。作者是明末的书法名家倪元璐，写的是首唐诗，作于绢本之上，生生花了周慧珺一百二十元。买来不久，就去请谢稚柳老先生鉴定。谢老反复看了几遍后，认定此条幅为赝品，是明人高仿，但技法还算精湛凝练，故而仍旧具备一定的收藏价值。周慧珺也觉得此幅书翰的确气势开张、笔走龙蛇，加之尺寸较大，所以颇为欣赏，真赝与否已然看得云淡风轻了。

偶有一天，唐云(1910—1993)到周慧珺家做客，突然看见了这幅古迹，品鉴之心顿生。唐云本是藏壶大

↑ 唐云所赠周慧珺《桂兔图》，用笔浓墨流浆，造型生动逸趣，为唐氏晚年究心之作

家，家藏八把稀有的曼生壶，但对于书画是自幼酷爱，不惜违背父命，弃医从艺，在书画鉴评上很有造诣。且说唐云摊开墨迹，拿起放大镜细细品酌。哪晓得越看越喜欢，待后来说什么也要周慧珺把这幅字让给他，并一再声称此乃倪氏真迹。周慧珺虽也喜欢，但因为唐云先生开口要，自然不便拒绝，也就爽快地应允了。和唐云熟识的人都知道，唐云此翁天生豪情、性情爽直，亦不空手套白狼，有得必报。一看拿了周慧珺的珍藏，有些过意不去，因而回家后立即提过笔墨纸砚，画了一幅《桂兔图》托人送到周家。画面中一只巨硕无比、长满黑毛的兔子在桂树下悠闲地啃着鲜嫩的胡萝卜，落款"慧珺书家正之。戊辰冬日，杭人唐云年七十九，作于大石斋"。唐云的绘画风格特点本以清新俊逸为基调，合以厚重沉郁的气韵，直到晚年画风日趋重彩浓墨。这幅《桂兔图》落墨大胆以致产生了浓墨流浆的效果，一根根的兔毛耸直竖挺、浓密可见，堪称唐云晚年的精心之作，潜移默化中彰显出唐云诚挚待人的真性情。

议及唐云的性格，艺界朋友无不交口称赞。报人郑重曾为唐云写过传记，也提到了唐云的为人。唐云幼时出生于杭州的珠宝巷，却没有沾染上玩珠斗宝的纨绔之气，唯独向往文人雅士的派头。后来不惜与父亲闹翻，独自踏上追求艺术的道路。若干年后，等唐云再次回到杭州时，他已是声名显赫的书画家、收藏家了，但他却从不忘却自己是杭州的儿子，每每作画，落款"杭人唐云"。亦徒亦友的徐建融先生曾这样形容唐云："个头魁梧，声如洪钟，步履敏捷，尤好杯中物，他既有文人名士的气质，为人又具有胸怀豁达、生性豪爽、处世仗义、乐于助人等英风侠骨的豪迈气度……(唐云)性格，酷似大石（画室名'大石斋'），除其魁梧的方正身躯，傲然屹立于前，宛如大石外，而更重要的是其如大石一样，任凭风吹浪打，我自岿然不动的性格。"

对于周慧珺而言，唐云对她也有提携知遇之恩，是一盏为人处世的明灯。初识周慧珺，唐云已是画院中的老前辈，德高望重，但因为年纪的原因也难得来画院开会上班。不过，几次来观赏画院书法组活动时，对周慧珺这个后起之秀有了泛泛的认识。一次，周慧珺给一位领导的女儿教授书法，由于唐云和这位领导是老相识，故而偕同前往。教书过程中，唐云激赏周慧珺的字"酣畅磅礴，风樯阵马"，有米芾之风。复又看见周慧珺腿脚不利落，就不无担心道："慧珺啊，你

第二十八章 神交唐云

↑ 真假"奇南香牛心石"

这个腿不去看不行嘛,我认识几个不错的中医,过几天介绍给你认识。"周慧珺当时就感到心头一热,对于唐云的良好印象遂铭刻于心。

不久,唐云担任了艺委会主任,为书法组的书法家制定各人的"润格"标准。年纪轻轻的周慧珺竟然和胡问遂、叶露园这样的老先生一样,享受的是七元一尺的最高价格,这让她受宠若惊。要知道,当时其他的中青年书法家普遍是五元一尺,虽只两元之差,但在当时还是很有区别的。后来不管是友谊商店还是进出口公司，或是对外的各大饭店，到画院求购书画家作品，基本都是按此标准定价的。

再回头说说那件被传说得神乎其神的"奇石"的逸事。当笔者提出想再看看此物时，只见周慧珺是从床底下的一双洁白的袜子中掏出。只见这块奇石，状如握拳，也有人说是像一只牛心，但不闻其名。现在有人称作为"奇南香牛心石"，姑且如此称之。此物是周志醒在上世纪五十年代时花了五元钱从旧货市场上买来的小玩意，自言皆因其状如牛心，异趣丛生，故而购之。此石手感滑顺，重量奇轻。上方有一凹孔，似有以水冲积而成的纹理，应是自然天成。一侧打磨精光，其上刻有文字，曰："天螺晒靥，水石之精。上凹下凸，旋转成文。蓄液积髓，不竭不盈。移置文房，相与娱乐乎。龙宾钝丁。""钝丁"当指"西泠八杰"之一的丁敬（1695—1765），此人精善篆刻，尤以切刀法刻印，苍劲凝重，被后世奉为圭臬。石上的文字是用单刀隶书刻成，质朴有力，字形错落，跌宕生姿。此外，还配以红木底座，形如云彩。尤为体现古人工艺的就是这个云彩形红木底座，与奇木底部紧紧贴合、纹丝不动，竟似连体一般。

篆刻家方去疾雅好古玩，"文革"时期，听闻周家有这一奇石后就问周慧珺借来赏玩。眨眼数月飘过，仍欢喜不已，就托周慧珺的表哥黄唤忠征得周的同意后去做了几个复制品。于是黄唤忠找到了一家有线电厂，请专人做了个模子，然后充填塑料、滤涤汽油。整个过程不惜工本，只为求质地、色调、形状的完全一致。前后翻刻有三，其中一件就给了方去疾。前几年，有位古玩鉴定专家在方家遗箧内发现了这一玩物，继而写了鉴定文章发表于报，激赏此乃人间奇物，古人视之天价。用细砂纸轻拭之，会有异香扑鼻，酸甜相糅、沁人心脾，故而名之"奇南香"。殊不知方氏得来的乃是复制品，仅以塑料灌制，何来如此"奇香？"至于其人又称物件较重，近乎于石想必也是这个原因。这件复制品不久之后流入拍卖市场，标价上万，还特别注明了这位名家曾撰文鉴赏之，可谓贻笑大方。

如此好物，自然不乏求索者。仍是唐云老先生获悉此事，二话不说登门拜访。寒暄几句后，就单刀直入"索取"此物的复制品（这些老前辈往往开门见山，不拐弯抹角，豪爽侠义是他们共同的性情）。周慧珺知晓唐老先生唯好雅

第二十八章 神交唐云

玩，可以说是嗜之如命，心里早已有答允之意。只是奇怪于唐云贵为古玩收藏大家，何以对一个复制品也如此感兴趣。唐云就说："收藏带给人的是知识，从中你能知晓千百个传奇的故事；收藏又能带给你豁达的心境，助你延年益寿，修养身心。因此，对于我来说玩物的真伪并不重要，重要的是它们传达给我的心声。"接过这个复制品时，唐云十分细心地用报纸将其包裹起来，轻轻地放入自己的衣袋中，爱惜之神情令人感慨。

几年后，唐云仙逝，周慧珺始终不忘唐云做人做事的品格。她知道，老先生的爽朗率直、豪骨侠情的性格和他对文物古玩的收藏爱好都是表里合一的真实写照，绝无半点的矫揉造作。短暂的十年交往，让周慧珺品味到了一位艺术家高贵的气质和人格道行。

第二十九章

周赵往来

↑ 著名作家赵丽宏

寓居天平路的日子甚是惬意,每天人来人往好不热闹。由于平时只有周、李二人合住,每天二楼会有个阿姨来代做一两个小时的家务外,基本上就没有长辈的管束,于是那些同道中人及各路朋友都爱往周慧珺家里跑。但这真是够折腾人的,特别是一开始没开通煤气时,周慧珺和李静两人总是吃得非常简单,有时就下些馄饨饺子来打发肚子。就这样客人们还经常"赖"着不走也要吃,害得李静不得不提着几个热水瓶到兴国路上的"老虎灶"来回泡开水下馄饨。

翁闿运自然而然是周家的最常客,翁老早在北京东路时就每周必到周家,现在也不例外。此外,书协主席宋日昌和夫人王桂珍也会经常来看望周慧珺,表达组织上的关切,希望她在创作之余多注意身体。其他的像庄久达、张成之、周志高、吴建贤、张森、唐云、方去疾、简庆福、赵丽宏等文人墨客也常有往来。

对于现在的著名作家赵丽宏来说,周慧珺是他人生

↑ 周慧珺、赵丽宏合影

中的良友益师。1977年恢复高考，赵丽宏以优异的成绩考取了华东师范大学中文系。在华师大读书期间，赵丽宏对书画艺术产生了浓厚的兴趣，早就熟知在"文革"期间大红大紫的周慧珺之名。事情也就是如此凑巧，1980年时翁闿运正是华师大的客座学者，兼职教授学生书法，赵丽宏正好是学生之一，就向翁老探听周慧珺的消息。一问之下才知周慧珺的家就在北京东路上，和自己在北京路上的家——国华大楼相距不足半里路。于是在那年冬天，赵丽宏和他当时的女友、现在的夫人张建英一起，在翁闿运的引荐下来到周家。

一见面双方自然有些尴尬，还是由翁闿运发问："这位小姑娘好生清秀，鲜眉亮眼的，是谁啊？"这句话打开了话茬。原来赵丽宏自小就和张建英一起长大，称得上是青梅竹马、两小无猜的一对。赵丽宏身材魁梧，标准的国字脸，浓眉大眼，相貌端庄。张建英小鸟依人，粉妆玉琢，秀气间透露出几分淑雅。赵丽宏去崇明插队落户时，小张因是家中独女得以留守上海，两人就鸿雁传书、互寄情思。后来两人"早恋晚婚"，小张成了赵丽宏的贤内助。不仅在生活上把丈夫和孩子照顾得无微不至，在事业上也是丈夫的可靠帮手，常常是赵丽宏作品的第一个读者和评论者。

渐渐地，赵丽宏和周慧珺熟络了起来，一来二往地成了好朋友，文笔精炼的赵丽宏特地撰写了一篇《心画》的文章，刊登在《文汇月刊》上。这篇散文可以说是比较早推介周慧珺的一篇文章，同时对李静也是娓娓道来。文章说道：

> 读周慧珺和李静的书法作品，我感觉仿佛是欣赏一幅幅情景交融、意蕴幽深的画，这些画中有高山流水，有松涛鹤唳，有月光下淙淙奔湍的清泉，有雪地里暗吐幽香的腊梅……艺术家的理想，连同她们的欢乐激情、痛苦惆怅，有声有色地展现在这些墨写的画面中，使我禁不住为之怦然心动。

对于周慧珺善良质朴的为人和"书为心画"的价值理想给予了高度的评价。在周慧珺的印象里，赵丽宏特别爱看书，无论是中国文学抑或外国文学，也无论是小说、诗歌还是散文。1981年时，赵丽宏毕业后到了《萌芽》杂志社工作。那时，赵丽宏住在浦东，每次来周家都得坐公共汽车经过黄浦江隧道，花费很长的时间。这段在车上的时间显得异常难熬，于是赵丽宏随身携带了一本书，在颠簸不停的车上有滋有味地"啃"起书来，陶醉的程度总让他感觉眨眼间就到了周家。

而在赵丽宏的眼中，周慧珺和李静不像一般的师生那样，她们亲密无间的关系，不仅是师生，也仿佛是母女，是姐妹，是知心的朋友。李静在生活上像女儿一样照顾着行动不便的周慧珺，而对于李静，周慧珺又像是个慈祥的亲人，事无巨细地关心着李静的所有。她们之间的关系，令所有人艳羡。

话说1982年春节过后不久，赵丽宏和张建英两人提着一大坛子黄酒风风火火地赶到周慧珺家准备喝酒闹新春。那年头的春节时分还很寒冷，四个人和着几个下酒菜就在书房里喝了起来。觥筹交错间大家说天道地，好不开心，转眼就把带来的一坛子酒消灭了。有道是"酒逢知己千杯少"，知己既来安能消停，于是周慧珺从家里又拿出好几瓶酒继续喝了起来。这酒直从下午喝到了深夜，整整八个小时，四人是今朝有酒今朝醉，战果辉煌：赵丽宏夫妇带来的一坛子黄酒是十五斤，外加周家的三瓶特加饭、两扎沈永和八瓶，加起来少说有三十多斤。这下把四个人整得够惨！周慧珺酒量最好但也昏睡了过去；赵丽宏在浴缸里呕吐不止；张建英和李静在那里头重脚轻，四面打转，但四人中还算她俩醉得轻，不时还能照顾些局面。赵丽宏夫妻还因为喝得太晚错过了回家的末班车，不得已，酒醒后的周慧珺只得擦了

第二十九章 周赵往来

把脸,开着电瓶车让他俩站在车后的踏板上,将他俩送了回去。那时还好说,要是放到现在严打酒后驾车,还不知会闹出什么事来呢。周慧珺一边开车赵丽宏还一边趴在车后说胡话,直到第二天,赵丽宏还不知道昨晚是怎么回到家的。这几年,四人喝醉酒的美谈传得很多人都知道了,三十多斤酒的数量也随着年岁的增长变成了四十斤、四十多斤……

此时此刻,笔者忽然想起了浪漫主义诗人李白在春风得意之时挥墨急就的那首《将进酒》:"君不见黄河之水天上来,奔流到海不复回。君不见高堂明镜悲白发,朝如青丝暮成雪。人生得意须尽欢,莫使金樽空对月。天生我材必有用,千金散尽还复来。烹羊宰牛且为乐,会须一饮三百杯。岑夫子,丹丘生,将进酒,杯莫停。与君歌一曲,请君为我倾耳听……五花马,千金裘,呼儿将出换美酒,与尔同销万古愁。"

↓ 周慧珺和李静儿子谢晟打游戏

不错，今时今日的周慧珺确是才华毕现、鸿图大展之时，但积年的愁苦、常人难以理解的心曲又使她封闭了内心世界的闸门，无处释放压抑多年的情感。她需要渠道，需要朋友。而今，天平路的家成了那么多朋友谈人生、谈理想的聚居地，那么多的前辈关心爱护她，那么多的后生尊敬仰慕她，都使她的内心得到了温润，可以与那么多的朋友共销"万古愁"。如此良辰美时，怎能不让周慧珺眼花耳热、醉如稀泥。这欢伯杜康冲刷着九曲回肠，大涤周氏的满腔烦怨。此处之所以让笔者念起《将进酒》，不仅因为它的豪迈诗情，更在于它那充实深厚的内在感情，那潜在酒话底下如波涛汹涌般的悲郁豪情，犹如大河奔流、力能扛鼎，完美地诠释了周慧珺在那一时刻埋藏已久的心底话。

周慧珺自己也非常喜欢这首诗，经常写啊写的。李静的儿子谢晟刚能流畅说话时，周慧珺就教他背这首诗，每逢有客人来家玩，就让小晟表演，背给客人听。有一次周慧珺以四条屏的形式写了这首诗挂在墙头，小晟一来就指着上面的字读了起来。周慧珺觉得有趣，问道："上面的字你都识？我来考考你怎样？"接着她便随意点着诗中的字句考小晟，年纪小小的他居然全部答对了。周慧珺心生欢喜，正好还没落款，于是把六尺对开一条的四屏作品写上"晟晟"的款，送给了四岁的他。

九十年代赵丽宏夫妇每周都带着儿子赵小凡到周慧珺家玩，小晟和小凡也成了好朋友。小凡大小晟一岁，小时候小凡喜欢画画，而小晟喜欢数学和网游，现在前者到出版社做了美术编辑，后者进了中国电信信息网络部。

赵丽宏觉得周慧珺是一个很有童心的人，从来不摆大书法家的架子。和孩子们在一起时，她总是忍不住参与他们的游戏。在她的笑声中，可以看到的是一颗善良率真的童心。一次，小凡和小晟在一起打电子游戏机时，游戏机发生了故障，周慧珺便拿出工具，很耐心地为他们修理起来。眼前突然出现了一幅图景：两个孩子的小脑袋和周慧珺的头凑在一起，七嘴八舌地研究着游戏机的故障。说到电子游戏，真怪不得孩子们会着迷，那时周慧珺和李静也很入迷，有几次两人从晚上一直打到早上，把"俄罗斯方块"这个游戏一直打通关。玩过的人都知道，刚开始时砖下来得不快，但到后来速度飞快，非眼明手快脑子灵活不可。每次打完周慧珺总会得意地说："我要是参加老年组比赛，肯定会拿第一吧。"她们两人还合作把"打坦克"游戏也一举拿下过，着

第二十九章 周赵往来

实过了一把电子游戏的瘾。

若干年后,赵丽宏写完了反思"文革"的散文集《岛人笔记》,请冰心老人为这本书写一篇序。老人不久后回了信,在信中说道:"'文革'是大家的灾难,我们都有同感,现在回想起来,这件事使我大彻大悟,知道'尽信书则不如无书'的古训,个人崇拜是最误人的东西。"又说自己身体不好,已经不能写序,所以写了书名作为补偿。冰心老人写的"岛人笔记"四个字,用毛笔工工整整地写在了宣纸上。周慧珺看到冰心老人为赵丽宏题写的书名后,夸赞冰心字如其人,骨力矫健、清新脱俗,简简单单的四个字体现出了老作家对后辈的提携与关爱。

赵丽宏的书房中仅挂有两幅书法藏品,一幅是沈从文抄录的《玉溪生诗》,另一幅便是周慧珺书写的老子《道德经》片断。这是一幅周慧珺精心书写的楷书,其中有:"大成若缺,其用不弊;大盈若冲,其用不穷;大直若曲,大巧若拙,大辩若讷。静胜躁,寒胜热,清静为天下正。"这种饱蕴智慧的哲理引申到个人身上,就和周慧珺的人生和艺术之路不谋而合。

因而,赵丽宏评论:

> 周慧珺的成功,并不是阳关大道上的顺风走马,她的人生和艺术之路上,充满了苦难和坎坷。命运对她的严酷和苛刻,非一般人所能想象,然而她以惊人的毅力克服了种种障碍,进入了一个自由辽阔的境界。可以说,是书法改变了她的人生。她通过对书法的追求充实丰富了自己的生命,也通过书法,抒写着自己的理想,表述着她对世界、对人生、对艺术的理解。周慧珺一向推崇古人扬雄的一句话——"书为心画"。这四个字可以概括她对中国书法的理解。把墨写的字比作心灵之画,实在是一种绝妙的比喻。我想,这大概和作家的为文一样,作者的人格和心境,情不自禁会流露在文章中。在书法家的作品中,同样能体现作者的人格和人品。周慧珺是一个善良、质朴、倔强而又淡泊的人,她的书法作品,处处折射出她的这些性格。内心世界的充实和丰富,决定了她的"心画"的意韵缤纷悠远。周慧珺成为当今中国最受人欢迎的书法家之一,实在是一件很自然的事情。(赵丽宏:《谈艺

录》，复旦大学出版社，2009年1月版，第252—253页)

2008年，身为全国政协委员的赵丽宏和中国书法家协会副主席、上海书协主席周慧珺交流了看法，针对韩国有意将"书艺"抢注申遗的举动，向政协提交了提案《建议将中国书法向联合国申报人类非物质文化遗产》，建议由政府出面，将中国书法艺术向联合国申报世界非物质文化遗产，并撰写了《要为中国书法艺术张目》。近些年，韩国除了将"端午祭"申遗成功、将"中医"改头换面为"韩医"之外，现在又将申遗项目投向了书法。在2005年举办的国际现代书法双年展上，一位韩国学者甚至提出要废除中国"书法"、日本"书道"等名称，统一使用韩国的"书艺"，狂嚣之气令人犯呕。

周慧珺认为现在社会上有不少人对中国的传统文化艺术自轻自贱，反倒不及外国人来得重视，令人担忧，于是才有赵丽宏提案的出炉。周慧珺也身体力行，在由《文汇报》举办的文化界名人关于"书法申遗及其他"的座谈会上撰文《由"申遗"想到书法教育》表达支持。文中提到：

奥运会开幕式时以巨大的手卷形式展开，"笔、墨、纸、印、简牍、汉字"诸多中国书法元素渐次出现，吸引了全世界的目光。这一刻，使我们的内心升腾起一股强烈的民族自豪感，从而又一次引发我们对汉字文化、对书法的思考。在申遗问题上，我们缘何总是比韩国人"慢半拍"？也许是由于我们对文化保护向来不够重视，韩国人正是瞄准了这一点，抢先一步把本属于中国的文化遗产中被韩国人所熟悉和应用的部分拿去申遗。

就书法教育而言，在最近几十年里，大多数地方和学校，因为应试教育的影响，基本上把书法教育放弃了。电脑的普及和无纸化办公的推行，使许多年轻人不会用毛笔写字倒也罢了，用硬笔写汉字也有了障碍，错别字连连。所有这些不能不让人担忧。而同为汉字文化圈的邻国情况又是如何呢？就拿日本来说，日本的中小学普遍开设书法课，从小学到初高中都将书法教育作为必修课。不少日本人在正规、庄重的场合下，以用毛笔签名为有修养的表现。再说韩国，规定学生应该掌握的汉字达数千字，而且在家庭重大活动场合有用毛笔字书写的惯例。

相比邻国，对照我们的现状，怎不使人担忧呢？我认为现在中小学恢复开设毛笔书法课是很有必要的，每周至少开设一堂课，不搞一刀切。另外可以举办各种书法比赛，引导中小学生广泛参与，培育他们学习书法艺术的兴趣和热情。

结果赵丽宏的提案很及时，文化部不久就把书法申遗的正式文本以国家名义正式向联合国教科文组织提交，经过一年的等待，书法申遗终于成功了。2009年9月30日，在阿布扎比举行的联合国教科文组织保护非物质文化遗产政府间委员会第四次会议上，审议并批准了列入《人类非物质文化遗产代表作名录》的七十六个项目，其中就有包括中国书法在内的二十二个中国申报的项目。

第三十章

同道殊途

　　1986年，黑龙江人民出版社出版了周慧珺的《长恨歌》楷书字帖，此为周慧珺盛年楷书之杰作，通篇风骨昂健，极尽精工之能事。与所书文辞堪称妙合无间，完美诠释了唐明皇与杨贵妃哀婉凄绝的爱情故事，令观者读之无不荡气回肠，发慷慨悲叹之想。最后四句"在天愿作比翼鸟，在地愿为连理枝。天长地久有时尽，此恨绵绵无绝期"，更是透出古拙的隶意，仿佛使人置身于千年前的大唐盛世。

　　同年，周慧珺获得了上海市文联首届文学艺术奖。

　　1988年，为了配合爱国主义教育，满足书法爱好者的需要，上海书画出版社出版了《周慧珺古代爱国诗词行书字帖》。全卷以行书为主，兼作草体。内容选用了历代著名的爱国诗词共计二十七首，对振奋时人爱国之心，意义尤为深远。通帖元气淋漓、法度谨严、用笔精熟、结体奇巧，突出了周慧珺书艺的两大特点：一是用笔明快，二是章法奇妙。丝毫没有沾染明清以来帖学柔媚、纤巧的流弊，既饱含米芾爽洁刚健的"刷字"韵味，又兼具长画一波三折的山谷意态，在强烈的对比中产生气势和力量，又从黑白错落的分割中，构成气韵生动的画面。据统计，此书刊印也达几十万册之巨。

　　有人说周慧珺的第一本字帖《行书字帖——鲁迅诗歌选》是在没有经典碑

第三十章 同道殊途

帖的七十年代这样一个特殊背景下才掀起全国性热潮的；又有人说到了八十年代，周慧珺书法还能大流行，是因为全国的书法热才刚刚开始。那么《长恨歌》楷书字帖、《周慧珺古代爱国诗词行书字帖》及稍后出版的几本字帖，哪一本不是连续再版多次？一位创造型的书家，对书法的实质性的理解必然强于一般人，特殊的个性也是令其风格早早成型的根源。周慧珺的行书风格突出，人们都说用不着看名字也知道是她的字。她的取法有着不同人处，喜欢从正在演变中的字体中去汲取自己想要的东西，认为这样可以让自己有发挥的余地。她的楷书带着强烈的个性风格，把唐楷与碑版书法融合在一起，使楷书避免了呆板。用笔又是那么丰富，楷法中含有隶意，清朗爽快、斩钉截铁、委婉逶迤、俊逸秀丽，与她的行书一样，深受广大书法爱好者的喜爱。

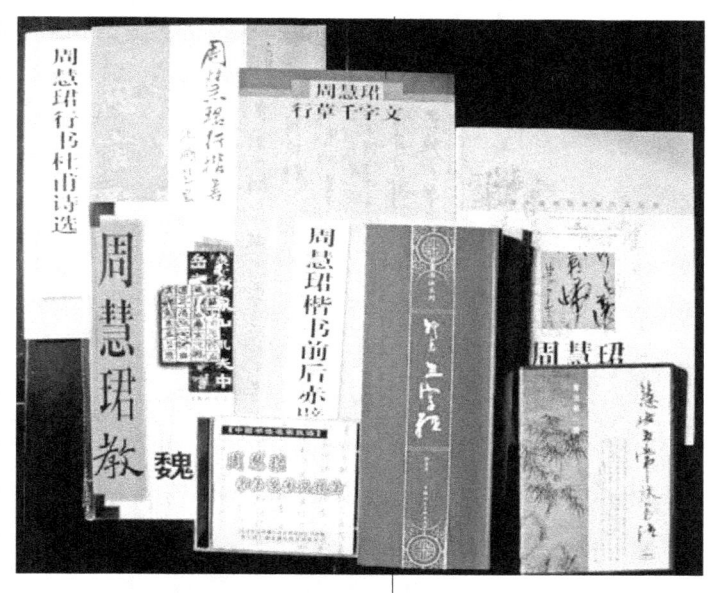

↑ 周慧珺出版的部分字帖和影像资料

那么当书法热在全国持续了二三十多年后的今天，情况又是怎样呢？2003年12月，上海书画出版社再度约请周慧珺写了《草书千字文字帖》，不得不令人叹服的是周慧珺风光依旧，在六年多一点的时间里，已经印到第八版了。不久，又由中国和平出版社出版的《周慧珺行楷书千字文》和上海人民美术出版

2010年周慧珺和
李静在日本福冈

1991年李静于北海道

第三十章　同道殊途

社出版的《三字经行书字帖》面世；2008年8月，《周慧珺楷书前后赤壁赋》、《周慧珺行书杜甫诗选》由东方出版中心相继推出。对于出版社而言，出版发行周慧珺的字帖是不用担心盈利问题的。对于书法爱好者来说，期盼周慧珺不断有新作问世是他们的心愿，长期以来，收集、收藏周慧珺作品的人成千上万。难的是周慧珺自己，一个人能领一时潮流已属不易，没听得"三十年河东，三十年河西"之说吗？在艺术领域，如流星昙花般转瞬即逝的人实在不是少数。周慧珺却一直孜孜不倦地探索着、追求着、构筑着属于她自己的新境界。她善良、质朴、宽厚、谦虚，内心世界很充实，所有这些决定了她的作品意蕴悠远并能经久不衰。

1987年7月，周慧珺的弟子李静不甘平淡的生活，东渡扶桑，进入了"洋插队"的行列，就此开启了她十年的留日学习及在日本公司工作的生涯。从别人眼中的"小周慧珺"到后来另辟蹊径，李静的书法生涯跌宕迭出，在此有必要花费些笔墨叙述李静书法不断演变的过程。

其实早在1982年，李静就入选了"上海——大阪书法作品展"，并作为上海书法代表团成员访日交流。那时出国还是很体面的事，年轻的李静能作为上海代表团成员出国实在不容易。促成这次机会得益于一次接待日本书法代表团的现场表演。那天李静受上海书协的约请去国际俱乐部作挥毫表演，她一写完就赢得一阵热烈的掌声，作品立即被一个日本朋友看中，要了去。一旁的任政看见了，就问这个人是谁？得知是周慧珺的弟子李静时，便道了句："怪不得这么眼熟，这执笔法果然和慧珺一模一样啊。"于是在日本代表团邀请中国书法家回访时，上海书协第一任秘书长张成之就推荐了当时只有二十六岁的李静随团出访，没想到李静会在日后与日本结下不解之缘。

1984年时，文汇报社主办了首届全国"文汇书法竞赛"，从全国一万五千余位作者的五万六千多件应征之作中，评选出二百六十件优秀作品在黄陂北路上的上海美术馆展出。其中，李静获一等奖，引发时人注目。特别是日本的一些书法学者、商社对李静好评如潮，促成了她三年后的赴日留学。由于李静在大学是主修日语，因而在语言沟通上不存在问题。

在日本留学期间，她受聘于"松屋商事"，取得连续三年的全日本高岛屋、

凡記踏之堂土者，所用治彼田[illegible]

[illegible]

[illegible]

[illegible]

[illegible]

[illegible]

元延三年四月[illegible]

[illegible]

元延三年八月[illegible]督盜賊[illegible]

[illegible]

第三十章 同道殊途

近铁、松阪屋、西铁、京王、伊势丹等百货店的书法表演和展销约请。1988年，在一次高岛屋的展销会上，一位杂志的女编辑采访李静，说现在在日的中国留学生特别多，想报道其中的一些优秀人物，觉得李静符合她想要报道的条件，于是花了两个半天交流了书法及对当今日本的印象。采访过程中，李静直抒己见，对中日书法作了一番客观的比较，两周后，李静的书法作品及讲话内容被刊登在日本《妇女》杂志上，冠名为"妇女的先锋"。1989年，李静又在札幌接受日本NHK北海道电视台采访，作品被刊登于《北海道日报》。1991年，又受聘于从事中国艺术品商事的东方交易株式会社。

旅日经历，对李静的书法产生了巨大影响。为了寻找继续发展的途径，李静在日本留学期间经常出入新宿区图书馆，寻寻觅觅期待发现，并开始研究日本假名书法的章法构成形式，发现其实质上是得益于魏晋残纸。看了这些，使她内心受到了剧烈的冲击。尽管有不少人对日本书法不屑一顾，但对假名书法则是颇多赞美。由此，李静对简牍帛书、魏晋残纸着了迷，平时临书多以这些东西为主，也借鉴一些假名用笔，以至于后来在很长一段时间里常有人说她的书法有日本味。李静听之坦然，因为她觉得书法即是艺术，艺术是没有国界的，更何况溯本求源，日本书法的根本还是在中国呢。

以她意临的三张汉简作品为例：左面的那张书写风格参照楼兰木简，有西晋早期行草味道，笔画在诸多方面尚未脱尽隶法，与西晋晚期残纸相比，它显得充满古气。她在意临中，打破简书格局，采用明清直幅行草章法，使原本排列简单、实用意味强的简书符合现代审美意识。右面两张都是汉简草书作品的意临，汉简的草书是将隶书写得草率、简洁。它们的风格比较接近，笔画大量省略，她特别采用多行简牍的书写方法，缩短横画、回收笔势。尤其是中间的一张，采用侧锋、逆锋、适当断续，使汉简那种经过长年累月的风化、剥落的苍茫感显现出来，行距大小参差，后两行犹如落款，形式上显得丰富而又通篇透气。这两张稍稍不同的是右面那张用笔特点是中锋直下，收笔落墨重，写的时候体会汉代人在极狭窄的木简上书写多行文字的无奈，尽量采用大小参差、长短相交的方法使作品不显得零乱拥挤，加强通篇的节奏感。

出于对笔法的完美追求，李静青睐假名书法的章法布局，也看到了其存在

← 李静意临汉简

↑ 周慧珺在高安路宅

的不足。喜欢汉简书法的厚实古朴，也认识到它的用笔不够精到、形式还不完美的缺陷。她想要通过自己的努力，糅合它们的优点，创造出自己理想中的境界。单纯地说李静的书风取之假名书法，是片面的，因她借鉴民间书法而把她的作品说成是现代书法也不尽然。李静有着很扎实的传统基本功，也有强烈的书法创新意识，这是作为一个书法家必须具备的基本条件，深入传统、开拓创新永远是艺术家的追求目标。如果说，李静的早期作品中，有老师周慧珺的影子，那么，在她近期的书法中，已经充分展现了与众不同的个性。她依然保持着早期的豪放洒脱，然而已经面目大变，读者可以在她的作品中发现汉简的刚劲简练，似乎也能看到日本现代书法的飘逸奇崛。她的书

第三十章 同道殊途

法可谓丹穴凤舞、清泉龙跃、翻涛簸岳、箕海移山，融合了这些特点，把它们纳入自己的风格，从而形成了鲜明而独特的艺术个性。

李静自言：

> 书法发展至今，时代对它的要求有了很大的变化，需要向现代转型。除了笔墨技巧、章法布局以外，形式构成也变得至关重要。然而，不管有多少新观念的出现，在继承传统的基础上，创造出符合当代审美意识的作品，这一理念已深入人心，对我来说，进入创作状态时，占据我脑海的首先是这种追求，虽然未必能直达目标，却能令我陡升一份期盼、一份渴望，令我看到一种前行的方向。学了三十余年的书法，对书法的感受却难以娓娓道来，书法是什么？其实就是用一根线条表达情感。书法作为艺术，它的高低优劣决定于一根线条是否美，是否有灵气，是否恰到好处地把我们对大千世界的认识以及自己在这个空间里所产生的喜、怒、哀、乐表达出来，最重要的是我们用几十年时间练就的功力所创造出来的东西，能否打动观者的心。你的作品或跌宕起伏、庄严肃穆，或空灵萧散、飘逸俊媚，别人是否能感受到，这是书法艺术与毛笔字的最大区别。（李静：《学书自叙》）

→ 迟志刚、周慧珺、周志高赴大阪参加大阪—上海书法篆刻展后在种谷扇舟家作客

就在李静赴日深造的1987年，周慧珺又一次乔迁新居，搬到了高安路上的一套三室一厅的房内。新居位于楼宇的底层，方便周慧珺的出入。原本天平路上的房子有个挺大的小院，但只有两间房，还是显得太过局促，尤其是没有像样的书房。因而周慧珺打报告申请换房，最后由时任上海市副市长的刘振元以"特殊人才和专家"的名义给周慧珺置换了这套房。高安路两边的梧桐虽不比天平路上的法式梧桐高大茂盛，却更加幽静安宁，很适合搞艺术创作。同时，这套房有一间居室正面朝南，周慧珺就将其改造成书房，从而有了固定的创作场所。因为李静去了日本，周慧珺生活起居的照料成了难题。于是，周慧珺写信给远在湖州的老保姆金凤，希望她能回来帮忙。金凤往后又做了整整十六年的周家保姆，直到七十二岁时才还乡颐养天年。

1989年4月，中国书法家协会上海分会易帜为上海市书法家协会，周慧珺当选为常务理事，在创作之余担负起了更多的社会工作，为推广书法不遗余力。

1991年，周慧珺南下深圳与张成之联合举办了书法展览。周慧珺直到现在从未举办过任何个人形式的书法展览，她不是一个爱出风头的人，始终恪守着为人低调的准则。此次两人联展已然是书法爱好者之福，当日场面盛况空前、蔚为壮观。1992年，上海书协在佘山召开理事扩大会议，重点围绕当年8月5日楚三在《书法导报》发表的《五届书展启示录》文章，该文提到：

> 上海曾经是中国书法、篆刻的中心，就在十几年前，上海还睥睨华夏，连相邻的江苏、浙江人文之地也得南面称臣。然而近些年似乎每况愈下了。本届入选二十二名，获奖一名，与福建、广东、湖北比肩。而且二十二名中，两名评委，篆刻又占去一半，书法实在显得怯怯。如果说河南像深圳，那么说得尖刻点，上海就落后一些。上海有点晚清心态，实际上已经落后了，还认为"溥天之下，莫非王土；率土之滨，莫非王臣"。还希望人家八方来朝……

大家对此文进行了认真的讨论乃至辩论，对曾经占据中国书法"半壁江山"的上海为何迅速沉沦，相继被几个书法大省超越的原因进行了深入的研究，当然也有人表示异议。因而此次会议是"文革"后上海书坛在理事范畴内两种不同的看法首次公开碰撞,有其自身的价值和意义。

1994年,为庆祝"上海——大阪建立友好城市二十周年",周慧珺参加了上海书法家代表团赴大阪访问及书法交流。

1995年,周慧珺当选第六届全国文代会代表。

第三十一章

慧珺五常

一、新收弟子

1991年，受简庆福邀请，周慧珺和李静、周慧琛赴香港旅游。这次旅港，周慧珺结识了一位新朋友，那就是张五常先生。

张五常外貌异奇，其人满头银发，似霜雪飘飘，观者每每叹奇。面色呈红紫色，逼肖印地安人，眸前戴一副宽边眼镜，身材瘦高，有仙风道骨之范。难怪有人称其"侧面轮廓颇类徐悲鸿所绘之泰戈尔像"，言之凿凿。

1935年，张五常出生于香港。不久，抗日战争爆发，随父母避祸广西，耳闻目染中国内地农村生活之艰辛，遂立志将来造福国家和人民。1945年，入广东佛山华英中学附小读书。1948年返回香港，相继就学于香港湾仔官立书院、皇仁书院。1957年，远赴加拿大留学。1959年，师从洛杉矶加州大学经济系现代产权经济学创始人阿尔奇安教授。1961年，在洛杉矶加州大学经济研究院攻读研究生，获硕士学位。1963年又在洛杉矶加州大学经济研究院攻读博士研究生，四年后获博士学位。同年于芝加哥大学师从科斯做博士后研究并兼任教职，毕业后受聘为美国西雅图华盛顿大学经济学教授。1982年起担任香港大学经济金融学院教授和院长之职。1997年，获选为美国西方经济学会主席，这是华人首次担任如此重要且为西方人垄断的职务。

第三十一章 慧珺五常

在华人经济学圈中，张五常不仅享有"现代新制度经济学创始人之一"的名号，还是最有希望首获诺贝尔经济学奖的华人，其博士论文《佃农理论——引证于中国的农业及台湾的土地改革》轰动西方经济学界，据说评奖委员会已经开始收集他的资料。1991年，作为唯一一位未被授予诺贝尔奖的经济学者，被邀请参加了当年的诺贝尔奖颁奖典礼，也属特例。

五常先生有"五常"——首善经济、其他依次为摄影、散文、书法、收藏，另有音乐亦擅。其兴趣可谓广泛，这与他少时的经历有关。张五常自小读书不成，然于街头巷尾之艺却无所不通、无所不精。比如打乒乓、弹弹子、跳舞、放纸鸢、钓鱼、下跳棋、象棋等皆无师自通，为此在广东求学期间，屡试不第，侥幸升学后却又留级，最后被开除出校。回到香港皇仁书院又留级，复读一年后以一分之差被开除学籍。前后两次被开除出校，中学都未毕业的惨痛经历迫使张五常先赴加拿大读书，无果后又改去美国攻读经济，人生遂得以巨变。但也正是他如此博采众长，因而结交了各界的社会名流，像美国经济学界的泰斗、诺贝尔经济学奖得主弗里德曼，文化界的武侠小说巨匠金庸，体育界的容国团、杨官璘（象棋），艺术界的黄永玉、黄苗子、简庆福、何藩、陈复礼等人，情谊深重。

张五常少年辍学时，在父亲开的小店内学做生意，偶然外出香港中环，在一个橱窗内，看见了简庆福的一幅摄影作品《水波的旋律》，竟然疯狂地爱上了摄影艺术。若干年后，结识昔日偶像简庆福。1993年时和简庆福、何藩、陈复礼三人在香港大会堂举行了名噪一时的四友摄影联展。张五常摄影时灯光大开，但光影丝毫不乱，此之胜擅是也。

五十五岁那年，张五常又狂痴于书法，惜乎无名师点拨，进展颇缓，为此每日苦痛。简庆福闻悉此事，就向张五常推荐了自己相当欣赏的周慧珺。当时想要做张五常书法老师的不乏其人，但他却选择了周慧珺：一来他相信简庆福的眼力，二来不是他不佩服其他人，而是从内心深处觉得周慧珺最合适。他说：

> 我拜周慧珺为师，可不是因为她的大名，而是我研读古人谈论书法用笔之道，往往感到说得不清不楚。但看周老师下笔书写之后，我依稀觉得，她用笔的方法可能就真的是古人所说的那一套。（张五常：《周老师的书法》）

如前文所述，张五常过了知天命之年才痴醉于书法，原意是想在退休后寻求一门艺术活动作为消遣。毕竟艺术决然不同于科学，无须精密的计算和调研，至老仍可以创作不辍。现在有很多中老年人退了休就纷纷投身学艺，大概就是这个道理。当然不是任何艺术家都是老而多妙，中国的张大千、齐白石、朱屺瞻，法国的莫奈等人是其中的佼佼者。张五常有个特点，追求任何一门学问，一旦决定了或付诸实践了，就要有个结论。要是追求某一种学问一段时期后觉得自己天分不济或培养不出兴趣，就会知难而退。

　　为了选择一门适合自己的艺术形式，张五常可谓颇费周折。没有基础只是其一；其二是日常的工作本已繁重，要找一门艺术入手谈何容易；其三自己不能再像年轻时那样，可以多试几类择其善者从之，一旦误入歧途就会耗费大量的时间和精力成本。因而，他"想过搞抽象彩色摄影。这方面大有基础本钱。但那时以计算机搞摄影作品开始流行，旧基础本钱大贬值。学画吗？太麻烦。学画是要按时上课的。想来想去，觉得只有书法最方便：要人教，但不须按时上课；要练习，但可在工作中的休息时间写十多分钟，然后过一段时间再写"。最后孤注一掷决定学习书法，但后来的事实证明，在这件事上张五常想得简单了。

　　相中书法后，张五常就开始自学练习，每天写到满室皆纸，这样的日子持续了一两年，但进展缓慢，水平裹足不前。张五常自小有着一股与生俱来的韧劲和执著，从一名大学生到正教授仅仅花了九年时间，不可谓不惊人。为了撰写他那本广为经济学人所知的散文式经济学著作《卖桔者言》，他还亲身体验了果农卖桔的经历，做起了街头小贩。为了做学术研究，他养过鱼，考察过石油工业，买卖过古董玉器，经营过农场，办过艺术展。因而，无须怀疑张五常的勤勉，这是他高人一等的地方，但书法艺术此刻却像顽石一般横亘在他的面前。

　　但五常先生是幸运的，他有名师（明师）指教。黄永玉和黄苗子为他讲解了一些要点和亲身实践的经验，不过两人并非科班出身，且行踪不定。而周慧珺的出现使得张五常感觉如沐春风，称她"聪明，记忆力强，不说假话，教得用心。她怎样批评我就怎样考虑改进。老师也教用纸、用墨、用水，教前人之见，也教怎样品尝"。周慧珺前后四次飞抵香港为张五常授课，第一次给张五常讲课，首先教的就是执笔，声言执笔要学一年的时间，并让张五常写几个字给她过过

第三十一章 慧珺五常

目。张五常依言执笔写了几个字,用张的话来说"写得一塌糊涂"。但周慧珺看了后,却很满意,高兴地说道:"你执笔完全正确,不用学了,你学书法会比其他人起码快一年。"也就是说,周慧珺认为在技术上最困难的执笔张五常基本过关,时年已六十二岁。实则前人对执笔法论述连篇,但说白了就是怎么舒服怎么写,不要拘泥规绳。所以执笔如何更多地只是一种外在表现形式,其内在核心强调"舒便"、"熟手",哪种姿势最适宜发挥就是最合理的。

但基本过关并不代表全然合格,虽然张五常用笔提按自如,手和笔调,但隐约间总感觉有问题存在。是什么问题呢?张五常百思不得其解。一日,张五常在师姐李静面前作书,李静忽然发现了问题所在,提醒道:"你还不会八面用锋,笔尖朝前,所以线条轻薄,你要会用逆锋。"逆锋就是指笔毛向外的那一面,言外之意就是张五常没有灵活运用笔背。得到李静的提点,张五常就花了一个月的时间专练侧锋、逆锋。有些人学书法时,害怕练习自己薄弱的地方。其实任何学问都是如此,人们往往对越是不足的地方越是喜欢避重就轻或者视而不见,专往自己最长处用功,到底制约了自己进一步提升与发展的空间。所以,学书者切忌避难就易、避实就虚,要迎难而上,取最弱处集中攻克。

应当说,周慧珺是个相当高明的老师,她不喜欢简单的言语说教,而是喜欢用肢体表现——亲自示范。既然古人没有摄录技术将他们的作书过程保留下来,那么观看当代名家的示范就是很有裨益的事情。周慧珺喜欢用纯羊毫,"毛纯颖长,如执润玉",柔而健的特性极为适合周慧珺发挥她大笔如椽、神完气足的风格特征。一般来说,纯羊毫笔过于软,不太好用,但周慧珺却是越软越好,毛身须要齐整,写出的一笔一画线条醇厚,线质表现力强且多变。张五常观赏周慧珺示范:

> 主要看她怎样写,看得很用心,注意力集中于笔端在纸上翻来覆去的变化。翻呀翻,刷呀刷,是很好看的。笔在纸上用力下按,笔毛像八字那样分开,跟着提笔一拖,笔毛收缩回复原状;起笔舒畅,收笔自然;一按一提,时快时慢,笔锋左翻右覆,笔毛开合有节。

为了更进一步,张五常还买了一套有一百个书法家的示范影碟,勤学苦练。写了几个月后，张五常的书法略有成绩，周慧珺也赞扬张的字没有俗气，没有"尘埃气"，换句话说就是鼓励张五常继续学下去。学书法的人都有这样的感受——技术难，入帖难，脱临难，结字布局难，什么都难，但最难的还是——不造作，不俗气，谓之天真者自然也，这点张五常颇具心得。当时张五常最大困难还在于"结字"。因为他是临老学书，记忆力衰退，对于字体的笔画、结构难以掌握有序。一个书法家对每一个字普遍要记得数种写法，作书时才能流畅而下，不用费心笔画，多了一份意之所至，少了一些瞻前顾后，因而情感才会表现得充分，表现得自然。反之脑中笔画不清，停停走走、走走停停，那就容易失掉气场，不能一气呵成了。

　　刚练书法，张五常就听见一些朋友及专家建议他不用临摹，写自己的字。但周慧珺是一个极其重视临摹的书法家，熟谙入帖的重要性，坚持要张五常从临摹开始做起。但也考虑到张五常临老学书，可以鲤鱼闯龙门，不临隶书、楷书，以临行书开始，这也算得上是否定了以隶书或楷书作为先习基础的传统看法。

　　周慧珺建议张五常先临宋人张即之的行书，因为入手较快，容易学。但过了两天，她就要求张五常转临米芾了。张五常也很尊重周老师，依言行事，每天都临，大概有一年时间都浸染在米芾的行书世界中，以致对米芾可以说是顶礼膜拜，甚至将他比作莫扎特——"都拥有透人心魂的感染力"。

　　张五常形容："临摹而学的用途众所周知，但我临米芾不久后，懂得欣赏一个书法大师的感情表达，不等于懂得这大师的感情是怎样'流'出来的。学书法你要学感情是怎样流出来的才对。你不临摹，就不容易学得这最重要的一点了。"这个观点和周慧珺颇为类似。因此，每当他看着米芾的下笔方法，往往抑制不住内心的激动，强烈的躁动感流贯全身，这种感觉似曾相识……

　　三年后，周慧珺送了两本王铎的字帖给张五常。

　　周慧珺鼓励张五常学习王铎并非偶然，因为王铎本身就是学"米"的，王铎和米芾有着与生俱来的契合力，无论是用笔或是书学观念，都惊人的相似。虽然王铎身为明朝重臣，降清官至礼部尚书，后人因人废书，为士林所不齿，清修《明史》更是将其列入《贰臣传》中。但无可否认，王铎的书法非常人所能匹敌，日本人将其列为中国第一流的书法家，张五常赞其为中国最后一位书法大家。就这样临了两年王铎。

　　大约九十年代初，王铎作品的拍卖价格并不太高，张五常在朵云轩的拍卖会上与国内一家博物馆竞价，最后以五十五万元的高价将一件王铎作品收归囊中。而张五常鉴别王铎作品真伪的方法是先看拍卖书，然后"站在书法作品前，用手指在空间按作品一笔一笔地写下去……印证王铎书法的感情流出来时的感受。伪作的字形可以乱真，但感情流出来时的感受可不一样"。方法极简而富有成效，经过一段时间，尤其是真金白银的锤炼，张五常鉴别王铎作品的水准甚高，在竞拍时基本没有失误过。

书法还有个好处，就是兴致所至，提笔即写，不用为笔墨的调试费心费力。张五常充分利用了这一优点，几乎每天都要过一下"书法瘾"，蘸墨饱书。渐渐就从学书初期的惨不忍睹到后来的小有成就，一路行来，不仅有自身的勤恳，也有周慧珺的谆谆教诲。在香港时周慧珺就言传身教，常坐在一边看着张五常书写，不停提醒他跟得要大一点，或小一点；重一点，或轻一点；宽一点，或紧一点；浓一点，或淡一点；快一点，或慢一点。有时她还会说："不要蘸墨，继续写下去；在砚上整理一下笔毛，但还不要蘸墨，写下去。"周慧珺作书时蘸墨不多，但可以连续不断地书写十余字，虽墨枯至几不可见，笔毛却丝毫不乱，圆整劲健，"仿佛是按着莫扎特的音乐在纸上翩翩起舞"。周慧珺对于自己如此要求，那对学生张五常更是一刻不放松，一直是高标准严要求。

周慧珺不在香港时，两人就会通宵达旦地打起长途电话，通过电话探讨书法问题，不寐不休。诸如，张五常也曾遇到出帖难的问题，苦于探头不成，心情烦躁。本来只打算临摹两年，结果却延长了三四年不止。电话中周慧珺就告诉他："自己在脱临时也遇到了同样的困难，想要真正离帖要好些日子。因此，不要心浮气躁，多看多练是不二法门，书法没有捷径可图，踏踏实实是正道。同时要将笔法等变化与感情充分融合在一起，由变化把感情自然地表达出来。"

其实何尝是脱临有难，脱师亦难，甚至最难。"没有老师在身旁，一笔一笔地教变，自己明知要变但奇怪地变不出来，"张五常如是说，"但若有名师指导，多作思想、研究，只是时日的问题。"

二、应邀赴美

1996年，张五常为感谢周老师的悉心教导，邀请周慧珺和李静到美国西雅

↑ 1996年，李静在西雅图海域

图访问交流，同时赴旧金山参加东西方画廊举办的书画展览。那时申请去美国要经历极其严苛的面试审查，为此，张五常动用自身的影响力打通了关节，事先打好了招呼。签证那天，面试周慧珺和李静的是一个美国"黄毛"，一头金发，表情淡漠，一切都像例行公事。"去美国干什么？"周慧珺依约按张五常事先言说的回答："办展览，张五常先生介绍的。"在说"张五常先生介绍的"时候周慧珺特别加重了语气。对方一听，猛地抬起头，"是不是去办书法展览，是书法家吧，我早就对中国书法艺术仰慕已久，不知道两位能不能指教？"可能是为了早点让他签发通行证，李静就抢先插话道："没问题，等我们从美国回来再说。"对方一听，非常高兴，将原本一个月的签证时间延长到了三个月。

三个月后，这个签证官打听到地址，如期而至。既然已经答应，李静就教了好几次免费书法课，直到后来大概是对方奉命回国的原因才结束了这段奇异的教书史。

张五常的家位于美国西雅图的郊外，是一座面临庞大湖面的别墅。那天去张家正值傍晚，白昼已然耗尽了所有的气力，远处炫紫色的霞光飘荡而至，宁静的道路

第三十一章 慧珺五常

上人烟稀少，醇浓的乡村风味扑面而来。途中有一片繁盛的树林，张五常就指着这片树林不无骄傲地说："这全是我投资的。"原来那些年山火严重，导致木材价格屡涨不歇，对于木材的需求剧增，因此开山植林就成了回报率很高的投资。

除了投资森林庄园，张五常还投资了很多海边和湖边的码头。好一会儿，汽车才到达了张五常位于海边的别墅。这是一座欧式海滨别墅，纯净典雅，斑驳的石子路仅容两车错身而过，白壁红瓦的屋宇渗透出古朴庄严的气息。门前有着大片花园，一个美国老花匠正在细心地修剪着繁花和绿草，夕阳透过树隙倾泻而下，映照出匠人佝偻的身影。从花园放眼往外看就是泱泱大海，那碧波拍打着岸石，掀起雪白的浪花，海面蓝得那般纯粹，蓝得那般诱人。

此情此景，使得初来乍到的周、李二人咋舌不已，这番景致断不可能在九十年代的中国内地出现，尤其是外国人竟然还为中国人修剪花木。安顿好起居，周慧珺和李静就在张五常夫人苏锦玲女士的导引下游览了西雅图中心城区的夜景。一连几天都奔波在旅行的路途中，还生平第一次坐了游艇，参观了闻名遐迩的太空针塔。周慧珺喜欢称苏锦玲为张太，这个张太可不是一般的家庭主妇，不仅漂亮动人、仪态非凡，而且精明强干。在内地讲学期间，张五常惯用粤语，于是就由能说一口标准国语的太太做同声翻译，张太是台湾人，翻译时不仅快速流畅，而且文采飞扬。夫妻两人关系又特别融洽，曾有记者询问张太张五常是不是一个好丈夫，张太答道："看你要求的是什么了，他真的非常可爱。吃穿不讲究，人家一看他衣服就知道他太太回来了，他自己是不会配颜色的。吃饭也马马虎虎，有时候吃完了说不好吃，可是他也吃了很多。"

日子周而复始，张五常有空时周慧珺就一对一教习，其余时间周慧珺和李静就游览美国乃至加拿大的山川美景。还曾去过若干年后在"9·11"中倾覆了的世贸双子楼，在三十四楼住了两夜。在美国生活的四十多天里，张五常有两件事给周慧珺留下了深刻的印象。

第一件事就是张五常学习书法的认真劲和钻研劲，每日一早张五常醒来就是写字，写累了就睡，睡醒了再写。第二件事就是张五常经常为一时写不出满意的字而郁郁寡欢，心中烦闷。那日周慧珺和李静外出归来，瞅见张五常昏昏沉沉地睡在地上，桌上摆放着新近写好的几幅字。周慧珺看了，就对李静说道："这几幅字好像进步不小,写得很不错。"话音一落,昏睡中的张五常就猛然起身,睡眼惺忪地感慨道:"书法实在太难了,我学习书法十年了依旧写不出,要是用这十年的时间学别的,可以拿到好几个博士学位了。"同时他又受用于周慧珺的夸赞,天真地大笑起来。这让周慧珺感到张五常有时就像一个顽童,喜欢别人的恭维。虽然很多人说他狷狂,脾气大得很,但在周的眼中他是一个善良随和、容易相处的朋友。

三、 出资购房

1997年,中国画院因设施的简陋阻碍了画院的进一步发展,想重建一幢一万五千多平方米的二十八层大楼作为办公用地,其中六层为画院所有,其余外销。如此庞大的工程,画院常务副院长施大畏提出了三方合资建楼的提议,获得了上级的批准。谁知就在大楼快要封顶、内装之时,突遭百年难遇的东南亚金融风暴的影响,银行贷不出款项,资金链断裂,大楼建设不得不无限期推迟。正当火烧眉毛之际,周慧珺向施大畏引荐了张五常。

张五常早在1980年起就看好中国内地的发展前景,曾接连撰写过好几篇文章赞扬中国的发展模式和前景,自称"对中国最为乐观的人"。因而,他很有兴趣

← 周慧珺的书写工具的展示

投资上海的房地产生意。在静静听完施大畏简述画院改革思路和建房用意之后，张五常毫不犹豫地立马拍板："我买十六套外销房。"这外销房每套三百多平方米，价格不低于七十万元美金，也就是说，在九十年代末，这套房单价已接近两万元一平方米了，张五常却如此轻描淡写地投资了一千多万元美金，着实吓着了施大畏。后来，两人从房地产生意谈到了当代艺术，知道张五常原还是个亨利·摩尔迷。就这样，张五常的购房款项使资金链问题一下子迎刃而解！

一年后，画院新大楼终于开幕，张五常特地带来阿曼雕塑一件为开张贺喜。

四、五常论师

1999年，张五常出了一盘影碟，取名《慧珺五常谈书法》。先是由张五常为观众讲解书法的一些基本常识和要领，其次由周慧珺亲自示范，书写作品。这部影碟是"花千树出版有限公司"发行的，说起这个出版社的名字，还是和周慧珺有关。这个"花千树"是张五常为亡友舒巷城的作品能够出版特地开设的，他怕"文艺创作在香港不容易卖出去。自己出钱印制容易，但有谁乐意发行，有哪家书店乐意陈列呢"，因此索性自力更生，并安排舒兄的太太去那里工作。当然，出版社要有个名字。张五常看见墙上挂着一幅周慧珺的书法，写的是稼轩（辛弃疾）的《青玉案》。这是舒巷城最为深爱的宋词，第一句便是"东风夜放花千树"，故而张五常决定以"花千树"为出版社社名。

张五常的性格是放浪不羁却又豪气干云，身上的每条血管、每根神经都投射出睥睨天下、指点江山的气势，这是张五常的天性使然。但不要忽略张五常的猖狂性格中也有着谦卑达理的一面，对于有才识的人张五常一贯是抱以礼敬的，对周慧珺他一概称呼"周老师"或"周先生"，从不直呼其名。对于涉及敏感的金钱问题，张五常十分欣赏周慧珺的心态。近几年，周慧珺的书法仿作非常多，总有人为了金钱利益假冒她的书法，肆意出售。张五常就将事情告诉了周慧珺，谁知周慧珺竟然不怒反喜，让人一头雾水。但仔细想想张五常就感觉悲从中来，因为没有人假冒他的书法啊！说明自己的书法离市场的标准还有很大的距离。毋庸讳言，写书法，有人出钱购买非常重要，但如何写出令买者为之倾倒、为之折服的作品才是重中之重。周慧珺曾对张五常讲："三十年前有人出钱求字，只几块钱，但就是这么一点钱、这么一小幅的作品已经让我写得睡不着觉了。"

现在的张五常因为私人原因长期生活在深圳和香港两地，近些年，到过中国内地很多大学做过演讲，如北京大学、复旦大学、湖南大学等，引起了又一波的"张五常热"，书店里常能看见他新近出版的著作。忙里偷闲中，张五常依旧会通过电话或亲赴上海向周慧珺讨教书法，愈加发现书法的奥妙。他说：

书法的进步，不是直线斜升的。升一段，平下来，再升一段，又平下来。很多时再写下去，明显地有退步的迹象。每见退步，我就停写一段日子，转作参阅前贤的书法。学了大约三年后，我发觉参阅书法对自己书法的帮助，比下笔练习还要大。这显然是因为懂得怎样看书法非常重要。不懂得看，不可能学得好。

对于周慧珺，张五常有过这样一个中肯的评价：

可能是个人的偏见吧。我认为周老师用笔的功力，当世无出其右。至于她的书法是否可以直追古人，却是见仁见智的判断了。个人认为，周老师的书法，美中不足之处有二。其一是她写得太熟练了（四十多年的功夫啊），而又对自己那样苛求，因而缺少了一点"错有错着"的惊喜。其二是她不肯"乱"写一通。本来周老师——像我一样——是很喜欢徐渭那样乱来的字，但就是不肯（或不敢）尝试。反观我自己，艺低人胆大，屡屡尝试乱来，但总是乱得一塌糊涂，连自己也目不忍睹。乱写一通而又不令人反胃的书法，其实是要有很特别（不一定是很高）的天分才可以写出来的。（张五常：《周老师的书法》）

最近，张五常在他人气很高的博客中写道："不久前带了两幅约十尺高的作品给老师看，每幅写百多个字——是难度高的作品。老师说好！不是第一次这样说，但这次她说得比较肯定，而且最重要的是批评转到细节上去了。当年写论文《佃农理论》，写到后来，对我苛求甚严的老师阿尔钦突然批评细节，不论大概，我的感受是大概上他认为我渐入佳境，开始成家。"

第三十二章

投资市场

　　如果说购买古今书画是投资的话，对周慧珺来说似乎不够确切。因为长期以来，她基本上是看到有收藏价值的，或单纯个人喜好的就买进来，然后留下把玩鉴赏，很少有再卖出手的时候。只有买而没有卖的过程，只进不出也就不会显现投资所带来的收益。因此，真正尝到投资收益的，应该还是购买股票与基金。

　　上世纪九十年代初，李静从日本回来了。那时国内刚刚开始有股票上市，大多数人都感觉陌生而不敢涉足。也许是旅日的经历，看到过日本的证券公司、银行比超市、百货店还多的情况，她自己也在工作之余多次到证券公司去观摩，对股市投资多少有了点概念。所以，李静这方面的意识觉醒得算比较早，就好像隐隐地有股力量在鼓励着她找机会去尝试。

　　既然起了投资的念头，就会留心这方面的事情。有一天，李静走进一家信托类银行，看到有延中实业、真空电子、豫园商场等几个股票在那里挂着牌，标着买入价和卖出价。当时看到豫园商场的买入价是每股四百二十元，李静就对营业员说想买十股试试。接待李静的营业员是位四十多岁的女人，她打量一下李静，然后诚恳地说："你做过股票吗？你对股票知识了解多少？做得不好会血本无归的。前几天报上登过一则新闻：有个人买了延中实业后股票一路下跌，他的钱是借的，被人追债无奈跳楼了。"营业员说这话肯定是好心，但她的一席话还是把李静给吓跑了。谁知后来的情况真是意料不到，才个把月的时间，所有的股票都刷刷地往上冲，豫园商场的股价更是直窜到每股一万元，后来不断地拆股送股，即便这样，股价也是高高在上，再想买已来不及了，李静为自己当初的胆小后悔不迭，后来才知道那些挂牌的仅有的几个股票就是上海著名的"老八股"。

不久，上海又开始发行股票认购证了。对于股票认购证上海人的记忆是深刻的，很多人因此而改变了命运。认购证最早出现在1992年的上海，当时上海证券交易所成立后的一年多时间内，"老八股"在唱独角戏，且因股票供不应求，形成了粥少僧多的有价无市局面，因此市场扩容成了当务之急。记得"兴业房产"发行新股时，发售地上海江湾体育场已出现提前两天排队的情况，而发行时秩序混乱差点闹出人命，这给管理层敲响了警钟。面对1992年尚有十多个新股要发行的现状，当时主管股票市场的人民银行想出了一个现在看来完全能载入史册的办法——先发认购证，凭认购证摇号中签认购，于是中国的股票认购证应运而生。在认购证发行截止日前一天，李静对周慧珺说要想去买一百张认购证，每张三十元，需花费三千元。在李静的思想里，认为老师一定对股票没一点认识，别说自己不会买，肯定还会劝阻的，因为当时炒股就

↓ 操盘的乐趣

第三十二章 投资市场

好像是在搞投机倒把似的，会招来人们异样的眼光。有的人明明买了股票也不敢承认，特别是有点身份的人，似乎做股票会有失斯文。今天让李静意外的是一开口，周慧珺却全然没有一点犹豫地说："好吧，你去帮我也买一百张。"老师的反应让李静意外和惊奇。真没想到周慧珺也会有这样新的投资理念。李静调侃老师说："这还是你吗？老师也要做时髦事？没想到啊没想到，刮目相看呐！"周慧珺笑着打李静一巴掌，说："就爱贫嘴！快去办正事吧。"

原来周慧珺虽然在家里的时候多，但喜欢看报纸，还特别爱看经济版。上海股市新闻闹得沸沸扬扬时，她却冷静地看待：股市如商场，商场就有商机，就有起伏胜败，这是亘古不变的真理。现在李静要买认购证，正好不用安排她专门替自己跑银行、证券公司等地方，省去了许多麻烦。于是李静拿上钱匆匆地跑到静安寺附近一家工商银行，正要在柜台前买时，被一位老人拉到旁边悄悄地劝说："姑娘，我儿子是在银行工作的，银行里的人自己都不买，因为认购证就像六合彩，中不到钱就全部打水漂了，我看你就算了吧，别上当啊！"面对老人善意的劝说，李静又一次打了退堂鼓，再次与财富擦肩而过，当然，周慧珺也与这次商机失之交臂了。其实，李静回到家说了那老人的想法后，周慧珺是不以为然的，但始终信任和支持李静做任何事的她仅仅是微笑了一下，说："没买就没买吧，也省点事。"别的什么话都没有说。

众所周知，发行截止的一周后，一百张原始认购证就被炒到了十五万元，而如果全部参与认购，可以赚四五十万元。李静那个悔啊就不用提了，周慧珺倒是安之若素，劝慰李静说："别懊丧，机会多的是。"A股的顺利发行运作，肯定了股市这种经济运行模式。同年，上海又开始发行B股。B股的正式名称是人民币特种股票。它是以人民币标明面值，以外币认购和买卖，在境内（上海、深圳）证券交易所上市交易的外资股。B股公司的注册地和上市地都在境内（沪、深证券交易所），只不过投资者在境外或在中国香港、澳门及台湾地区。B股是以美元和港元计价，因为是面向境外投资者发行，规定国内投资者必须用护照登记。

李静从日本回来不久，此时护照还有效。有了前两次退缩后悔的经历，再次得到B股发行的消息，李静觉得不能再犹豫了，就兴奋地对周慧珺说："这回我们可别坐失良机了啊。"当发到氯碱B股的时候，李静、周慧珺及周的妹妹、赵丽宏，还有李静的日本朋友北村和山本共六人，终于合资买入，开始了躁动不安的期待过程。上市一周，他们的投资回报率让人惊喜莫名，赚进的钱至少可以开回两辆桑塔纳。可是获利的喜悦没有维持多久，单纯地以为股票就该一路狂飙，更因为贪心，没有见好就收，及时止盈，加上操作者李静本人仅仅只有略微的感性认识，却毫无投资经验，不懂得高抛低吸降低成本，只干等着……

结果可想而知，短暂的账面盈利像一桶水倒到沙漠里，迅速消失了。不仅如此，干旱持续着，越来越厉害。股票一泻如注，这一跌居然是漫长的"八年抗战"，最后股价也跌得只剩下5%了。

股市在低迷状态下蛰伏到了2001年，拿着股票度着那漫漫灰暗日子的人都不仅仅是失望，简直就是绝望了。但什么环境、什么时候都有例外。有一天，周慧珺和李静商议："我们再买进一些B股吧，是时候了。富贵险中求，凡事物极必反，久跌必涨！"李静一是再没有资金可投，二是对老师的话将信将疑，总之是按兵不动，就没有积极想法子。于是周慧珺把能调集的资金都拿出来了，全仓买进陆家嘴B股。无巧不成书，正赶上B股向境内投资者全面开放，一时间所有股票天天涨停板，只能眼热地瞅着，根本没有了买进机会。而周慧珺在那次机会中若有神助，居然先知先觉地在开放的前两天，买进了大量的陆家嘴B股，结果赚得盆满钵溢，别人都没在低价位补进，大好形势下只是"解放了"而已。李静怎么回想都没明白周慧珺这次怎么会那么英明？

李静和周慧珺开玩笑说："你怎么那么有先见之明，那么会赚钱啊？"周慧珺难得摆出一副得意的样子，毫不谦虚地回答："我是商人的女儿嘛，天生有会赚钱的细胞，再说机会向我招手了，想不赚都不行啊！"不管潜意识也好，预感也罢，或者就是正确的判断，周慧珺不用解释，反正她是很蹊跷地赚了一笔，令周围人羡慕不已。

有人说，任何人第一次做股票，准赢。李静一直觉得这话说不出令人信服的道理，不是说万事开头难吗？怎么就第一次能赢呢？但事实就是奇妙地准。就说她们最初买B股，开始一周若获利了结，就是赢了。后来她们又在1993年第一次买浦东金桥A股，两周翻倍，抛后高兴地请画院的同事们吃饭，吃完饭又投入更多的资金买入，结果却是长期被套！再说经验，按理讲，吃一堑长一智，老股民吃

第三十二章 投资市场

亏多了，讲起来一套一套的，但你若问起收益，多数人回答："还套着呢。"做股票对于绝大部分人都是得了经验没得收益！

真正获大利的是从2005年开始投资基金。李静总结了十几年的投资经历，不无感慨地对周慧珺说："隔行如隔山，我们应该做自己熟悉的事，譬如说，继续买些字画之类的来保值，理财的事就交给基金经理去做吧，我们喜欢玩股票，就买股票型基金好了。"于是在2005年、2006年、2007年三年内把大部分的钱都投向基金，那时股市处在最低谷，银行的理财经理是个年轻女子，见李静接二连三地清一色买进股票型基金，很是吃惊。说："你怎么那么大胆？现在股票多糟糕，你怎么尽买这类基金？我看还是保险点好，买些债券基金吧。"李静没采纳她的建议，回答说："你看着吧，不久的将来，最赚钱的就是这些基金。"

周慧珺对李静的决策很赞同，她让李静也为她开好银行网上交易的账户，两三年里陆陆续续地买了十多种基金，自然也全部都是股票型的。在填基金买入表格时，银行工作人员会让投资者填写风险承受力的测试。周慧珺总是很干脆地填上A，那就是最能抗风险的类型，是激进型投资者，每次填表总让对方脸上露出不易察觉的一笑，想必是在暗笑这老太婆多厉害呀，激进得像个年轻后生！

这回李静是有先见之明的，果不其然，2006年股票及基金行情就像火山爆发一般，特别是股票型基金的收益远远超过了股票指数，一年多的时间里，基金红利累

→ 救震救灾——上海书协理事书法篆刻展。周慧珺、王伟平、张晓明、钱茂生、刘小晴、童衍方出席开幕式，周慧珺现场捐款30万元

计翻了三四倍之多！

　　周慧珺是聪慧的人，敏行讷言是她的特征，但她不保守，思路开阔且善于接受新生事物。虽然对资本市场的涉足是由李静带入的，但她往往也会有自己的判断。当股票跌得一塌糊涂时，她果断得像一个驰骋商场的优秀企业家，义无反顾地去抄底；等反弹到一定的高度，她不恋战，乐呵呵地果断收兵，继续耐心等待下次机会的出现。那份沉稳、那份冷静，看得李静直嘀咕："她在理论上讲不出什么道道，行动上却与股评家的流行说法很吻合，即当别人恐慌时大胆，别人疯狂时清醒。也许有悟性的人做什么都能入道。"所以，李静总和她开玩笑说："没办法啊，姜还是老的辣，咱还得继续修行呐！"周慧珺这时就故作骄傲地训道："服气了吧？学着点，说到底我是你老师啊！"师徒俩经常像这样互相调侃，在一起时总是笑声不断。

　　周慧珺的悟性不但表现在她的书法中，也渗透到她生活中的各个角落。除了在一生倾心相许的书法事业上做出了大成就以外，字画收藏她玩了；戏曲，特别是京剧她玩了；电子游戏她居然也玩了。更让人想不到的是，股票基金她也玩了一把，并且还赢了！但综合而言，周慧珺依旧认为"至于投资理财，于我只是偶尔为之，难言心得"。

第三十三章

天籁有声

"走了，她还是走了。"周慧珺颓唐地倚靠在沙发背上，小声嘟哝着。

"谁走了？"李静漫不经心地问道。

周慧珺抬起头，叹息道："邓丽君。"

没错，1995年5月8日，一代传奇天后邓丽君（1953—1995）在泰国清迈因气喘病发猝然逝世，享年仅四十二岁。一位只要在华人世界中就能听到她声音的人，终于远去了。"此声只应天上有，人间能得几回闻？"天籁之音终究会被上天所带走，带不走的只有那成片的回忆。

在七十年代末八十年代初，邓丽君的歌声就通过一些华人华侨带入祖国内地、还有人是通过偷听台湾广播得闻其芳名。周慧珺是个思路开阔、爱好广泛的人，喜欢艺术，连同京剧、评弹、流行音乐她都涉足。第一次听邓丽君的歌曲，是1979年，通过一位广州朋友从香港"走私"带入内地的几盘卡式磁带（据说一盘折合人民币五十多元）。这类磁带在当时十分流行，有些是空白的，很多人就拿来自行翻刻转录，前提是你家至少要有一台"盒式收录机"（因状如砖石，又名"砖头录音机"）。

1979年，李静考入大学时就花了三百六十元买了台"三洋牌"的"砖头机"，方便学习日语，这三百六十元在当时相当于一个普通职工半年多的工资。

而周慧珺所拥有的那台收录机比"砖头机"可是强多了，那是当时极其稀罕的四喇叭双卡录音机，其最大的优点就是可以复制，因而可以随时录制自己想听的歌曲。这台双卡收录机是周慧珺拜托友人从日本带回来的，国内自然是十分稀见。

通过这台大家伙，周慧珺第一次听到了邓丽君的天籁之音，那首歌叫《在水一方》。虽然唱的是找寻伊人，却直把周慧珺的心声表露无遗，她尤其喜欢"我愿逆流而上"和"我愿顺流而下"两句，歌声清脆，有种搏击而上的义无反顾，和周的性格灵犀相通。自然而然的，周慧珺爱上了邓丽君的歌声、爱上了她歌声中的真情实感。

何止是周慧珺，当时毫不夸张地说整个中国都在为邓丽君痴、狂，凡是有中国人的地方就有邓丽君的声音。邓丽君的歌声清澈如水，滋润着每个人的心灵。

可惜好景不长，也许是国人积压了太多年的情感和欲望瞬间被释放出来，邓丽君的歌曲被定性为"精神污染"、"靡靡之音"、"黄色歌曲"，邓丽君本人及她的歌曲皆被禁。

但阻力终究只是暂时的，没有人可以抵挡历史的滚滚洪流，封闭的国门终究会被捅破窗户纸的。继邓丽君之后，张明敏、费翔、徐小凤、谭咏麟等港台歌手纷纷踏上内地，而内地也涌现出了李谷一、蒋大为等歌手，甚至崔健这样的摇滚歌手。和很多人一样，周慧珺也听《我的中国心》、《冬天里的一把火》、《乡恋》，也看《上海滩》。虽然周慧珺是传统文化的精英，但对于时尚、对于流行她也从不排斥，甚至为其击节叫好。

内地歌手中，周慧珺最喜欢毛阿敏。总是见人就推荐。九十年代初，李静从日本回来时，她就对李静说："现在上海出了个女歌星叫毛阿敏，歌唱得好极了，我保证你听了一定也会喜欢。"看她那么着迷的样子，李静笑着说："我不信，名字那么俗的人歌会唱得好？"李静本是和老师开开玩笑的，心里其实对老师的欣赏品位一贯是很信任的，谁知这句玩笑话多年后有人重复，真让两人哭笑不得。1996年在西雅图，周慧珺再一次向张五常太太推荐毛阿敏时，张太太笑了："真的那么好吗？可是名字怎么起得那么俗气？"李静在一旁乐了，插话道："张太，你怎么说我说过的话呢？"

不过，毛阿敏确实唱得好！李静后来也特别喜欢她唱的那些电影插曲。那

第三十三章 天籁有声

时,毛阿敏被公认为歌坛"大姐大",以深情而大气的通俗唱法,端庄典雅的舞台形象征服了亿万听众,《你从哪里来,我的朋友》、《思念》、《渴望》都是周慧珺耳熟能详、闻之即唱的歌曲。

在港台方面,也有一位歌手征服了周慧珺挑剔的品味——她就是梅艳芳(1963—2003)。

周慧珺之所以喜欢梅艳芳的原因和许多人一样,不仅喜欢她的歌、她的舞、她的电影,更喜欢她与生俱来的大姐大气质,一种不怒自威,但对待别人却发自内心的亲切,她是无数男女心目中的绝代名伶,被人们亲切地称为"梅姐"。

2002年,也就是周慧珺做手术置换髋部和膝盖的人工关节前一年,她的病情已经不轻,但听闻10月12日梅艳芳将首次在上海举办演唱会,于是她就早早地托人买演唱会的门票,而且要求离舞台越近越好。当日,周慧珺和她的妹妹、妹夫、李静等人早早赶到了上海八万人体育馆,她们买到的是第一排的座位,离舞台咫尺之隔。还没开场,周慧珺就兴致很高,比起往日更为健谈,言语也颇为激动。由于七年前,梅艳芳在广州演唱会唱了禁歌《坏女孩》,从此被禁止在内地演出,今日重新开禁,自然非同凡响,"柯达梅艳芳2002上海演唱会"吸引了无数歌迷、影迷的捧场。在演唱会前已经有大量假票流入市场,黄牛四处出没,甚至还向周慧珺一行主动兜售黄牛票,八百块的票子卖到了一千五百元,还不还价,令人咋舌。

演出以梅艳芳的快歌开场,顿时沸腾全场,这时的周慧珺也像"红尘男女"般欲罢不能。唱到《女人花》时,现场出现不和谐的场面。两位女歌迷冲上台前献花,先后被维持治安的人员架出内场。让台上演唱的梅姐实在看不过去,插话道:"先生,请不要这样对待她们,好吗?"唱完这首歌后,梅姐又说:"有句话,我不知道该不该说。为了歌迷的安全,希望不要再送花上来了,等会儿我会让人来收的。"之后的演出果然气氛为之一变,保安人员再也没有将送花的"梅迷"生生架走,而是将歌迷手中的献花和礼物递给台上的梅姐,此番情景让周慧珺很有感触。在演出的中间时段,梅艳芳与台下观众握手,周慧珺的妹妹也挤到前面抢着和梅姐握手。她妹妹也是性情中人,比周慧珺更喜爱流行歌曲,那时的她特别喜欢港台歌星,对梅艳芳更是崇拜得五体投地。今天得以和她握手,对她来说简直像做梦一般，激动得她散场后还一遍又一遍地滔滔不绝，兴奋之情溢于言表。

一年后，梅艳芳去世。周慧珺在惋惜之余心中深深烙印下了这样一句悼词——梅艳芳在有限的时间里尽情发光发热，告诉我们如何才没有白活一场，让我们反思生命的意义……虽然我们不可改变生命的长度，但可以改变生命的宽度。

自梅艳芳香消玉殒后，周慧珺好像也不常听歌了，而是将兴趣爱好的重心更多偏向于京剧了，从老生到青衣，愈演愈烈、愈陷愈深，后文自有表述。

第三十四章

主盟书坛

1998年，上海市书法家协会主席举行换届选举。先前书协是由上海市政协副主席宋日昌主政，彼时还被称作中国书法家协会上海分会。宋去世后，就由德高望重的谢稚柳先生（1910—1997）替任。此次选举，文联主要领导希望主席一职由专业书法家来担任，以便完成从"干部做——画家做——专业书法家做"的新老交替过渡。在挑选候选人的时候，他们的目光就聚焦到担任书协常务理事的周慧珺身上，几次三番游说周慧珺"出仕"，但都被周慧珺以身体不好为由再三推辞。

一次，当要送客时，周慧珺想从沙发上站起来，不料又滑

↓ 任上海市书法家协会主席时的周慧珺

第三十四章 主盟书坛

了下去，好容易站起来时就打趣地说："瞧，像我这样一个坐下去难、站起来也难的人，怎么能担纲主席这样重要的职务呢。所以，你们还是考虑别人吧。"最后，还是上海文联的领导亲自做了几次思想工作，表示书协中周慧珺不仅业务过硬，而且人品高洁、人缘又好，是当仁不让的合适人选。

1998年9月21日，上海市书法家协会举行第四次会员大会，周慧珺被推举为新一任上海书协主席，韩天衡、张森、王伟平、吴建贤、张晓明为副主席。

俗语说新官上任三把火，周慧珺刚一到任就带领新一届理事会，提出"振兴上海书法"的口号。借调华东师范大学教授沃兴华到书协任代秘书长，并召开各项研讨和座谈活动，展开热烈讨论，在许多问题上求同存异，力求达成共识。她当时觉得，上海书坛不景气的确是事实，与上海这座城市的地位极不相称，没什么好掩盖的。但上海书坛自七十年代起首先崛起，以星星之火燎原，基础还是有的，关键是重视不够，没有形成系统的成果而已。于是，经过新一届书协领导班子统一思想、商定计划，决定加强书协的工作职能，发挥它的主导作用。

三个月后，市文联第五次代表大会在上海展览中心盛大举行。大会选出吴贻弓为主席，周慧珺等十三人为副主席。从此，周慧珺依靠中青年力量，积极开拓协会工作，为振兴上海书法做了大量工作，为弘扬书法艺术殚精竭虑。她说：

> 我把书法作为自己的终身事业，能为书法做点事情，是我最高兴的。当书协主席不是为了获取资本，为协会、为全市众多的书法同道和爱好者们做好服务才是最重要的。

← 主盟海上书坛，为2001年上海书法展致词

其实，在周慧珺当选上海书协主席时，质疑声就不曾间断过。一个身患疾病、少言寡语的书协主席如何担负起振兴"海派"书法

↑ 周慧珺为《上海书协通讯》所作刊头题字

的重任，撑起上海书坛的一片天，尤其是在全国其他地区书法水平普遍提升的境遇下，人们的怀疑也就变得理所应当了。但之后的事毋庸多说，跌破了所有质疑者的眼镜。上海书协在周慧珺主席和沃兴华秘书长的率领下，一反先前的颓势，在实践创作、展览、研讨会、宣讲会、书籍出版等各个方向全线出击，取得了累累硕果，引起了全国书法界的瞩目，作为书坛中青年实力派的沃兴华实施新政的一系列做法也逐渐得到了书坛的认可。

实则周慧珺振兴"海派"书法的想法早已有之，可

↓ 《上海书协通讯》100期

第三十四章 主盟书坛

以说是"蓄谋已久",怎奈何无空间、无条件、无精力可以实施,同时也是"不在其位,不谋其政"。此次当选书协主席,可谓如鱼得水。在施行"新政"的过程中,周慧珺也曾遭受过阻力,流言飞语传遍坊间,但周慧珺——看似柔弱的女子——却在这个关节表现出异于常人的坚持和顽强,一生坎坷多难的她怎会在如此区区障碍下妥协屈服呢?"只要是有利于上海书坛发展的,她就要坚持,不为所动。她要以自己弱小的'身躯'为书法园地上那些脚踏实地的默默的耕耘者'遮风蔽雨'。"(《书法报》语)

果然在次年1月,周慧珺就在亲笔题签的《上海书协通讯》上发表题为《发扬优良传统,振兴上海书法》的文章,深刻透视了当前上海书法的生存状态和发展际遇,对本年度上海书协的工作包括组织、宣传、理论、教育各方面提出诸多新的提议和举措,树立起当年的总体规划目标,引起了上海书法工作者的强烈反响。

半年后的6月10日上午,三百余位书协会员冒着大雨参加"上海——大阪缔结友好城市二十五周年书法交流展"开幕式。上海图书馆大厅中日友人云集,共同回忆起两座城市间的情谊,展望下一个二十五年的光明前景。下午,书协由周慧珺主持召开了"上海书坛的创作与欣赏"辩论会,秘书长沃兴华率先发言,他说:

→ 周慧珺为普及书法艺术,给广大观众讲演

我觉得协会的生命来自于各种意见的充分表达，各种风格的自由表现，而这会引起一些争论。而且，协会的资源有限，应该投向真正在探索的书法家，尤其是一些有潜质的青年书法家身上。他们有想法，有活力，积极性一旦调动起来，无论在创作、理论还是协会的各项工作上都会给以最大的回报。但是这样做必然会遭到一些在体制内的既得利益者的反对，引起各种矛盾。在这种情况下，工作起来很困难，现在这个评审真成问题，我参加过全国中青展的评审，深切感到由一班艺术观点和趣味大相径庭的"名人"聚集在一起，评选入展与否和名次高低，是件很奇怪的事情。即使制度是公正和公平的，谁又能保证评委们的道德修为？况且，现实的情况是大多数当了一二十年的评委在艺术上早就固步自封，艺术生命早就结束了，作品和观念远远落后于参展作者，他们不能代表这个时代，怎么能评选出代表这个时代的作品？

沃兴华的长篇发言激起了与会者对上海书法现状乃至全国书坛存在问题的思考和讨论，人们众说纷纭，新思想、新观点如火花般迸发而出。没有了政治因素的干扰和制约，众多书法工作者和爱好者畅所欲言，经年积压于心中的疑问、苦水、酸楚一吐为快。在周慧珺的引导和鼓励下上海书协获得了如此开放宽松的语言环境，对于文人来说不啻于松脱精神枷锁。于今新时期，书协也希图以一种更开放、更宽容的心态对待每一位艺术家。周慧珺说："我所要做的就是让每个书家都可以'骂'，不仅要'骂'得尽兴，'骂'得痛快，还要'骂'出水平，'骂'出建设性，'骂'得精彩，这样即使把我'骂'下台，把我'骂'臭，我也没有遗憾了。"

2000年，周慧珺再次发表文章，题为《为提高上海书法的创作水平而努力》，针对近几年上海书协的一些弊病及全年书协工作提出了三点要求：一要举办各种理论性的研讨活动，进一步明确传统与创新关系；二要加强与兄弟省市间的合作交流；三要鼓励书家对各种风格形式的深入探索。下半年，中国书协在北京召开了第四次全国代表大会，老书法家沈鹏当选为主席，周慧珺等十二位地方书协主席当选为中国书协副主席。

一年后的春天，周慧珺又与舞蹈家黄豆豆、弹词名家余红仙、音乐家许国屏、电影导演于本正、电视编导滕俊杰、翻译家郑体武、美术导演常希光、油画家王劼音等十位上海艺术家被评为第二届上海市"德艺双馨文艺家"。"德艺双馨"是江泽民同志于1996年提出来的，取自"千锤百炼铸德艺，浓墨重彩融双馨"。为的是表彰那些在文艺战线上具有出众的艺术才华，在本职工作上有突出贡献，同时又在人格品质和道德情操上起模范榜样作用的艺术家。

2003年5月15日，"非典"肆虐中国，为响应抗击"非典"活动的号召，上海市文联发起组织向一线抗击非典的白衣战士捐赠活动，周慧珺就主动牵线搭桥，代表上海市书协捐赠会员名家作品十一件。后来又在一次书法作品义拍会上周慧珺以个人名义捐献人民币二十万元，并且表示："如果哪里需要捐，只要有组织，我愿意继续写，即使身体不好也坚持写。"在2008年汶川大地震的抗震救灾中，周慧珺一下又拿出三十万元现金捐献给灾区，其他包括参与单位、街道、侨联、寺庙等的现金及作品拍卖所得的捐出款项不下百万元。

周慧珺一贯乐善好施，碰到

↑ 上海——山西书法篆刻联展

↑ 上海——江苏书法篆刻作品交流展

↑ 黑龙江省书法作品邀请展

↑ 新疆书法作品邀请展

↑ 宁夏、海南书法篆刻作品邀请展

别人有难总会慷慨解囊，而对自己则是相当苛刻的。隔夜的饭菜都舍不得扔，有时隔了几天的菜照样吃下肚去，这点李静是很反对的。她总开导老师，别拿自己的胃当垃圾筒，节约一点点食物，把人吃出病来得不偿失啊。她还经常瞒着老师偷偷地把剩饭剩菜倒掉，先斩后奏弄得老师也没办法，只好说："罪过呀，尔暴殄天物！"

2003年2月25日，上海市书法家协会第五次会员大会在上海文艺活动中心举行。会上选举产生了新一届书协领导机构，周慧珺再次担任书协主席，王伟平、刘一闻、吴建贤、张淳、张森、张晓明、周志高、洪丕谟、钱茂生、韩天衡、童衍方、戴小京为副主席，并选举产生了二十三人的常务理事会和六十二人的理事会。此后，周慧珺又连任上海市文联副主席。

2001年末，书协代秘书长沃兴华因故离开书法协会，回到华东师大去了。尔后，周慧珺和文联领导商量后，决定到上海书画出版社商调戴小京来协会任秘书长。当时戴小京的个人履历是：1982年毕业于广州中山大学中文系。1983年起入上海书画出版社从事书画专业工作。曾任上海书画出版社副编审、《写字》杂志主编、上海市青年文联副会长、上海市青年书法家协会会长。1993年起担任上海朵云轩艺术品拍卖公司首席拍卖官。

第三十四章　主盟书坛

出于加强协会知识层面的考虑，加上戴小京本人也有到协会工作的愿望，经过与戴小京所在的上海书画出版社协商，终于在2003年2月，戴小京正式赴协会任职。

戴小京上任后，清楚地看到了上海书坛的现状，他认为上海整个书法界的状况还是很好的。这中间也有书法视角和认识的不同，在书法的取法方面及书法创作与研习方面都与外省市不尽相同。但是，总体来讲大家对书法事业、书法艺术的追求与热爱具有一贯的执著性。上海书家不事张扬，自我求索，讲求自我修养的比较多。在今天的书法大潮中，虽显得稍微有点局外，但总体来说，上海在全国是处于中上游的，因为从整体的最高、精、尖的这些人士的水平来看，与全国最高水平的书家相差不了多少，甚至更好。但是，从整个底盘讲，我们的书法人口肯定不及全国各省的书法人口多；从创作的状态来看，有的人还停留在过去的书斋把玩、修身养性、个人消遣这样的一种状态中。因此，上海书家要进一步提高，必须加强与外省市同道之间的交流。

这些年，上海书协放下架子，主动与外地书协联系。已与新疆、山西、河南、湖北、宁夏、海南、黑龙江等地搞了两地书法联展，并把全国中青年书坛精英的作品请进来，在上海展出交流，为开拓上海书家的眼界做了很多实事。同时，上海书协也以"海纳百川"的胸怀接纳了不少来自兄弟省市的艺术同道，吸引一些外来的中青年书法家到沪上创业，给上海书法队伍增色不少。在周慧珺主政上海书协工作十一年间的后七年里，戴小京确实是周慧珺慧眼识得的人才，也是周慧珺思路的积极贯彻和推行者。

他们始终重视中青年和青少年书法的发展与培植。举办了大量的青少年和中青年书法展，包括"上海市青少年书法篆刻展"、"上海青年书法家作品邀请展"、"上海书法新人作品展"等，为了开拓中青年创作骨干的思路和眼界，上海书协还组织中青年书家赴四川、新疆、湘西采风。2003年，成立了刚泰书法艺术学校。

在一次采访中，周慧珺曾谈道：

> 2008年，我去看了"文汇青少年书法篆刻大赛"，让我大吃一惊呵！那次比赛吸引了全国各地四千多名"小书法家"的参与，年龄最大的也就十八岁，最小的仅五岁，写出来的作品却老成得很。不客气地说，有些作品较之

一些中青年书法家也有过之而无不及,这说明我们青少年的书法水平相当高。

曾经我很担忧青少年书法的发展趋势,在这样一个电脑铺天盖地的时代,太多的青少年在"敲键"中学习汉字的"书写"。但近年来的青少年书法篆刻大赛总体上给我留下了比较深刻的印象,给了我继续发展青少年书法事业的动力。从字里行间,从稚嫩、纯真的线条和天趣盎然的字形安排上,我感觉这些小书法家有一种天真和质朴的童心撼动着每个评委的心。

而就"上海青少年书法在全国性的青少年书法比赛中,获奖率和入展率始终未列全国前茅,其中是否也隐含有忧虑"这个问题时作答道:

北方和中原一些省市的小作者水平非常高,他们中习碑的较多,作品质朴古拙,气局较大,虽稚嫩一些,但天趣盎然,少了一份"小人学大人腔"的做作。我的理解这可能是他们的老师以汉隶、魏碑为学生的学书范本,

↑ 《中国书法》年展上海展暨上海青年书法邀请展开幕式。左起:聂成文、朱关田、刘正成、周慧珺、金炳华、谢云

↑ 上海——辽宁少儿书法交流展

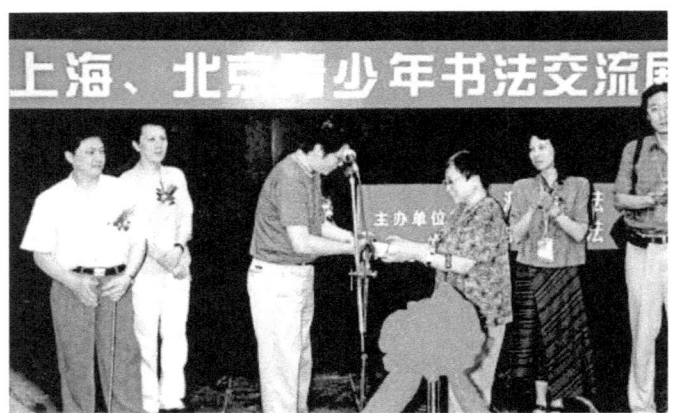

↑ 上海——北京青少年书法交流展

我以为这是很值得上海书法界思考的问题。另外，我们发现上海地区应征来稿的书风气比较"脸熟"，显然是因为与赛者的字里行间中有指导老师的"影子"。这种一味模仿老师的风格，会使小孩过早被定型，对青少年以后书法的培养和发展危害极大。（李静、张亚圣：《一生一首翰墨诗——周慧珺》）

↑ 为"平复帖"杯国际书法大赛儿童组一等奖得主颁奖

2005年，上海书协书法考级开始，青少年后备力量培养机制就此铺开。第一届考生达到了两千余人，以后逐年递增，到2009年，已过六千余人。对于青少年书法爱好者的培养与助长，周慧珺呕心沥血，她认为培养人才并营造出一种能使人才脱颖而出的机制，是关键的一步，如此才会有越来越多的后备力量涌现。通过努力，这些年上海青少年书法气势如虹，在全国少儿书法展上，几乎囊括了各项大奖。

除了在青少年书法的发展事业上尽心尽力外，周慧珺领导下的书协

↑ 2008文汇青少年书法篆刻展

也在中青年书法家中做了一些积极而有益的尝试，诸如"上海市书法篆刻大展"、"上海市青年书法篆刻展"、"中青年书法创作骨干西部采风"以及和各省市的联展等。同时，为构建海派书法的理论基石，编辑出版了"上海市书法家协会理论研究"丛书，先后推出了由中青年书协会员撰写的《宋代帖学研究》、《王羲之传论》、《民国书法史论》、《康有为与清代碑学运动》、《书法技法通论》、《法度、观念、形式》等专著。其中有的专著还

填补了书法理论的空白,并扩大了与外省市和海外书法交流的力度。2004年夏天,更是建立以中青年书家为主力创作团队的"创研室",负责人为李静,并举办了上海优秀中青年书法作品报上展,每期四人共五期。在报上展的基础上,出版了《临摹与创作——上海市中青年书法篆刻作品集》,一套三册,很具可看性。这些活动的顺利举办也说明了书协对中青年书法家的重视,周慧珺说:

> 上海青少年和中青年书法家之间存在着断层,依我看有以下几个原因。第一,上海人理性而现实,做事容易瞻前顾后,想得比较多。同时又受制于高考指挥棒的作用,一些颇有才气的小朋友逐渐放弃了书法的练习,有些还出了国,也就荒废了这方面的才能。等过了高考后再想重拾毛笔,就来不及了。第三,后备人才缺失。这和上海的人口基数有一定的关系,两千多万人口,比起书法大省河南接近一亿的人口,江苏七千多万人口恐怕是小巫见大巫了。河南的朋友曾经告诉我,在河南的洛阳、郑州、开封等地学习书法的人俯拾皆是,后备人才层出不穷。第四,上海经济发达,商业气息很重,太多孩子沉迷于文娱诱惑中。这些都是导致上海中青年书法家水平提不上来的原因。
>
> 当然,中青年往往是书法家成熟期的开始,是书法队伍中的骨干力量,我自己也是在这个年龄段走上专业书法家道路的。现在的上海中青年书法家有很多胜过我们这辈人的地方,比如他们对书法的观念有所提升。我们过去是"死临帖",临得越像越好,等到想要创作了,就没了方向,这就是所谓的"出帖",这道槛是很难跨过去的。但他们在学习临帖的时候,就多了些创新的意识。他们现在的学习条件也更好,眼界开阔,可以接触到大量的学习资料,眼界往往会影响艺术创作的格调和胆魄。我看他们的作品有的在用笔、格局、气局,甚至不输给如今在拍卖会上经常看到的一些民国时代的名家作品。(李静、张亚圣:《一生一首翰墨诗——周慧珺》)

第三十五章

"脱胎换骨"

2003年,周慧珺全身的关节疼痛越来越严重,特别是两条腿,关节僵直,站起来不能马上移步,动作稍快一点就会疼得出汗。若没有拐杖,根本无法正常行走。医生建议她应该趁着年龄还不算太大,尽快做手术置换髋部和膝盖的人工关节,施行全髋关节置换术。简单来说,就是用人工假体来置换人体病损的髋关节。

作为一种慢性全身性炎症性疾病,类风湿关节炎又称类风关,被公认为一种自身免疫性疾病。多病发于手、腕、足等小关节,且反复发作、迁延不愈,晚期关节可出现不同程度的强直畸形,并带有骨和骨骼肌的萎缩,致残率极高,一直是医学界的难题之一。

周慧珺的类风湿关节炎自小学起就已显露征兆——一次远游登马鞍山,半途大雨突袭,无伞可用。待得归家,周慧珺就感浑身酸痛,高烧不退。看中医,以为受了风寒,吃了几副药也就过去了,那时还不知有病。初中时,类风湿关节炎的前期症状始露端倪,周慧珺感到关节红肿热痛,不能轻松下蹲或长久站立,因而周志醒写了字条请求老师允以体育免修。其实,类风湿和家庭遗传有些微的关联。虽然周志醒这一辈没有这一疾病,但周家几个孩子都或多或少受到了这一病魔的侵袭。比如五姐周慧珏和大哥周坚白,前者和周慧珺一样换了关节,后者终生不能自如蹲跳。最严重的当属三姐周慧瑛,和周慧珺几乎一模一样,中学时开始不能下蹲，一次被体育老师看见以为是在偷懒，被重重踢了一脚，跌倒在地，从此落下后遗症。二十六岁时，生了小孩，病情陡然加重。周慧瑛常对周慧珺言："囡宝啊，你先看，有什么好药方告诉我，三姐再依样画瓢。如果连你都治不好，那我还有什么希望啊！"

正是因为有前车之鉴，周慧珺在初中时就开始系统看诊。家里人非常重视，希望早治早好，特地去同济医院请骨科专家屠开元医师诊治。每逢周六，周慧珺都要按时报到，看见别的孩子能够玩耍，她的心中五味杂陈。屠医师是当时著名的骨科权威，尤其善于矫形。不过那时的医学水平远不及如今昌明，于是采取了治疗扁平足的方法：买一双高帮的皮鞋，在五个脚趾间分别钉入钢钉，做成一个支架，撑起脚踝。另外辅以中西结合的治疗方法——打金针、吃西药。吃完西药后，周慧珺会感到疼痛的短暂消逝，一旦停止服用则会比不服用时还要难受百倍、千倍。就这样熬到了高中，病情趋于缓和，生活可以自理，只是间断性发作了两次，全家人放心不少。谁知进入大学，病情又起，甚至到了需办理休学回家静养的程度。一次，在国华大楼上海市针灸研究所作针疗，周慧珺腰背突然感到疼痛难当，竟昏厥了过去……

到了上世纪八十年代，周慧珺的类风湿关节炎日趋严重，吃药已收效甚微，推拿、针疗等辅助治疗也已经继续了好几年。但她的两腿关节却越来越僵直，肌肉不断萎缩，手已不能往外翻直，往里则不能弯曲45度。双脚呈X形外转，以致常把膝盖处的裤脚磨白，简单站立一刻钟就会汗如雨下、疼痛难忍。推拿治疗时最为痛苦，推拿医生两手成剪刀状，在僵直的关节处劈里啪啦地扳、撬、拗、拿捏，令周慧珺痛彻心肺。

所谓隔行如隔山，再清醒理智的人也免不了病急乱投医，周慧珺也是如此，城里乡间觅求民间偏方。诸如虫草酒：用一百根从城隍庙买来的五步蛇的舌头泡成药酒喝；又比如吃草药：在医院中听闻民间有一土方，遂急急赶往江阴拜求，那个乡医开起药来整整就是两麻袋，现在想来就是赚钱。周慧珺满怀希望拿回家里煎药熬汤服用，却不想病情反而愈重。直喝得牙根不断地流出脓水，胃里酸液翻搅，浑身发热发汗。再比如针灸火疗：医生用艾绒包裹起金针，然后用香点燃，刺入周慧珺的膝盖，为的是排出体内寒气，不久膝盖处流出大量的脓水。

第三十五章 "脱胎换骨"

刺针完毕，周慧珺彻夜难眠，起身开灯才发现膝盖处的肉已溃烂，急忙去医院处理，终究留下了永久性的疤痕。

最可恶的一次是周慧珺听人说蜂针疗法有效果，能治类风关，于是就投奔当时的文艺医院。所谓蜂疗，就是放出蜜蜂刺在病人病体处，利用蜂蛰刺时从贮液囊中分泌出的具有芳香气味的透明液体治病的方法，那蜂一旦蛰人后就会当即死去。在我国，蜂蛰治病的历史源远流长，相传公元前二世纪成书的《黄帝内经》中即有："病生于内其治毒药"的治疗原则，民间称之为"以毒攻毒"，而蜂针液即是此中佳品。因为有据可依，故而周慧珺对蜂疗治法信心满怀。只见蜂疗师用镊子夹住一只蜜蜂，瞬间逼使蜜蜂施放出针刺蛰入周慧珺的右腿。就这样，周慧珺的双手、双脚蛰满了蜂刺，前后有近百个之多。但见这蜂疗师急着清点死去的蜜蜂个数，"一二三……一个点是五角，一共是四十六块五角！"原来蜂疗是按蜜蜂死亡的个数收钱，刺得越多收入自然越多，因而蜂疗师就想尽办法多刺多蛰。转眼间，周慧珺不仅躯干红肿，而且脸色涨红，明显有发寒热的迹象。原来，采用几只、十几只蜜蜂蛰刺风湿病或类风湿性关节炎有效，但体质因人而异，有些人即使同时遭受一百乃至数百只蜜蜂蛰刺而没有任何中毒症状，但有些人则会被蛰刺几针后就出现中毒的症状。周慧珺就是禁不住近百只蜜蜂蛰刺后出现了典型的中毒症状，慌忙送急诊……

即使遭受百般苦痛，周慧珺还是为了治好纠结多年的类风湿关节炎，不停奔波在徒劳的求医路上！

1986年，有朋友建议周慧珺去动手术，但毕竟开刀动骨是件大事，周慧珺迟迟不肯答应。此时，有位卫生局的老同志因为喜欢周慧珺书法的关系和周慧珺通了封信，大致意思就是建议周慧珺到他老家辽宁鞍山的汤岗子疗养院作温泉疗养，对治疗关节炎很有效。周慧珺抱着死马当活马医的心态，再次踏上了求医治病的旅程。这个汤岗子疗养院位于鞍山旧堡区汤岗子镇，专以温泉著名。不看不知道，一看竟然还是中国四大温泉康复中心之一，周慧珺顿时提起了兴头。整个疗养区绿树成荫，葱郁清新，一排排楼舍鳞次栉比地散布在湖水周围。一泓碧水，小桥曲径，亭榭飞阁之景，宛如一幅美画。听工作人员介绍汤岗子疗养院的历史可以上溯唐朝，民国时期，奉系军阀张作霖在此修建"龙泉别墅"及大小浴池多处。抗日战争时期，日本侵略者又在此修建了"对翠阁"旅馆和"龙宫温泉"，末代皇帝溥仪曾两次下榻温泉旅馆。由于这里的十八处温泉常年水温在57 ℃~65 ℃间，并含有二十多种矿物元素，因而对治疗关节炎很有效用。

于是，周慧珺就安心在疗养院中用温泉水和热矿泥配合按摩、针灸治疗关节炎。院方特地为周慧珺安排了一间单室，水龙头直接放出60 ℃的温泉水，可以足不出户就享受温泉的魔力。一个月后，周慧珺的身体如沐春风，明显不再感到疼痛，为此她还饶有兴致地去剪了头发，结果闹了个笑话。因为头发长，所以周慧珺用了一个夹子随意地将头发盘了起来。一个胖胖的女理发师，典型的东北"范儿"。刚要理发，一看见这个小夹子，就摘了下来"啪"地一下扔到了角落里，嘟囔了句："什么年头了，还用夹子。"说完"噌噌"几下，给周慧珺剃了个"游泳式"。周慧珺一看，哭笑不得，其实作为女同志的周慧珺心中还是心疼这些留之不易的长发的。这是周慧珺唯一一次剪"游泳式"的经历了，也很是有趣。

一晃三个月，周慧珺回到了上海。过了几周，"老朋友"就又再次光临。一不理疗就禁不住病魔的侵袭，特别是类风湿关节炎已经严重影响到了周慧珺的书写。关节炎这病是身体哪个部位越多承重哪个部位就病情越严重，周慧珺从上至下唯有肩膀安然如故，头颈、双臂、双脚都不好。头颈不能90度自由转动，双臂不能伸直，右手因为比左手要担负更多的书写任务因而病情尤重。特别是写小字，竖掌不起，腕、掌皆须提起方能运笔。写长竖时，手臂要随身动，且每次只能动几十厘米，把竖写弯是常事。右髋部病情最为严重，因为是支撑身体直立的要害关节，受到损伤自然最大，已经不能很随心随意地挺立。

几十年来，周慧珺积极治疗，从无间断。中医、西医、推拿针灸、喝蛇虫蚂蚁等药酒及数不清的中草药，全无效果。浑身的关节病还是一天比一天加重，特别是双腿，已经到了迈不开步的地步。1987年年底，周慧珺在看了西医置换关节的一些资料后，终于下定决心实施手术，对右髋关节进行人工置换，防止关节的进一步病变，纠正畸形。为此，书协主席宋日昌夫妇托人找到了上海瑞金医院的杨庆铭医生，由杨医生主刀。杨庆铭医生和周慧珺是同龄人，中等身材，相貌不凡，一副金丝边眼镜更添几分洗练与书生气。此时的杨庆铭刚从美国和香港进修回来，对于类风湿关节炎的治疗很有见地，特别是对于髋关节的置换与重建有很

第三十五章 "脱胎换骨"

深的造诣。人工关节置换手术说白了就是一种挽救关节畸形和缓解症状的手术，其中髋关节是临床置换最多也是效果最好的关节之一，对减轻类风湿关节炎病变、关节疼痛和畸形、功能障碍、改善日常生活能力有着十分高效的治疗作用。

上午周慧珺进入手术室，直到下午才推出，依旧处于麻醉的状态中。整个手术用人工制造的陶瓷髋关节假体置换了原本已经病损的髋关节，手术完成得十分顺利。但手术并不能根治类风湿关节炎，故术后仍需内科药物治疗，同时还要静养加以物理锻炼。整个过程是十分漫长的，其过程之艰辛也超乎常人想象。就像一辆老爷车换了新部件，需要一个几千里乃至几万里的磨合过程，何况是组织结构精密的人体。术后，周慧珺看到原本病变的髋关节后惨然变色，整个髋关节的软组织已经消失，取而代之的是满眼的骨刺。周慧珺的五姐周慧珏将髋关节从医院取回后，放入一个瓶子里，用高粱酒灌之以消毒，最终成了一个标本，后来又把它埋进了自家院子的葡萄树下。

二十多年来，那个髋关节假体依然正常地发挥着作用，但由于其他关节的不配合，行走还是越来越困难了。不得已，终于在2003年的深秋，周慧珺再一次住进了瑞金医院的高知病房，决定再次进行一次右膝的人工关节置换手术。在完成了手术前各项指标的检查后，周慧珺被推进了手术室，她的姐姐、妹妹、妹夫和李静在走廊里焦急地等候。也许膝关节的手术比髋关节要复杂得多，手术持续了漫长的五个多小时。这一干人焦虑地站在手术室外，不时地朝里张望，悬着心、数着秒，祈望着周慧珺能够顺利地从手术室里出来……

下午一点左右，终于等到手术室的门打开了，周慧珺被推了出来。只见她脸色蜡黄，双目紧闭，显然还处在昏睡当中，还没来得及细看细问，她就被推进了重症监护室。后来问了医生才得知手术还算顺利，只是因整个手术大约流出了1800 cc的血，术前签约时害怕感染，没要求输血，所以才导致因失血过多，脸色黄得吓人。以后二十多天的住院时间里，李静就和周慧珺的妹妹周慧琛作了分工，日夜陪护。

1987年那次，周慧珺做髋关节置换手术时李静在日本。手术那天李静坐在教室里，心里七上八下的，全没心思听课，为老师的病情担忧，为自己不能亲临病床前伺候而不安。这回好了，可以尽心伺候周老师了，并且她知道，老师也会因自己在

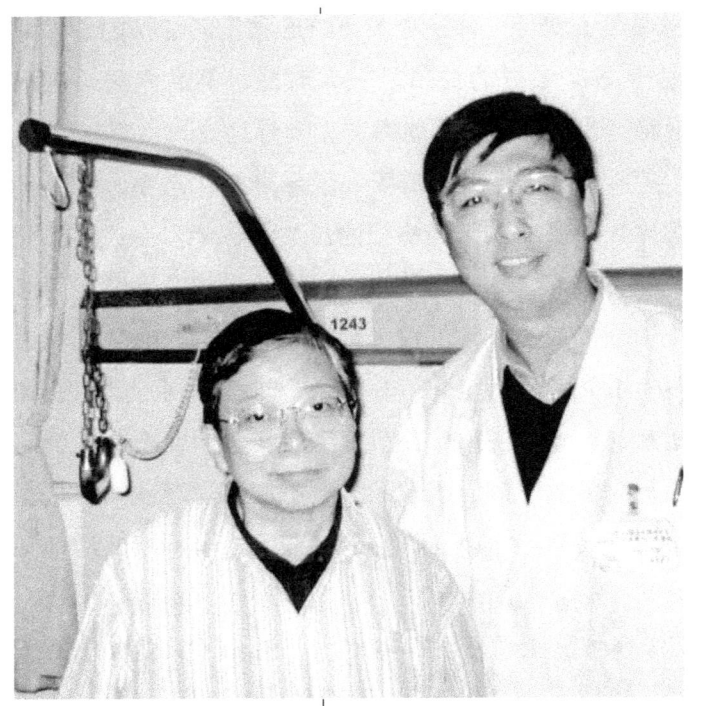

↑ 周慧珺手术前与医师合影

身边陪伴而安心许多。

手术后一周,周慧珺的情况一直不太好,可能是失血过多和没用镇痛棒的原因,她白天夜里都睡不好,特别是晚上总是处于半睡半醒状态,睡梦中常常一面喃喃自语一面做着手势。那天半夜,李静刚睡下就被周慧珺的叫声所惊醒,周慧珺招着手,李静还以为周慧珺叫她呢,过去一看才知道老师正做着梦,似乎是要抓住一样什么东西。李静拉过一张椅子坐到老师的床边,按住她胡乱挥舞着的手,望着她因失血过多而苍白的脸和发青的嘴唇,难过得胸中一阵阵发痛,三十多年来的往事历历涌上心头……

想起了那年在展览会上的初次会面,因对她的极度崇拜和向往,当自己真的面对她时,竟闹了个大红脸,紧张得说不出话来。以至于后来每每说到当时的情景和自己的窘态时,周慧珺总嬉笑李静:"至于么,第一次见面时你那个傻样?先前你不是给我写过信吗?没见面时你怎么那么大胆?原来是个'银样镴枪头'!"李静被老师逗得很不好意思,只好玩笑地回答:"谁让你那么厉害,让我敬畏、崇拜你啊!"多年后,李静回忆:

第三十五章 "脱胎换骨"

从那年那次她约我星期三去她家给我上课开始，我们就结下了不解之缘，说不出这缘分是师生缘还是母女缘，在我的潜意识里，应该还包含着那么一丝情缘！我们知己知彼，有太多的时候，我们会同时想到一个问题，同时说出同样的话，这种心有灵犀、这种默契即便是母女也不可得。我们有太多的共同话语，这么多年了总也说不够！

此时此刻，李静看着老师想着心事：这是多么坚强的一个人，几十年来受着病痛的折磨却始终保持乐观的心态。周慧珺常常感叹说："老天爷对我是眷顾的，给了我一身病体的同时也给了我很多幸运的机会，我知足了。"李静还深深地感叹："几十年来，老师教我的不仅仅是书法，她的善良和知足常乐的人生观，也足够自己学一辈子啊！"

后来，周慧珺又做了左膝关节和髋关节的置换手术，这次是由朋友介绍到上海市第九人民医院做的。给周慧珺做手术方案的是两位正当壮年的著名膝关节和髋关节方面的专家。他们为周慧珺制定的方案很大胆，即：髋关节和膝关节一起做。他们认为如果只做髋关节效果不大，因为锻炼的时候膝部不配合还是没用。而如果只做膝关节，髋部动弹不得的话，膝部更发挥不了作用了。周慧珺想想确有道理，于是同意了两位医生的方案，在2004年的秋天，再一次住进了医院。

这次的手术大获成功，先做了髋关节的置换，几乎三四天后周慧珺就能下床扶着学步器走路了。随即立刻又做膝关节手术，这下周慧珺是遭受到前所未有的大痛苦了。术后第二天，医生就拿着人工锻炼器来让周慧珺练习踩踏了。他们把她的腿绑在机器上，开始教她慢慢地练伸缩，只见缝合处血丝滋滋地溢出来，针线像要崩断一般，每伸缩一次，周慧珺都会忍不住大叫。李静看了非常难过，她知道老师是一个十分坚强的人，几十年的病痛使她对小痛苦已经麻木了，她的坚韧真不是一般人可比的。像这样忍不住地大声叫唤一定是超过了她的限度了！可是这种痛苦是别人无法替代的呀！"老师，你要坚强，忍过这一关，你就能站起来了，要坚持住啊！"李静不断地给老师打气，一直在旁很用心地照顾着……

时间在炼狱般的煎熬中一天天地过去了，周慧珺终于迎来了新生！她感觉自己从来没有像今天这么挺直过！手术取得的效果正如两位医生所料——左腿整个都能伸缩自如了，尤其是膝关节的伸展度超过了90度，二十六天以后，周慧珺带着喜悦的心情走出了医院的大门。

此后，所有见到周慧珺的人，都会惊奇地说："周老师和以前判若两人，好得简直难以相信啊！"是的，李静总是和周慧珺开玩笑："你走得慢些，注意一些根本就看不出你和别人有什么异样，你还剩的一点摇摆，都是几十年习惯性动作造成的，你其实已经一点儿也不瘸，完全是个正常的人了！"换了人工关节后，周慧珺近几年走了不少地方。去过云南、四川、山西，还去了日本和韩国，甚至欧洲。她对李静等人说："想想我们一些前辈比如陆俨少等等，有健全的身体，也只能'卧游'作想象，我非常知足了。"

虽然疾病将伴随周慧珺一生，她的躯干可以被置换，但她却依然在荆棘丛生中选择了一条属于自己的道路，她的灵魂坚不可摧，因为灵魂没有义肢！为此，她题写对联"岁老根弥壮，阳骄叶更阴"以自勉。美国作家梭罗写过一首应景的诗："我步入丛林，因为我希望生活得有意义，我还希望活得更深刻，能够汲取生命中的全部精华。让我们把一切非生命的都抛却，以免当我回归大地之时，我却发现自己从来没有活过。"

生命是什么？是经历了无数次苦难挣扎后的大彻大悟，是经历了无数次悲欢离合后的不争不求，是经历了无数次沧海桑田后的无你无我，是无语无声、真实面对时间的印痕……

周慧珺对于自己的病情，始终抱有乐观态度，比之躯干，她更着眼于心态。她曾说：

> 我的身体一直没有心态好。主要是类风湿性关节炎的纠缠，近些年有趋于严重的现象，比较痛苦。前年、去年两条腿先后换了人工关节，情况好多了。苏东坡说："苟非吾之所有，虽一毫而莫取。"我崇拜苏东坡，但是没有办法，取了很多"非吾之所有"的东西，连关节都不是原生的。别人给了我很多，社会给了我很多，人生走过了大半，应该多想想如何回报了，这是我现在主要的心态。

第三十六章

游历五方

一、首游九寨沟

2005年8月，做了髋关节和膝盖全部置换手术的周慧珺，觉得行走方便了不少。这时，一位后生朋友薛国荣提议周慧珺趁着年龄还不算太大，应该出去走走。并说四川的九寨沟很美，建议周慧珺去游览一番。这个建议正中周慧珺下怀，于是和李静商量该不该去走走？当时李静也没去过九寨沟，不知道那里的情况，就去询问画家朋友乐震文。乐震文曾是上海大学美术学院山水画系的教授，经常带学生去名山大川写生，对九寨沟的情况也非常熟悉。他听说周慧珺想去九寨沟后态度很坚决地表示反对，说那里没缆车，车只能开到一定的位置，要深入地看风景非走路不可。他劝李静改地方，或者先到云南丽江、香格里拉等地去看看，如果周慧珺身体情况可以的话，以后再去也不迟。一番劝言让李静举棋不定，可是薛国荣却坚定地说："没关系，肯定不会有问题。"并表示他已经和旅行社策划好了VIP方案，采用最舒适的行程，基本以车代步，保证不会累着周老师的。

看薛国荣急着下保证，周慧珺和李静商量说："要不就去试试吧，大不了走不动就不上去玩，权当出去散散心，呼吸一下新鲜空气吧。"既然老师这么说，李静就让薛国荣去旅行社拿行程表，说看过旅行社的安排后再定吧。话是这么说的，其实无论是周慧珺还是李静，心里对薛国荣办事是绝对放心的，他心思缜密得比之一般女人也是有过之而无不及的，出入周慧珺家也已有十来年的历史了。

薛国荣，1963年出生在上海郊区梅陇的农家。从小家境不富裕，因此没怎么上过学，过着普通农家孩子的生活。日子本该这样一天天过下去，但一次偶然的机会改变了他的人生。在他十四岁那年，上海沪剧院到当时的上海郊县招收沪剧学员，而且规定必须是讲上海本地话的本地人（上海市区语言与郊县上海本地土话略有出入，沪剧念白多用上海最早的土语）。经过筛选，薛国荣被录取了，进了上海沪剧院学馆，幸运地师从沪剧院的几位老前辈学起了沪剧，同班同学中有后来的沪剧名家茅善玉、孙徐春。

后来学业中断，他借着熟人的关系做起了推销沪剧、越剧票的营生，一来二去倒颇有些收获，结识了不少其他剧种的演员。可是光靠推销还不足以维持生计，他又凭着能干和肯吃苦，开了一家小饭馆，自己烧菜、跑堂，但做了一段时间，因经营不善关门歇业。

转眼到了九十年代，薛国荣又觅到了份新差事——艺术经纪人。开始依然做演艺方面牵线搭桥的事，后来看到书画市场存在着机遇，就又转向了书画界，凭依自己熟络的社会关系，四处为人奔走，促成交易。就是在这个过程中，薛国荣认识了周慧珺和李静。周慧珺在当时已是闻名全国的书法大家，她的第一本字帖《行书字帖——鲁迅诗歌选》影响了整整一代人。现在很多功成名就的企业家，都说学生时代曾临过周老师的这本字帖，因而他们中的有些人想求购周慧珺的墨宝却不得其门而入，只得找薛国荣帮忙。于是他频频登门，久而久之，周慧珺对薛国荣的印象就是觉得他特能侃，很会搭讪。尤其是薛国荣读书不多，却古道热肠，待人十分热情，常常鞍前马后，手勤脚健。例如周慧珺开刀的那段时间，薛国荣就几番前来探视，关切之情溢于言表。

薛国荣还是个热心慈善事业的人。在第一届"点亮心愿"慈善义拍会上，著名电影表演艺术家秦怡捐献了一幅自创新作《爱心》——义拍所得将帮助七名白内障老人重见光明——薛国荣最后以三万两千元将其拍走。为此秦怡心情愉快，特地感谢了薛国荣的爱心。值得一提的是周慧珺的书法《慈善爱心洒满浦江》也参加了2007年年初的"点亮心愿"义拍活动。

第三十六章 游历五方

↑ 周慧珺和李静在九寨沟

↑ 周慧珺和姐姐、李静母子在九寨沟

但令人不解的是，薛国荣直到现在还是单身，李静总爱和他开玩笑，说你这家伙为什么"广积分，不结婚"啊？可能是他喜欢乐得逍遥、滋润自在生活的缘故吧。他有事无事会到周慧珺家串门，还经常陪周慧珺、陈佩秋、李静等人看戏听曲，自己也会时不时地唱上一段拿手的沪剧。陈佩秋在云南的姐姐百岁寿宴，薛国荣就邀请了一批京剧院的年轻演员前去助兴，场面十分热闹。每当书法协会要举办一些联欢会之类的活动，就让薛国荣和演艺界人士联系，邀请他们参加，他也积极奔波，从没让周慧珺失望过。

但凡请他帮忙，他总是努力撮合。对此，周慧珺也铭记在心，一年里也会送他几件作品，就连高安路上的旧房子也让给了薛国荣。可以说周慧珺是完全相信薛国荣的能力的。因此，这次薛国荣力荐周、李二人采用"VIP"方案去九寨沟旅行，周慧珺最后还是答应了。此番前去九寨沟共有五人，分别是周慧珺、李静、周慧珺的姐姐、李静的儿子谢晟和薛国荣。

行程确确实实是"VIP"待遇，周慧珺等一行五人刚下飞机，一辆崭新的别克商务车已等在了成都机场出口处，前来接应的是导游曼丽小姐和驾驶员小王，都是二十出头的年轻人，十分热情。按照计划，当天住宿在成都宾馆，第二天一早坐车去九寨沟。

次日，经过将近十来个小时的颠簸，一车人终于来到了向往已久的九寨沟。在到达九寨沟口的时候，曾到达过岷江的源头。一个小小的石碑，上书"岷江源"。石碑下面是一摊水，弯弯曲曲地流向远方。大家都很惊奇，实在难以想象汹涌浩荡的岷江，竟源于草丛中雨洼般的这一摊水。

九寨沟的名字都不太容易记，"日则沟"、"诺日朗"。不过名字并不重要，重要的是景色。这里的人把湖都称作海，据说源于他们内陆人对海的崇敬。这些"海"，各具面貌，但都有个共同点：漂亮。有著名的五彩池、五花海、火焰海、镜海……

所有的人都借着周慧珺行走不便的光，大家几乎不怎么走路，完全依赖车子，到了景区里面，导游就去管理处协商，另外付钱租景区的车开上去。连导游都笑称带这个"懒人旅游团"太舒服了，两条腿不用受累啊。导游只是在特别重要的风景点，招呼大家下车拍照，于是一伙人就忙不迭地拍照，生怕这些漂亮的景色转瞬即逝——远景是积雪覆盖下的雪山，近景是波光粼粼的"海子"，阳光毫不吝啬地洒下来，可无法融化顽固的雪山。温暖和寒冷在这里并存，水的柔情表现到极致。除了柔情的"海

第三十六章 游历五方

子",还有不少壮丽的瀑布,大家当然不会忘记将这些景色尽收相机之内。

晚上,一行人住的是九寨沟最高级的"九寨天堂"宾馆,大堂气派之大难以想象。房间宽大且略有错层、家具也是别具特色,和阿联酋迪拜号称史上唯一七星级的帆船宾馆相比也毫不逊色。吃晚饭时,导游提议去观看藏族的表演——跳锅庄,大家同声说好。晚会很精彩,藏族和羌族的特色,让周慧珺感叹不已,真是不看不知道,一看会惊叫啊!谢晟此时是大二的学生,一路上跟着这么几个中老年人显然提不起劲来,在这里看到那么多年轻人狂欢,也兴奋了起来。但小晟自这次跟小外婆和妈妈一起出去游玩后,就再不愿出去了,第二年去云南时让他同行,他说什么都不肯跟着去了。

第二天去牟尼沟看瀑布。瀑布的水流下来,铺展成一条长长的水道。这里的水相比九寨沟,却少一分灵气,但走在旁边即是水的树林里,却也有种"疏影横斜水清浅"的感觉。对于长期住在上海这样被水泥森林包围的城里人来说,能出来感受一下这份大自然的宁静,实在是太难得了!

从成都双流机场去九寨沟,要经过茂县,回来时还得走原路。三天后,回到藏族羌族聚居地茂县的国际饭店,对李静、薛国荣、周慧珺的姐姐来说真是购物的绝佳之地,一晚上来回穿梭于周围地摊"淘宝贝",买了不少银器、玉制品、红珊瑚石、藏人祭祀用具等有趣的东西,也算作为九寨沟之旅的纪念吧。回家后每每说起那次疯狂购物的情景,还欲罢不能地说想再去一次专门购物呢。

这次旅行中还发生了一场意外,令人心有余悸。在去黄龙的路上,天空下着细雨,汽车沿着山路缓慢爬坡,一切都似乎很平静。突然,巨大的泥石流裹挟着滚滚碎石朝山路冲来,一块硕大的石头狠狠砸在了后面一辆运输卡车的车身部,这一劫着实将车内的五人惊出一身冷汗,尤其是薛国荣,觉得自己安排这次旅游真是好险啊,要是出了事可怎么交代啊?不免感到后怕。倒是周慧珺心态乐观,劝慰薛国荣:"不是没砸到吗,不用担心,这不证明我们这几个人命大福大嘛。"说罢,乐了起来,满车紧张的气氛也随之消弭。

"夏天的九寨沟真的很美,真的。"周慧珺和比她大八岁的老姐姐一直说:"有机会还想再去一次!"

九寨沟之行后,周慧珺一改以往总是蜗居在家的习惯,心野了起来,说以后每年至少要外出游览一次。

↑ 在云南石林

二、 来到白云之巅

2006年夏天，应陈佩秋先生的邀请，周慧珺和她的姐姐、李静、薛国荣、李炳淑、王珮瑜等上海京剧院一些青年演员共十几个人一起去了云南。先在昆明陈先生家逗留两天，此间王珮瑜等青年演员专为庆祝陈先生的老姐姐百岁生日演了一场戏，因为陈佩秋的姐姐是个京剧迷，自己也会吹拉弹唱。一百岁的老人精神矍铄，老生戏唱得有板有眼，中气十足，让珮瑜这位女老生也啧

→ 2008年在山西壶口，左一为薛国荣

喷称赞老寿星功力之深非同一般。两天后，十来号人离开昆明"转战"丽江、玉龙雪山和香格里拉游玩，历时一周。

美丽的云南给周慧珺留下了美好的记忆，她常说国内的人现在以出国旅游为自豪，其实我们自己国内有太多的地方可玩呢。现在，对周慧珺来说最喜欢和最难忘的地方就是后来去的山西，晋西之行一直令她津津乐道。一个身体健康的普通人在闲暇之时出去云游一番本是件平常事，可是对周慧珺而言，早几年想要出游还真不是一件容易的事，故而笔者觉得有必要专门用一章重笔描写一番，也可让她以后读此书时能回味那段光景，宛如重返晋西……

三、又作晋西之行

2008年8月的某一天，薛国荣来了，吃过饭闲聊时问："周老师，我们去山西玩几天怎么样？"原来，山西有一位爱收藏名人字画的王先生因为喜欢周慧珺的书法，辗转找到他，希望可以请周慧珺老师到山西去一次，他是受人所托来问询的。"山西？山西不是和陕西搭界吗？黄河壶口瀑布正是在那吧？"周慧珺问李静。"当然，那里可以看到黄河壶口瀑布，前年我们上海书协和山西搞联展时，山西书协主席田树苌不是说：'看地下文物到陕西，而看地上文物则要到山西了。'山西有许多好玩的地方。如云冈石窟、五台山、乔家大院等，真是值得一去。"李静兴致很高地回答，并说："去吧，老师，正好外出呼吸新鲜空气，同时再考验考验你的机器人腿。"周慧珺从来不忌讳说自己的腿，做过手术安装了人工关节后，行动自如了，她总得意地说："咱是特殊材料制成的人，钛合金、陶瓷关节，你们有吗？"呵呵，她还夸口呢，就因为腿里面装的钛合金关节，害得她每次在机场安检时总会嘟嘟地响，总要给工作人员解释一遍原因才得以放行。所以，李静一有机会就打趣老师。周慧珺白一眼李静，手一甩，京剧念白道："那就走一程去者也……"

于是定下行程，去的人有周慧珺和姐姐、李静、薛国荣。继续坐着闲聊时周慧珺忽然看着李静问道："娄阿鼠有时间吗？河南也和山西紧邻，她一块去也方便呀。"李静笑道："老师，你又叫人家娄阿鼠，她知道了还得怪我。"

第三十六章 游历五方

"娄阿鼠"何许人也？原来是李静的一个河南朋友，本名娄凤欣，是河南原阳县科技局的一名副局长，是典型的书法迷。河南作为书法大省，真是名不虚传。据说她没上过一天学的八十岁老父亲，还每天在家里练习写字呢。她和先生都十分爱好书法，从网上看了李静的书法，特别仰慕，就贸然给李静写信得以结识。人与人的相识相知是缘定的，有缘哪怕远隔千里，无缘则是咫尺天涯。一来二去，她们成为莫逆之交。2007年的暑假，凤欣女儿初中毕业，为了让孩子开阔视野，树立学习的目标，曾带女儿到上海玩，第一次拜见了周慧珺。介绍时，李静开玩笑地说："她叫娄凤欣，娄是娄阿鼠的娄。"引来大家一阵笑声。娄凤欣正为见到久已渴慕的书法大家周慧珺而激动，紧张地冒着汗呢，在李静不正经的介绍中，她的窘迫缓解了，但偷偷瞪李静表达抗议。李静手一摊，振振有词："叫娄阿鼠是为了加深印象，容易记忆嘛。"

从此，周慧珺和李静提到她就说娄阿鼠，本名倒很少叫了。她女儿到底是小孩子，还不懂得敬畏名人，自己落落大方地说："我叫云诗。白云的云，诗歌的诗。""云诗？"周慧珺立即问，你的名字是不是取自刘禹锡的诗："晴空一鹤排云上，便引诗情到碧霄。"哟！云诗抬起头，目不转睛地盯着周慧珺，惊奇极了。怎么都没想到，她随着李静的儿子小晟哥哥喊的小外婆，竟然这样厉害，能迅即想到她名字的出处。她暗暗想："这是个才思敏捷、博闻强志、满腹诗书的小外婆呢！"

晚上，大家到台湾人开的"人道素斋"吃自助餐，云诗跟着小外婆，拿取自己喜欢的食物，吃得津津有味，十分畅快，一点也不见外。席间，她回答周慧珺的问话，说自己喜欢上海，将来要考上海的大学，争取在上海工作。周慧珺夸她有志气，是个有目标的好孩子。在她离开上海时小外婆送给云诗一支派克金笔，鼓励她努力学习，取得好成绩，争取几年后来上海读书。现在，云诗已经是上海金融学院的一名在读大学生了。

说到可以让朋友同去山西，李静就立即给娄凤欣打电话。能有机会与周慧珺老师同行游玩，对凤欣来说绝对是件荣耀和难得的事情。所以一听李静邀请，她立即答应了。商定直接从河南出发，到第一站山西省会太原会合。

周慧珺一行刚出机场就被王先生早已安排迎候的人接上了车。司机姓吴，年纪很轻，大概就二十四五岁吧，但看起来很干练。几天行程下来，大家才知道他不但讲话十分得体，而且对山西地理非常熟悉，简直就是半个导游了。

"有人说：'初到太原的人，不去参观晋祠，犹如外国友人到北京却未去游览紫禁城那般遗憾'，所以到了太原一定要去晋祠看看。"小吴师傅做了这样的开场白。听他说得有趣，周慧珺等人几乎是异口同声地说："好，就先去晋祠，咱们来太原，可不能落下丝毫遗憾啊。"

晋祠位于山西太原市西南二十五公里处悬瓮山麓，是集中国古代祭祀建筑、园林、雕塑、壁画、碑刻艺术为一体的唯一而珍贵的历史文化遗产，也是世界建筑、园林、雕刻艺术中心之一。于北魏时为纪念周武王次子姬虞始建，是具有几十座古建筑的中国古典园林游览胜地。环境幽雅舒适，风景优美秀丽，素以雄伟的建筑群、高超的塑像艺术闻名于世。

周慧珺等一行人，对建筑学不太懂，加之时间局促，不可能全部都观赏一遍。只抱着窥一斑而见全豹的态度，尽量拣台阶少，层次递减幅度小的地方行进。大家依吴师傅意见先从北部而入，一路行行停停，看亭台楼榭依山作势，凭水添姿，因高借远，林林总总，说不清道不明的意境和体会，不由人一赞二叹三流连，不得不敬慕古人的智慧。

晋祠带来的视觉美感抵消了旅途困顿，周慧珺兴致勃勃倡议："在此胜地，我们不可不发思古之幽情，题材不限，或议论或诗词歌赋均行。"大家一时间面面相觑，不知如何回答。看老师出题响应寂寥，李静只得硬着头皮应诺，但是大家一致鼓掌要求周慧珺率先垂范。题目是自己出的，不带头是不行了。周慧珺思考片刻，说："我就说点自己的感受凑数：晋祠是古人创造的文明成果之一。它有着明确的纪念意义、很好的实用功能、高超的科技手段、浓厚的审美价值和强烈的艺术感染力。环境气氛给予人的感受是直觉的、朦胧的，是可意会而很难准确言传的。"周慧珺算过了关。

李静搜肠刮肚，忽然灵机一动，顺畅地吟诵李白诗曰："时时出向城西曲，晋祠流水如碧玉。浮舟弄水萧鼓鸣，微波龙鳞莎草绿。"原来她现学现卖，吟咏了刚刚在墙上看到的诗句。

乱了套，坏了规矩，下面的人都知道怎么可以不动脑子了，依样画葫芦。周慧珺的姐姐说："晋祠的布置又像庙观的院落，又像华丽的宫苑，全部兼有开敞堂皇

↑ 周慧珺在云冈石窟

的局面和曲折深邃的雅趣。大殿楼阁在古树婆娑池流映带之间，实像个放大的私家园亭。"

娄凤欣答："三晋之胜，以晋阳为最。而晋阳之胜，全在晋祠。"得，连《太原志》都拉上了，惹得大家哄堂大笑。周慧珺笑骂："一个个投机取巧，耍赖！"

8月4日早餐后，一行人乘坐汽车从太原出发，沿着太行山脉环抱着的弯弯曲曲的山路，平稳地行驶在群峰之中。近中午时分，汽车终于到达五台山景区，首先进入眼帘的是一座高大的牌楼，上书"佛教圣地五台山"。

据说在五台山五爷庙的香火最旺，是拜佛许愿最灵的一座寺庙，被当地百姓尊为最神圣的地方。所以出了文殊菩萨寺，小吴又引领大家到了五爷庙。俗话说："早烧香，晚拜佛。"可赶到五台山时已近中午，错过了烧香高峰时辰，五爷庙（万佛阁）前也不见香客盈门、香火鼎盛之景象，出乎意料的冷清和萧索。来到请香处，发现三盒香就需人民币七百元，看来佛门清净的寺庙也难逃商业气氛的熏染。

有件事可当笑话一提。在五爷庙，娄凤欣偷偷对李静说："我可是不信佛的，也从来不进庙门。"李静瞪眼回她："信不信随你，可是这话你别在庙里说，当心报应！"娄转身去了卫生间，返回时别人已经上香礼毕，本来她也不太当回事，就没进去再上香表示虔诚。结果夜里躺在宾馆的床上，她不知怎么就忽然头痛欲裂，平时从来也没有犯过类似的毛病，所以她自己也不介意，为了不影响李静休息，就一直忍着。第二天起床到吃早饭，疼痛仍然继续，但她仍然没告诉别人，坐上车子就有气无力地把头靠在李静肩上。汽车行驶在五台山境内公路上，别的人在看着窗外的景色，一边评论峰回路转、峦陡坡翠、风景别致。忽然，娄凤欣感觉头不痛了，往窗外一看，原来汽车已经完全出了五台山境界。真是咄咄怪事。她这才把昨天的情况说了，还开玩笑说是因为没有给五爷上香，被惩罚的，现在出了五台山，五爷法力鞭长莫及，所以就好了。李静数落她："谁让你在庙里说不信佛的话呢。"周慧珺接口道："其实，拜佛求神对一个向善的人来说只是形式上的。学佛追求的是'无我'的境界，心怀感激和怀念，去染成净，奉献人生，觉悟人生，如此而行，自然福慧俱足，心想事成！小娄也许是高原反应，不要乱联系。"一席话，娄凤欣听得是心悦诚服。

说说笑笑时间过得飞快，汽车停在了应县木塔前面。

看到要攀爬木塔，周慧珺首先打了退堂鼓，说道："你们腿脚利索，尽管去登塔，我看看外景，再到旁边文物店里逛逛去。"李静知道不好勉强老师，几个人就登塔去了。

等大家从木塔鱼贯而出时，看到周慧珺一手掂了个老紫檀木笔筒，一手拿了装着冰激凌的塑料袋子。她倒是有了收获，把冰激凌分发给大家吃，喜形于色地炫耀起她的笔筒来。说这笔筒是紫檀木老货，做工也好，她一眼看中就毫不犹豫地花了五百元买了下来，想不到在这么不起眼的小店里也能淘到一件中意的物品。从木塔出来看看天色尚早，大家就决定先不去吃饭，直接前往大同。直赶到十二点半，在车上所有人都感觉饿的时候，终于到达了云冈石窟所在地——大同市。为了节约时

第三十六章 游历五方

↑ 周慧珺在黄河壶口

间,能够有充裕时间仔细品味云冈石窟,大家决定就在云冈石窟前面的小饭馆用餐,并要加快吃饭速度,半小时就用餐完毕。在等饭菜上来前,一面就找一个盆,把路上买的甜瓜洗了洗,权当饭前水果了。甜瓜果然很甜很脆,大家齐赞道是吃过的口感最好的甜瓜,大概是口渴加饿了的缘故吧,很快就把甜瓜瓜分干净。

只有亲眼目睹,才能真正理解石窟带给人们的是如何巨大的震撼!刚踏入大门,一座雕刻精美的木阁楼便出现在眼前,引得游人纷纷取出相机留影。后来才知道这阁楼是属于第七窟的。于是就从第一窟开始,按顺序鉴赏品味。

周慧珺走路毕竟不同常人,高低错落的台阶对于她来说仍然是一个个困难，轮椅又不能使用，但靠着李静的帮扶，她硬是坚持走了下来。期间，她说起1989年上海画院组织到龙门石窟游历时，没想到一直被临摹、几乎所有书家都津津乐道的《伊阙佛龛之碑》就在龙门石窟壁的宾阳洞内，竟是在绵延一公里多的洞窟里孤零零立在那里，非常之不起眼。说着话，周慧珺陷入了沉思，李静摇她手臂，问她在想什么？周慧珺回答："不由就回想起摩崖书风气势之极力铺张，舒卷自如，开张跌宕。回首看身后的石窟，坚硬的岩壁上遍布着一个个黑洞，大些的石雕依稀可见。如此气势磅礴的古迹，怎能让人不对这些匠人们心存敬佩呢？他们虽然没有留下名字，而他们的作品却流芳千古了。"李静笑笑："呵呵，原来老师在发思古之幽情呢！"

8月8日，一早王先生就驱车前来，说是专程赶来陪同去壶口瀑布。路程不足二百公里，但要翻山越岭，并且路况很差，大概要用四个小时的时间，所以两辆车八点就一起出发了。大家都很兴奋，周慧珺更是盼望心切，因为此次山西之行，很大程度上就是奔壶口瀑布而来。她说第一次从电视里看到壶口瀑布，是京剧演员李维康唱戏的背景，一下就被那激流汹涌、浪花四溅的气势吸引住了。当时周慧珺腿还没有做过手术，行动不便，亲眼目睹黄河咆哮的景观，那只能是奢望。

临汾至壶口有一条三级公路(309国道)，但下了国道还有大段的路要走，加上有几段路在修，车子有许久都行进在土石路上。一路是弯弯绕绕、坎坷不平。但由于对壶口瀑布的心向往之，倒并不觉得颠簸之苦。近十二点，车子终于停在黄河岸边。

从堤岸上远远望去，黄河似乎不复是传说中形容的那样粗犷、豪放，却有点细致和文静。河床里是白茫茫起伏的沙丘，许多小摊贩就在河床里做着生意。哦，原来因为黄河中上游干旱，此时正巧是枯水季节。顺着岸边台阶从从容容地下到沟底，脚底下踩着的是一层软软的细沙，踏上去坚实而又松软。一直走到河心，原来河心还有一条河，是突然凹下去的一条深沟，当地人叫"龙槽"，槽头入水处深不可测，这便是"壶口"。

黄河在这里由宽而窄，由高到低，只见那平坦如席的浑黄大水像是被一个无形的大洞吸着，顿然拢成一束，向龙槽里隆隆冲去，先跌在石上，翻个身再跌下去，三跌、四跌，一川大水硬是这样被跌得粉碎，碎成点，碎成雾。当然这么窄的壶口一时容不下这么多的水，于是洪流便向两边涌去，沿着龙槽的边沿轰然而下，平平

↑ 周氏三姐妹在旅行途中

的、浑厚庄重的一带水帘向空中抖落。不，简直如一卷钢板出轧，的确有那种凝重、那种冲击、那种猛烈。尽管这样，壶口还是不能尽收这一川黄浪，于是又有一些各自夺路而走的，乘隙而进的，折返迂回的，它们在龙槽两边的滩壁上散开来，或钻石觅缝，汩汩如泉；或淌过石板，潺潺成溪；或被夹在石间，哀哀打漩。还有那顺壁挂下的，亮晶晶的如丝如缕……而这一切都隐在湿漉漉的水雾中，像一曲交响乐，一幅写意画。

周慧珺神情严肃，陷入沉思：眼前这个小小的壶口，怎么一下子集纳了海、河、瀑、泉、雾——水的所有形态，兼容了喜、怒、哀、怨、愁——人的各种感情。造物者难道是要在这壶口中浓缩一个世界吗？

黄河博大宽厚，柔中有刚；挟而不服，压而不弯；不平则呼，遇强则抗，死地必生，勇往直前。正像一个人，经了许多磨难便有了自己的个性；黄河被两岸的山、地下的石逼得忽上忽下，忽左忽右时，也就铸成了自己伟大的性格。这伟大只在冲过壶口的一刹那才闪现出来被人类看见。

流连不舍地上了岸边，周慧珺心头的震撼久久萦绕。不仅仅是得偿夙愿的满足感，更被大自然的力量所深深折服，心里升腾起一股澄明之彻悟。大自然以一种造物主的强势带给人类许多奇迹和美好，而人类也以自己的智慧和顽强创造和点缀着大自然。

晚上住在宾馆里，大家都算着时间等看奥运会开幕式。从饭厅回到房间，李静和娄凤欣就想回自己的房间躺在床上看，不用拘束还能休息。但周慧珺的姐姐说："不行，你们两个老老实实陪我们一起看，没有你们的激动和尖叫不热闹。"奥运会开幕式如果要形容的话只能用盛况空前四个字！精彩的表演、独特的创意、恢弘的画面……几乎所有人的手都拍疼了。

几个人异口同声地说："祖国太伟大了，开幕式够精彩、够震撼！""飞天、印刷术、武术……今天的开幕式上关于中国悠久历史的设计真的很多，这让我深刻体会到了中华文明的博大精深。"周慧珺激动地说。看过前面的节目，在各国运动员代表队出场时，娄凤欣抵挡不住瞌睡袭来，歪在床上迷糊起来。到中国队出场时，周慧珺命令李静："快揪醒她，别国的可以不看，中国队入场应该看。"然后，几个人就不由自主地把最热烈的掌声送给了中国代表团，民族自豪感油然而生……

第三十七章

忘年之交

一、陈佩秋

自古圣贤多寂寞。日复一日长期跋涉于艺术之旅的人，心路历程是简单而孤独的，他们的心灵很多时候都在默默与艺术沟通共鸣，艺术可以说浸淫了他们大半个精神世界，而生性内敛讷言的周慧珺也不例外。就时下人的看法而言，她一定会被划入不善于社会交往和应酬之列，但真正了解熟悉她的人都知道，周慧珺善良并且很容易相处。

自1975年始，周慧珺进入上海中国画院从事书法创作，在那里她度过了人生最宝贵的艺术创作鼎盛时期，并有幸与当今画坛、书坛的名家鸿儒成为同事……提到画院的一些名家，不可不提陈佩秋先生。

陈佩秋，女，1922年12月生，河南南阳人。字健碧，室名秋兰室、高华阁、截玉轩。国立艺术专科学校毕业，上海书画院院长、上海大学美术学院兼职教授、上海书法家协会艺术顾问、上海中国画院画师、中国美术家协会会员、西泠印社理事，擅长中国画创作和鉴定，是当代中国画坛的常青之树。年届耄耋而笔耕不辍，与谢稚柳先生是一对并驾驰骋当代画坛的贤伉俪。以其画艺论，陈佩秋清新雅健的独特画风早为艺林所重，且从者如流；以史观而鉴，陈佩秋的学艺经历，以及逐渐梳理而成的美学

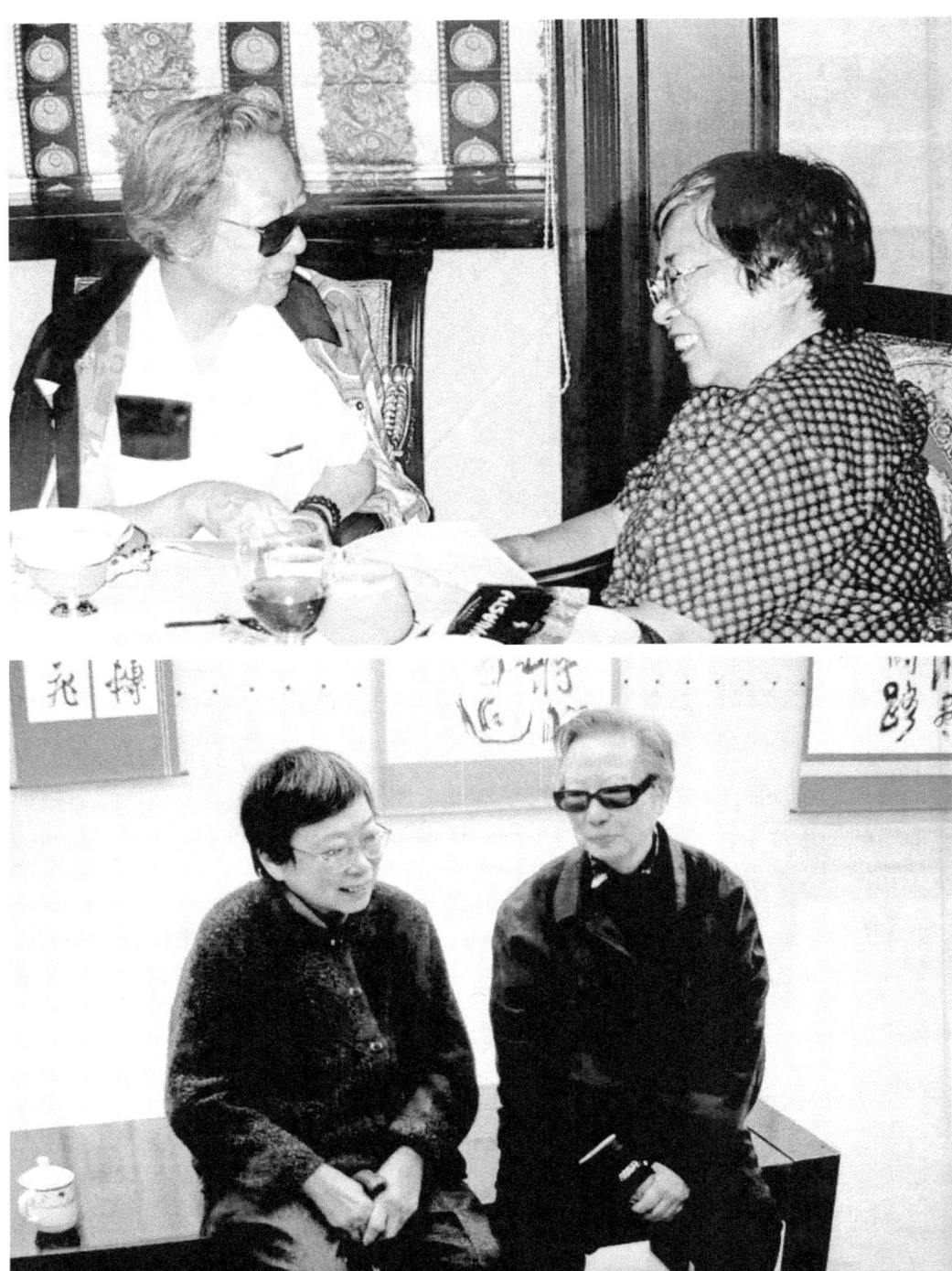

↑ 艺坛两位杰出女性

第三十七章 忘年之交

信念和不断自我完善、不断自我超越的变法精神,都是值得后学者敬佩和效法的。

当周慧珺与陈佩秋在中国画院共事时,周慧珺在陈佩秋先生眼里是小辈,陈先生在周慧珺的心目中是老前辈。陈先生平日总是戴着一副墨镜,走路腰板挺直,目不斜视,十分威严的样子,让人不敢接近。当时的周慧珺对陈先生怀着敬畏之心,从来没有想过要主动前去攀谈,她们那时算不上有什么深情厚谊,只是彼此知道而已。

1997年,谢稚柳先生故去。一年后,周慧珺接任上海书协主席职务。陈佩秋知道消息后,欣慰之余,明确表态:"周慧珺是书协主席的最合适人选,老头子在任时,书协的事情我不管不问,但今后我会支持周慧珺,不但要把她扶上马,还要让她在马上坐得安安稳稳的。"朋友绘声绘色地将陈佩秋的原话转述给了周慧珺,周慧珺听后很是感动。

陈佩秋喜欢听昆剧,尤其喜爱上海昆剧院名演员梁谷音的戏。陈先生对京昆戏烂熟于胸,说起来如数家珍,因而口味挑剔,为何会对梁谷音的戏情有独钟呢?因为梁谷音嗓音甜润,表演细腻,娇媚动人,飘逸轻盈,戏路宽广。她追求昆曲意境美,梦幻感觉,一切以人

↓ 周慧珺与陈佩秋一起欣赏国粹

物为宗旨。主演花旦、正旦、闺门旦俱能胜任,被誉为昆剧界的"通才"。因此,陈先生对梁谷音演的戏除非特殊情况,几乎是每演必看,如《烂柯山》、《思凡下山》、《蝴蝶梦》、《西厢记》、《牡丹亭》等,陈佩秋不知道看过多少遍,记得戏里面的大段唱词。

  2000年2月的一天,周慧珺正在家里闲坐着翻看报纸,意兴阑珊时,门铃响了,玄关处向外一看,门外竟然站的是陈佩秋先生。道过寒暄,就在周慧珺暗暗揣摩陈先生造访的意图时,陈佩秋却什么话都不说,只是笑模笑样地伸手入口袋。哦!拿出来的是几张梁谷音演的《西厢记》戏票。其实,周慧珺之前对昆剧也是经常听的,但并不怎么在行,总觉得昆剧太生涩,不看词不太听得懂。对梁谷音虽然早有耳闻,但从来没去剧场看过她演的戏,只是偶尔在电视上看看而已。今天陈先生特意来送票,盛情难却也令她感动,她愉快地接过了戏票

↓ 周慧珺在陈佩秋家中

↑ "翰墨京韵"演出现场

并对陈老的美意表示感谢。

都说艺术是相通的。几天后,周慧珺和李静一起如约去看了梁谷音的《西厢记》,她们看得很用心,渐渐地在梁谷音婉转动听的声音、曼妙柔美的身段的感召下,内心产生了共鸣,动情处她们也不时地随着观众一起热情鼓掌。一场戏看下来,陈佩秋和周慧珺都很兴奋,看她们神采飞扬的精神状态和年龄真是颇为不相称。从此,陈佩秋成了周慧珺欣赏昆剧的引路人,周慧珺成了陈佩秋看昆剧的分享人。隔三差五,陈佩秋就会让人给周慧珺送几张昆剧票,她们会提前一起到剧院附近的饭店吃饭,也会在戏散场后一块儿吃宵夜。

炎热的夏季,陈佩秋就到云南度夏去了,周慧珺平时很少出门,总是在家里写字、看看书报、电视,等陈先生从云南回来时,一准带来云南火腿、菌菇等。呵呵,周慧珺也就每年都能吃上美味的云南特产。陈佩秋还曾送给周慧珺一个表情很可爱也很漂亮的洋娃娃,周慧珺一见之下,爱不释手,大家就在那争着要抱。后来问清了陈先生卖洋娃娃的商家地址,第二天,李静就被周慧珺派去又买回来模样相同、但衣服颜色不同的两个娃娃，才算解决了抢抱洋娃娃的问题。

2007年1月11日晚，由上海天蟾京剧中心演出有限公司与上海市文学艺术界联合会、上海市书法家协会主办的《"翰墨京韵"京剧演唱会》，在北京长安大戏院成功上演。有二十多位专程前往北京参加"海派书法晋京展"的书法家、画家观看了演出。

演唱会上，著名京剧表演艺术家尚长荣、叶少兰、李维康、耿其昌、李炳淑以及活跃在当今京剧舞台上的名家名角张克、王蓉蓉、蓝文云、迟小秋、李海燕、李佩红、宋小川、杨燕毅、袁英明、王珮瑜、赵欢、冯蕴等悉数登场，献演了各自的拿手唱段。精彩的演出获得了观众们的一致好评。坐在贵宾席上的陈佩秋和周慧珺听得是酣畅淋漓，赞不绝口。

第二天，陈先生和周慧珺又一同受邀听了一场由谭孝曾、谭正岩父子，裘云等著名表演艺术家参加的精彩堂会，再一次享受到了传统国粹艺术的独特魅力和韵味。听戏看戏，对于陈佩秋和周慧珺这两位艺术大家来说，绝不是附庸风雅，是除书画以外的一种爱好。常怀面对众生柔肠百转的感动，才能激发真实的创作灵感，从而达到和敬清寂的高雅境界。

陈先生是资深戏迷，京剧"四大名旦"中，梅兰芳、程砚秋、荀慧生的戏她都看过。上世纪五十年代初，梅兰芳来上海演出，一票难求，后来，陈佩秋还是托梅门大弟子言慧珠才购得两张戏票。陈先生最喜爱老生戏和花脸戏，老生中，她又最爱余叔岩。她说："余叔岩唱《战樊城》，一开口，他的声音就让人信服，这是一位血气方刚的将军。唱《打侄上坟》，声音就变了，成了五十岁开外的老头。这般功夫，后来唱京剧的，少有了。"

秋风细雨，润物无声，艺术的交流和共鸣，让她们成为感情非常融洽的忘年交。音乐的感染是无形的，她们分别将铿锵婉约的韵律潜入字行，隐没画卷……

笔耕不辍的艺术家呈给人们的是她们老骥伏枥的创造和奉献，是她们人生的感悟和洗练。

二、　贺友直

在沪镇海人不仅敏于经商，文化名家也是辈出，如我国著名连环画家、线描

第三十七章　忘年之交

↑ 贺友直画周慧珺临池图

大师贺友直先生。每年，在沪镇海书画家都会举办茶话会或联谊会，偶有契机亦会承办书画交流展，展出作品中西杂糅、群芳竞艳。每到这时，你就能轻易发现两位艺术家亲切交谈，互诉问候。他们就是周慧珺和贺友直。

周慧珺知道贺老甚早，贺老的《山乡巨变》连环画曾风靡全国，但两人之间平日素无交往，按辈分也算是隔代人了。

话说1998年，贺友直的夫人笃信佛教，喜爱周慧珺的书法。贺老就通过报社一位记者请周慧珺为其夫人书写《般若波罗蜜经》，以为净心之用。周慧珺爽然应允，并于一周内写就托人送去。虽则历代书法家书写《心经》者何其多，如敦煌鸣沙山石室唐写经，欧阳询、赵孟頫、弘一、赵朴初等都为我们留下了宝贵的历史遗迹，但贺夫人目睹此卷，仍觉沐霖仙境，心神俱宁，甚是满意。贺友直从旁一见，也是连连称奇，说道："得此佳物，焉能不厚礼回报。"于是，心中暗暗许了还礼之意。

数月后，周慧珺收到了贺友直的回礼。意想不到的是此画幅不仅精密，连裱头也很是考究，贺老以其深湛的线描笔法和超然的观察力绘就了一幅周慧珺童年临池图。图中幼年周慧珺蹲坐在小矮凳上奋笔临池，一只小狗侍立在侧。周边是典型的农家小院景象，稻草垛、小车、农舍、鸡鸭等都如生灵活物般出现在观者眼前。整幅画细笔勾勒，精彩纷呈，在这洋洋大观之中，我们能有幸目睹贺友直先生"不独是单纯的描摹和怀旧，透过那千变万化的一根根线所描出的万象，可以体味出他那双法眼是何等锐利、何等温情、又何等的难以言表啊！其中不独是艺的高超，亦是他生活中的深厚积淀"。

虽则我们知道周慧珺生于上海、长于上海，更不曾在镇海农村老家中临习书法，但这绝不影响此画本有的艺术价值，甚至我们可以理解为这是同为镇海人的贺老对故乡的怀念之情。贺友直常说，家乡的山水养育了他，家乡的童年生活是自己取之不竭的创作源泉。即使在沪上闯荡了六十多年后，老人依旧思念养育他的故乡。每当遇见周慧珺时总会聊几句，这种思乡之情就会变得强烈，变得浓重。虽然一代又一代的镇海人漂泊异乡为异客，但始终不曾忘却故乡的风云，不曾忘却故乡的水土。

第三十八章

票友生涯

一、王珮瑜

中国的书法、京剧同是"国粹",同是中华民族引以为骄傲的艺术。书法与京剧有许多共同的审美原则,比如,都以中庸之美为最高原则,人们常拿王羲之与梅兰芳作比。不激不烈、不瘟不火、平中见齐等特点既是"王书"又是"梅剧"所具有的。书画家多好京剧,戏曲名家也多好书画,这种现象并非偶然。周慧珺是戏剧的狂热爱好者,由此结识了许多当今戏坛的青年名家。

2001年5月的一天,周慧珺家里来了一个不速之客,她个头不高,长相清秀,衣着休闲,猛一看,就是一干练的男孩子。来者何人?王珮瑜是也!说起王珮瑜,恐怕喜欢听京剧老生戏的戏迷都是耳熟能详的,她是电影《梅兰芳》中为章子怡饰演的孟小冬配唱的人,有着"小冬皇"的美誉。

王珮瑜,1978年出生,1992年考入上海市戏曲学校,1999年考入上海师范大学表演艺术学院,2001年毕业,上海京剧院演员。王珮瑜扮相俊秀,气质儒雅,书卷气浓厚,眉目之间流露出同龄人少有的自信和从容,颇具大家气派。2001年是王珮瑜的丰收年。1月,获得全国优秀青年京剧演员评比展演一等奖。5月,又荣登全国优秀青年京剧演员电视大奖赛最佳表演奖榜首。大专毕业前夕，王珮瑜又向朱秉谦老师学习了唱做念表都很繁复的余派老生戏《问樵》、《闹府》、《打棍》、《出箱》，并在上海逸夫舞台作了出色的汇报演出。

王珮瑜虽然人年轻，在京剧界却早已是小有名气的人了。王珮瑜乍一进周慧珺家，感觉很惊讶：周慧珺家门口挂着几串风铃，有人进来碰到了就叮叮作响，好似一首悦耳的短音乐在奏响，她偷偷吐了下舌头。等到看见周慧珺老师，却还是有点不由自主的拘谨，全不似站在舞台上那般镇定自若，甩须抖袖潇洒飘逸。虽然周慧珺很温和地一边招呼她入座，一边让人送来茶水。她还是重新站起来，从包里拿出两张戏票，开始说明自己的来意。

原来一年多前，王珮瑜曾托京剧院的前辈让周慧珺给自己的唱片专辑题字，周慧珺因为看过她十几岁时在中央电视台戏曲频道唱的戏，印象很深刻，当时就对李静说："这孩子将来肯定会红的。"后来在和上海京剧院著名编剧陈希汀的交谈中，得知这女孩子很有天赋，也很刻苦，嗓子条件特别好。陈老对她称赞有加，认为是个前途无量的好苗子。于是就二话不说，很干脆地题了字。本来王珮瑜还以为让周慧珺题字是很难的事情呢，结果却这样顺利，心里十分感激。这次专程来是为了答谢周慧珺，请周慧珺去看她7月8日在逸夫舞台毕业汇报演出《王珮瑜专场》。题字的事已经过去很久了，王珮瑜不说，周慧珺全然忘记了这件事。今天送票一事让周慧珺的心里对这个年轻人更多了一份欣赏，暗想这女孩子倒是挺懂事的，于是就和她拉起了家常。王珮瑜毕竟是个惯于登台亮相的人，很快就放松下来。她向周慧珺仔细地介绍了自己的学艺经历。她说自己不是上海人，家在苏州。自小爱好广泛，涉猎颇多。儿时在苏州她是个有名气的小童星。演评弹得过第一，唱歌得过第一，讲故事得过第一，演小品得过第一。

还是小女孩的王珮瑜曾经怕练小嗓，于是就选择了老旦，后来才改学老生。王珮瑜笑着向周慧珺解释说："那时根本不知道老生老旦有什么区别，只知道学老生好，可以像于魁智那样将来演主角。"周慧珺听了忍俊不禁："哈哈，小小年纪，却已经是个角儿迷呢。"实则也是，有道是不想当将军的士兵不是好士兵。那么，不想当"角儿"当然也不会成为一名好演员哦。

1992年春天，上海戏曲学校招生，由于年龄和性别关系，戏校不录取女老生。

第三十八章 票友生涯

↑ 周慧珺和陈佩秋（左）痴迷戏剧，遂结得忘年交——王珮瑜（中）

后经戏校王思及老师大力推荐，王梦云校长慧眼识才，以培养师资为由破格录取。就这样上海市戏校自建校以来第一次正式培养女老生。而功不可没的王思及就成了王珮瑜的专业老师。从此，她是听着余叔岩先生留下来的十八张半唱片咿呀学唱，度过晨昏。平时就和同学住在出租屋里，每天在剧团—租屋两点一线奔波。学戏、唱戏往往收入很低，因而除了唱戏等必要的工作外，还要完成推销自己唱戏的票子。生活是清苦的，但感觉很充实、很快乐。

周慧珺专注地听着王珮瑜的叙说，了解到她是个要强和有上进心的孩子，打定主意想法子帮助她。等王珮瑜起身要告辞时，周慧珺交代她："王珮瑜，明天你再给我送十张戏票吧。"聪明的王珮瑜立即就明白了周慧珺的用心，不好意思地说："您，您不用这样，您怎么都要不了这样多的票的。"周老师微微一笑："没关系的，我要送亲朋好友，大家一起去看热闹点，有气氛。"放在今日的王珮瑜，可是绝对不会和周慧珺客气的，她会在周老师面前调皮、撒娇，如果想让周老师帮忙做什么，会直接提要求的。

走在回去的路上，王珮瑜很慨叹："仅仅是一面之缘，没想到周老师竟是如此的平易近人，如此的热心肠，不愧是一位德艺双馨的老前辈啊！"

中国人讲究礼尚往来，陈佩秋先生多次邀请周慧珺看昆剧，周慧珺早已有些过意不去了。这次王珮瑜送了票来，正好请陈先生一道前往，也好还还陈佩秋先生的情。其实，陈佩秋先生特别懂京戏，京剧的生、旦、净、末、丑，唱、做、念、打，以及京剧四大名旦唱腔特点等，陈佩秋都说得头头是道。一听说请看京戏，欣然应允。

一起坐在台下第一排的两位书画家，听得兴致勃勃，忘乎所以，不停给珮瑜鼓掌助威。演出结束后，陈先生拍着王珮瑜的肩膀，热情洋溢地对她说："不错，唱得真好。有根基，有创新。"并说，"京剧多些你这样的年轻人继承，必能发扬光大，推陈出新！"还说到自己对京剧的一些看法，一再鼓励王珮瑜要努力学习，弘扬国粹。

周慧珺和王珮瑜也真是有缘，周慧珺总想找机会帮助刚刚从戏校毕业的王珮瑜在上海安居乐业。正好，中远置业与刚泰控股公司的两位老总请周慧珺吃饭谈事，周慧珺就提议请陈佩秋和王珮瑜一起去。席间，大家谈论着书法和京戏的逸闻趣事，气氛十分愉悦。周慧珺老师趁机介绍了王珮瑜的情况，陈佩秋立即爽快地表态："珮瑜有什么事情尽管说。"两位老板也表示愿意略尽绵薄。事后，陈先生和周慧珺很快筹措了一笔现金交给王珮瑜，两位老板也慷慨解囊赞助，但要在上海买一套房，哪怕是小小的一套，资金仍然远远不够。周慧珺除了尽己所能资助了现金，另外还想方设法帮王佩瑜凑够了买一套房子剩余的款项，总算为她解除了学戏、唱戏之外的后顾之忧。直到现在，王珮瑜提起来依然对周慧珺和陈佩秋两位老前辈当初的鼎力相助感激不尽，说自己的技艺之所以能不断提高，前进途中一路顺畅，多亏前辈们的支持与携扶。

第三十八章 票友生涯

出于感激或是更因为愿意与周慧珺接近，王珮瑜从那以后一直是很勤快地出入周慧珺的家。有时还会顺便拉上自己的同学和同事一起到周慧珺那里，如上海京剧院的赵欢、郭睿月、姜佩佩、耿露等。渐渐地，她们习惯了做主角或挑重头戏时就给周慧珺送戏票。而周慧珺老师也喜欢与这几个活泼的女孩子来往，每逢有了戏票，周慧珺都会约请陈佩秋一块儿去。有时候，陈先生也坚持自己来请客。后来她们两人就轮流做东，请亲朋好友看戏成了约定俗成的事了。陈佩秋和周慧珺两个人不但送票给人看，还总是连晚饭也一起安排了，然后十几人熙熙攘攘一路进剧院。一次，有两位朋友到了剧院门口发现戏票不见了，正着急翻看所有口袋和手提包时，剧院经理出来了，问过座位号后示意他们可以进去了。原来大家看戏次数多了，剧院经理就与她们熟识了，知道完全可以信任她们的解释。

星期天没什么事情的时候，陈佩秋和周慧珺也会喊上剧团的几个女孩子到外面吃饭。她们有时也会带上三两个琴师，在饭前即兴清唱几段自己的拿手戏，引得饭店的服务员和食客纷纷聚拢来听。在预定饭店座位时，饭店经理总是一连声地答应，并提前腾出地方供大家热闹，那样饭店的生意也跟着出奇地好。

二、张火丁

还想透露一件趣事：周慧珺和陈佩秋这两位老人家还是追星一族！她们追的是哪个？就是京剧程派青衣张火丁。

本来两位老人家都喜欢老生戏，对唱程派的张火丁没有特殊的印象。李静却对程派戏情有独钟，她说程派迂回婉转的唱腔，一波三折间跌宕出人物内心的苦楚，把剧中人物的不幸命运表现得淋漓尽致。因为其特有的幽咽婉转的唱腔，猛一听细弱如游丝，然细听却根基深厚、不飘不浮；宽时虽不如梅派委婉华丽，然却如江河奔泻，不黏不滞。在程派青衣中，最爱张火丁。"火丁唱功姑且不说，单说那舞台上的气质，那份清冷、内敛、沉静，往那儿一站，不管穿着什么，也都是不带烟火气息的角儿。"李静一边说一边还神往地发出啧啧声，似乎张火丁就站在她的身前。

张火丁，女，1971年1月生于吉林白城，京剧青衣演员。十五岁时弃评改京，独闯京城求艺。1986年考入天津戏曲学校京剧科。1993年拜于程砚秋大师的得意

↑ 张火丁在《锁麟囊》中饰薛湘灵

弟子、著名京剧表演艺术家赵荣琛教授门下，成为赵的关门弟子，获授程派名剧《荒山泪》、《锁麟囊》、《春闺梦》、《窦娥冤》等，得到老师的真传。后成立了张火丁戏剧工作室。

张火丁功力深厚，既能把程派名剧《荒山泪》、《锁麟囊》、《红鬃烈马》、《春闺梦》等演绎得光彩照人，其音色纯正幽远，行腔低回婉转，表演节奏鲜明，身段丰富多彩。事实上，张火丁就有一种卓尔不群的魅力，令许多听过她演唱的人都如醉如痴。一说起张火丁，李静就再三强调："我就是喜欢她，是她的铁杆粉丝。"

2007年3月11日至12日，张火丁戏剧工作室来上海逸夫舞台专场演出，基于李静那着迷的样子，周慧珺早早地预定下了戏票。结果一场戏下来，所有的人都被她那种精妙的艺术表现力所吸引，程派艺术在张火丁唱念做打全方位出色的演绎下，达到了一种精美绝伦的境界。从此周慧珺就和李静一块儿迷上了张火丁。2009年5月9日至10日，张火丁首次以中国戏曲学院教授身份来沪在逸夫舞台亮相，带来被称为"程派必听之作"的《春闺梦》和《锁麟囊》，其中由中国戏曲学院制作的新版《春闺梦》还是首次开箱，博得了周慧珺的好评。

《锁麟囊》是张火丁的代表剧目，她的表演行腔低回婉转，起伏跌宕，节奏鲜明，备具程腔独特之魅力。

第三十八章 票友生涯

这一次看张火丁表演的《锁麟囊》，对大家而言确实是种无法言喻的听觉盛宴，是种回味无穷的视听享受，整个剧场叫好之声不绝于耳。尤其是正处于艺术成熟期的张火丁扮相端庄，气质典雅，很压得住台。演至《绣楼》一场，张火丁在表现"找球"时，台步沉稳扎实，身段融入太极意韵，水袖更是翻飞如花，就连陈佩秋老先生也被感动得像什么似的，一散场八十七岁的老人就健步走上戏台，抢着给张火丁送上一束漂亮的鲜花。陈佩秋评价："张火丁唱腔轻重缓急收放自如，抑扬顿挫一气呵成，行腔既一波三折，又珠圆玉润，听上去舒服极了。"

出了剧场坐进车里，几个人仍然觉得余音绕梁，意犹未尽。于是就有人拿腔拿调学着哼唱起来，哈哈，可惜总也唱不出张火丁的韵味，结果引来一迭声批评。接着就有人故作纠正地唱起来，吓，不例外地难以唱出感觉中的效果，当然换来的又是笑声。李静自嘲："试想想，就凭我等仅仅听了几场戏，就想原汁原味地唱出来，绝无可能啊！"大家一路高谈阔论，嘻嘻哈哈地不觉就到了家。

2010年，在天蟾逸夫舞台的贵宾室，周慧珺和陈佩秋两人还齐收张火丁为弟子，一个教书法，一个授绘画。闻听沪上两位书画大家要一起收她为徒，张火丁很高兴，她说："我下定决心了，要像当年在科班学戏那样苦练书画。"陈佩秋和周慧珺不要这位新弟子出"见面礼"，只要她多来上海唱唱京剧就是了。

第三十九章

欣赏国宝

2006年1月4日晚上将近八时,天下着雨,气温接近零摄氏度。上海博物馆门前,一部黑色轿车载来了一位个子不高、戴着无框眼镜、拄着手杖的短发老太太。上博的一位工作人员在门口迎候她,准备陪她欣赏正在热展的《书画经典——故宫博物院、上海博物馆中国古代书画藏品展》。这已是上博推迟闭馆的时间段了,但观众还是很多,都是来欣赏难得一见的一百零三件国宝级文物的。在最珍贵的《平复帖》和《出师颂》真迹前,则特意用绳子拉出一个小区域,那里排着百余人的长队。

来者就是周慧珺,她听说《平复帖》等两件国宝只展出一周,就在这个寒冷的雨夜赶来了。在上博工作人员的安排下,年长且患腿疾的周慧珺站到了让她心仪已久的千古珍翰面前。隔着一层玻璃,这位当代书坛高手,默默地凝视着一千七百年前先贤大师的真迹,似乎在讨教,又似乎在对话。在排着长队的观众中,有几个能像她那样熟稔而心领神会地欣赏呢?

我觉得这一个个热潮的出现是大好事。无论是有鉴赏水平的书画家,还是看不懂书画的老百姓,能近距离地接触到这些国宝级的书画精品,都是学习中华民族优秀文化的难得机会。在上博那样一个场所,在排队争睹那样一个氛围里,你会对我们国家源远流长、博大精深的书画艺术有一种真切感受。

↑周慧珺在"国宝展"上作题为"中国书画渊源及欣赏"的讲演并切身示范,讲解笔法问题

其实除了这样的大展,上博和其他博物馆的常设展览都很有看头。作为中国人,应该多了解我们国家和民族的灿烂文化历史,而能亲眼目睹国宝就更是艺术享受了。对于有一定书法基础的人来讲,观摩名家大师的真迹则是一种深入学习的机会。《平复帖》和《出师颂》的真迹从来都是深藏宫闱的,民间百姓很难看到,这次能够走出紫禁城,来到上海展出,的确非常不容易。这主要是考虑到文物保护的需要,据说这些珍品在布展撤展过程中,每一次的展平和卷起,都会对绢纸造成细微的损坏。(李一傲[静]、韩云、徐晓蔚:《周慧珺——书海无涯苦作舟》)

为了配合国宝展的系列宣传活动，上海博物馆又在"国宝展"闭幕的前一天，邀请陈佩秋和周慧珺为观众作一次题为《中国书画渊源及欣赏》的讲演。周慧珺在讲述过程中还就笔法问题作了示范，引起了观众极大的兴趣。等到演讲结束，周慧珺意欲离开时，意外的情况出现了……

周慧珺和几个陪同的人一起走出了展览大厅，她抑制不住能够亲眼目睹国宝的激动心情，兴奋地与身边的几个人议论着、评说着……但眼前出现的情景让大家都不由得吃了一惊——只见外面人头攒动，不知道究竟聚集了多少人。发生什么大事了？因为同样不明所以，大家只能面面相觑。

保安一见周慧珺等人出现，便急匆匆地跑过来，并告诉周慧珺："外面围拢的人都是参加展览会和闻讯赶来的书法爱好者，他们因为仰慕周老师的书法艺术，都在等着盼着周老师给签名留念呢。"保安已经劝说了好长时间，可是他们说不见到周老师，是绝对不会离开的。

周慧珺本来就是性情中人，平时一般不会拒绝他人的合理要求，更何况是与自己有共同爱好的朋友们的请求呢！因此，虽然她刚做过讲演和示范，已经很累了，但仍然不忍心拂逆大家的热情，就答应说："我尽量签几个吧。"

一闻知周老师同意签名，人群霎时沸腾了。前面的人往前挤，后面的人向前涌，谁都不管不顾秩序了，人们咋都这样迫切呢！

首先抢上前来的是几个年轻人，他们一边对老师说着赞扬和崇拜的话，一边举上自己手中的笔记本，唯恐周老师忽略过去。看着举着的高高低低的一个个本子，周慧珺微笑着摇摇头，拿出笔用心地把自己的名字一一写上去。

后面的人在不断涌向前，而拿到签名的人却仍然不肯离去，看着额头冒出汗珠、拿笔的手开始抖动的周慧珺，李静在旁看着心疼。她多么希望老师可以停下来休息一会，但哪里可能啊！认识周慧珺的人都知道，她因为患有类风湿关节炎做过大手术，站立或行走时间稍长对身体都是很大的伤害。也许后面的人察觉到老师不可能一直签下去，于是就拼命往前挤，希望可以抓住最后签名的机会。工作人员和李静一是担心老师身体，二是怕出乱子，商议后决定立即结束签名，想法子护送老师安全离开。

得知周老师要离开了，人群简直乱成了一锅粥，场面变得更加混乱和难以控制。内心的渴望一下子转化成了力量，有的人开始不顾一切奋勇向前了，这样推推撞撞的结果

第三十九章　欣赏国宝

可想而知。只听到有人大喊："不好啦，快别推了，挤倒人了。"原来是不知道哪个人的鞋子被踩掉了，他蹲下身子找鞋的时候，人群一下把他淹没了。幸亏近他身边的几个人收住被推向前的身体，替他竭尽全力扛住，才避免了出现一场意外伤亡事故。

鉴于此，保安们迅速把周慧珺围了起来。他们一边阻挡着众人，一边手持喇叭反复做着疏散工作："请大家原地不动，请你们体谅，周老师身体不好，继续签下去会累坏她老人家的，有机会她一定会满足大家愿望的。"

人群渐渐安静下来，但大家仍然彷徨着不肯离开，只是眼巴巴看着周慧珺。保安们只好边劝导边开路，人群开始不情愿地后退一点点，让出了一条通道。周慧珺在随行人员的搀扶下缓缓向外移动。忽然，人群中间一个沙哑带哭腔的男声传来："周老师啊，给我留个纪念吧，我喜欢你的字二十多年了，临了你二十多年的帖！"看不到那人什么模样，听声音像是一个瘦弱的中年人，周慧珺的心被震撼了！喜欢自己的书法，竟然给予这人如此的勇气，以致不顾颜面当众这样哭喊！这里有这么多挚爱书法的人，自己的书法让人这样着迷，她不由迟疑地就要停下向外挪动的脚步。随行的人焦急地阻止她："不行啊，周老师，好不容易出来了，如果停下，秩序会再次乱的，没法控制呀。"周慧珺只好强迫自己硬起心肠，带着不忍和无奈，离开了人群，坐进了汽车。

汽车载着周慧珺等缓缓离去。车里气氛有点沉闷，看着车窗外一个个熟悉的建筑物和标志物在不断地后移，她眉头紧皱，似乎很疲惫。

开着车偷偷观察着老师的李静，恍然明白老师这样低沉的原因。怕老师陷进闷闷不乐的情绪里，为了打破沉默，她故意打趣老师："有这么多人崇拜、喜欢你的书法，老师你多了不起呀！"周慧珺好似没听到她的话一样，只幽幽叹口气说："那个中年人，唉……"果然，周慧珺就是因为未能满足那个喜欢她书法的中年人的愿望而心里不安。

熟知老师为人的李静只得劝慰说："就凭当时的情景，任谁都知道你不能再停留下去，过后那个人想想也会明白是自己做法天真，人群不可能给他让路，想通了这层道理，他就不会再责怪您了。"

周慧珺清楚李静说的是实际情况，只是心里快快不快，说："热爱生活，善待他人，是我一向的自我要求。搞艺术的人不仅要追求艺术领域更高造诣，更重要的一点就是做人。要有艺德艺品，亏欠别人我就是心里难安。"

"好了，好了，老师，不要多想了。有机会咱再补做呵。"

"怎么补？我们都不知道他是什么人，住在哪里？"周慧珺较起真来。

幸好此时电话响了，打断了她们的对话。电话是王珮瑜打来的，她本来也是陪同周老师一起来的，因为刚才发生的事情走散了，于是大家约定到衡山路的寒舍去吃冰淇淋。年届七旬的周慧珺胃肠机能还特别好，很经得住也特别喜欢吃冷饮。一般情况下连续吃两块冰淇淋还意犹未尽，这让同龄人很是羡慕。

坐在古色古香的茶座雅间，听着似有似无的古筝名曲《梁祝》的音韵，几口凉丝丝的冰淇淋滑入喉里，周慧珺很快恢复了一个长者和一个艺术大家的优雅气度。她安详地吃着，一边微笑着看她们几个吃着闹着，听她们议论参观的感想，以及人群围着老师签字的热闹场面与所深受的感动等等，只是不插一话。

夜里，周慧珺久久没有睡意，白天的事情一幕幕闪现，她想了很多很多……

在科技飞速发展的今天，仍然有这样多的人喜欢书法艺术，不能不说是书法艺术的极大魅力，她自己就是被书法艺术深深折服的一个。书法就如演绎人生：古朴、灵动、傲然、至诚，流畅而独立，书法表达着她自己鲜明而强烈的思想感情，她要爱护自己的生命，并感恩社会。从某种意义上讲，学书法其实是追寻一种人生风格、道德境界、人文情趣。

第二天，《新民晚报》的记者就国宝展览一事，采访了周慧珺。在回答完记者的采访后，周慧珺特意请记者帮忙，在报纸上提一下，说昨天自己很抱歉，现在愿意为那位中年朋友题字留念。可能是那位朋友没有看到当天的报纸，他没有如周慧珺希望的那样找上门来。时至今日，周慧珺还一直惦记着那件事情，谈起尚欠那个朋友一个亲笔签名，她就像是欠了一笔人情债一样感觉不舒服。是啊，从不亏欠任何人，力所能及帮助需要帮助的人，历来是周慧珺坚持的做人标准。

如果说世上有最深奥的学问，那就得说是做人吧。为女孝、为友爱、待人善，这是周慧珺的做人准则。她一生平平实实，也许没有做过轰轰烈烈的大事，但与之相处相交总是感觉温暖舒服。她身上所拥有的朴素的东西，已经植入信仰，融入血液，从平淡中演绎出了不平淡的精彩来。

第四十章

"海派书法"晋京

在周慧珺担当上海书协主席、操办的一系列振兴海派书法的行动中,最不可不提的一个重要举措就是举办了"海派书法晋京展"。

"海派"这个概念是相对于"京派"而言的,严格意义上来说,起于十九世纪中叶。其涵义一曰文学,二曰戏剧,三曰美术,"海派"之于书法则是一个后植入的称谓。然而从历史研究的角度来看,如果将"海派"视为一种特定历史时

↑ "海派书法晋京展"周慧珺致辞

期的文化现象,而不仅仅是某些表现手法,那么书法中的"海派"现象则要远远早于文学戏剧,至少与中国画同步。

此次"海派"入京可谓冰释前嫌,是一次伟大的创举。实质上,"海派"与"京派"的名称导源争论极多,鲁迅先生对此进行了严苛的分析,写就了《"京派"与"海派"》一文,载于《申报》,曾无数次被文学家、史学家、艺评家所引用。

若单论书法,在这风云际会的历史时段中,上海这片江海交汇的神奇土地上,有一大批来自于全国各地的怀有各种艺术才情的书法家们进行了一次中国近现代书法史上最为声势浩大的书法盛会。其中九成五的书法家是外地人,而非上海本地人。"清末海派四杰"——吴昌硕(浙江安吉)、虚谷(安徽歙县)、蒲华(浙江嘉兴)、任伯年(浙江杭州)无一例外。

约略而言,上海能从一座渔家小镇发展为远东商业和文化中心,依托的是强大的商业力量的扶持,免不了"名士才情,商业竞买",被称为"崇洋心理"、"奢浮风气"、"市侩心理"也就不足为奇了。同时,一大批江浙士绅、逊清遗老的到来,也构筑起"海派"鹊起的中流砥柱,对"海派"文化的发展起着举足轻重的作用,中国书法的结社、展览、出版、市场行为无一不是率先在上海滥觞。因而,"海派"这个词是经过了长久的历史洗礼和自身文化身份认同,并由当代文化主体进行了重新诠释和构建的概念,其主流内涵就是包容性和开放性。

长久以来,周慧珺始终在思索——"海派"书法既然给我们留下了那么丰富的物质财富和宝贵的精神财富,那这些财富又是什么呢?现在的人又是怎么看待这些财富的呢?我们能从这些财富中汲取到什么呢?这一连串的问题深深烙印在周慧珺的心里,为此她曾不止一次地临风怀想、掩卷沉思,直到举办了"海派书法晋京展"才最终获得了答案。

在周慧珺担任上海书协主席之前,上海书协(包括其前身)已经有四十四年的时间未曾踏足京城。为了提升上海书法在全国书坛的地位,重铸上海书法的辉煌,需要以集体名义在北京向全国展示海派书法的整体实力,以作汇报。

于是,上海书协经过反复酝酿、讨论、协商,最终决定于2007年1月举办"海派书法晋京展。"为此,在挑选参展作品时评委们劳心费力,事无巨细都要经

第四十章 "海派书法"晋京

过协商解决,尽量做到不放过一件好作品、一位好书家。从 2006 年 3 月在《上海书协通讯》刊登《关于举办"海派书法晋京展"暨海派代表书家系列作品集首发式的通告》到 9 月"海派书法晋京展入展名单"完成,不到半年的时间共收到投稿书法作品八百二十六件、篆刻一百八十四件,最终选取了二百一十八件手泽。结合书坛前贤赵之谦、吴昌硕、康有为、沈曾植、曾熙、李叔同、黄宾虹、沈尹默、张大千、王个簃、王蘧常等一批在中国近现代书法史上引领群伦的代表书家,总计书法篆刻作品二百九十件。这是上海市书法家协会成立四十四年来,第一次组织上海书家集体在首都亮相。

展览共分为三个部分,集中在五个展厅,分别是前贤作品展、新海派作品展和篆刻展三个展项。展出内容包括"昨日"和"今天"两大部分,时间跨度长达百年之久。"昨日"集中展示了海派书法前贤的遗作,"今天"详细列备了目前活跃在上海书坛颇有成就的老中青书法家作品。展览规模宏大,盛况空前,展示了海派艺术的雄风。"大场面、大规模、大制作、大气象"都不足以完美概述出本次展览的惊天动地,沉浮多年的海派书法在此期此地厚积薄发,一飞冲天。一套十册的《海派代表书法家系列作品集》竟然重达六十多斤,收录了吴昌硕、沈曾植、李叔同、沈尹默、王蘧常、来楚生、潘伯鹰、白蕉、谢稚柳、陆俨少等十位大家的作品一千六百七十五件,印章一千一百余枚,还有书家各时期的照片百余张。

此次海派书法晋京展,轰动了京城。在开幕式的前一天下午,刚刚布置完毕。中共中央政治局常委、全国人大常委会委员长吴邦国在全国人大常委会副委员长兼秘书长盛华仁、国务委员陈至立等陪同下参观了"海派书法晋京展"。下午 4 时许,吴邦国来到中国美术馆,在赵之谦、吴昌硕、康有为、沈尹默等海派书家代表人物和当代海上书法篆刻新锐的一幅幅精品力作前,一再驻足欣赏,并饶有兴致地与在场的书法家们亲切交谈。

展览参观者不仅有九十岁的耄耋老人,亦有四五十岁的中年人以及年轻的莘莘学子,职业、经历、年龄无一相类,但同是书法篆刻艺术的爱好者。有位名叫荆岱峰的花甲老人,为参观展览,他激动得一夜没睡好觉,一大早便赶了来。看展时只要是他能够得着的,他几乎都用放大镜照遍了每个字的笔锋。偌大的厅堂内，人流如梭，潮来潮往，热闹非凡。

周慧珺看在眼里，自是乐在心上。她引用沈尹老的话说，书法"无色而有图画之灿烂，无声而有音乐之和谐，引人欣赏，心旷神怡"。从国家领导人的肯定，到各省市同行的赞许，到普通书法爱好者的喜爱，无不是激励着上海书法界更好地继承传统、开拓创新的力量源泉所在。

为宣传"海派书法晋京展"，阐述海派书法的当代意义和上海书协的目标，周慧珺还特地在展览前接受了《书法报》的采访。虽洋洋数千字，却有重录全文以飨读者之必要：

（编辑按）自清末民初以来，上海书坛在全国一直是个倍受瞩目和关注的特殊地域。这当然与其经济的龙头地位密不可分，兼之特殊的文化历史背景，更加凸显了上海书坛的独立个性。作为书家个体是这样，作为一个群体同样如此。解读上海书坛，对理解书坛的地域性和全国性发展无疑具有着重要的意义。

2007年1月，上海将举办"海派书法晋京展"，它作为近期上海书协的一项最为重要的工作，不仅牵动了整个上海书坛，更引起了全国书法爱好者的关注。在新的世纪之初，海派书法将会以怎样的姿态呈现于世人面前，人们将拭目以待。借此机会，我们专程采访了家喻户晓的上海书坛领军人物——周慧珺。如果说，上海书坛的百年发展史是中国近现代书法发展的缩影，那么，周慧珺就是上海书法发展的见证人。从她身上，我们可以看到一位女性以她特有的形象在中国书坛的身影。大隐隐于市，她很少在公共场合露面，又无时无刻不在我们身边，让我们感受到她的美好，品味她的人生境界。

《书法报》(以下简称《书》)：周主席您好，上海书坛自古名家辈出，陆机、张翰、张守中、沈度、陈继儒、董其昌，以及近代的沈曾植、吴昌硕、康有为和现代的于右任、沈尹默、邓散木、白蕉等，他们以个人的影响在中国书坛举足轻重，并成就了海派书法的独立个性。您认为这种个性在当前全国的书法交流和流派纷呈下是否依然存在？在当前上海书家的作品和理念中

第四十章 "海派书法"晋京

是否还能明显的体现出这一点——谈上海书法的历史与现状。

周慧珺（以下简称周）：你所说的这些前辈大师汇成了波澜壮阔、蔚为大观的海派书法。对比他们，我们既感到骄傲又感到惭愧。现在回头去看，很难说哪种具体的书风代表了当时的海派书法。也许没有具体的书风，各领风骚正是海派书法的特点。如果这样理解，则今天的上海书法正继承了这样的传统，各领风骚的特点依然存在。当然，也许不能说各领风骚了，因为今天上海书法作者的影响力和艺术地位，都不能和你提到的这些前辈相比拟了。因为这种特点，导致上海没有特定的地域书风，从积极的方面讲，大家不会雷同，整体面目比较丰富——这一点以后在"海派书法晋京展"上可以看到；从消极的方面讲，就形不成某某书风的集中的冲击波。这在现代社会比较吃亏，讲到上海书法，大家没有个大概的整体印象。和过去不一样，过去也可以说是没有统一的印象，但那些大师都是开风气、领潮流的人物，有他们在就有影响。现在我们不行，虽然我们很多作者也各写一路，但不能领潮流、开风气，影响不可与前辈相比拟。这就是我前面说惭愧的地方。应该实事求是地承认，海派书法当时的盛况，是当时的历史条件、社会环境、人文因素所造成的。现在这些条件已有改变，上海是全国的经济中心，但已不是唯一的最重要的文化中心，因此要重现当时的盛景是困难的。这其实并不反映在书法一个方面。但是上海在大力发展经济的同时，正在努力营造繁荣的文化环境。书法工作是其中的一支，而"海派书法晋京展"则是近期上海书法工作的一个比较重要的项目。

《书》：记得在上世纪七十年代初期，在一般的中等城市书店里，所售书法字帖很少，其中有一本周慧珺《行书字帖——鲁迅诗歌选》，很多习作者将其作为范本练习。那时，您已表现出了较成熟的风格。能谈一下当时的情况吗？

周："文革"始于1966年，前五年全国形势很糟，到了七十年代初，各方面的情况有些好转。上海东方红书画社（朵云轩）开始邀请部分年轻作者，参加一些书法活动。1973年，受书画社约请，我开始着手书写《行书字帖——鲁迅诗歌选》，当时我三十四岁。《行书字帖——鲁迅诗歌选》于1974

年出版，称不上已形成较成熟的风格。出版这本字帖有当时的特定条件：一、传统法帖被称为封建糟粕，禁止出版。二、老书法家被打成牛鬼蛇神，不让写。三、当时全国范围内只有上海书画出版社能出版字帖。因为当时碑帖匮乏，这本字帖出版后销售之好出乎意料，首版很快售罄，于是一版再版，在短短的几年时间里连印十多版，创下了印数一百多万册的纪录。与现在三一多岁的优秀作者相比，无论功力和技法，这本字帖还是很幼嫩的。我当时能出版这本字帖，或许是一次"历史的误会"。现在的青年作者比我当时的起点高得多，社会的气氛也好得多，我相信他们必定能在艺术水平上超越我们这一代人的。

《书》：结合当前书坛创作，特别是青年人急功近利的现状，能谈几点你个人的观点吗？——谈当前社会现象

周：我们上海的徐正濂先生曾经写道：名利如果不以损害社会利益为条件，则未尝不可以算一种正当的动力。（《诗屑与印屑》，大象出版社）我基本同意这样的观点，但是还可以有几点补充。一、不要太着急。我们学习书法应该有效率，但讲到功利，不仅仅是字写好了就水到渠成的，那是一种综合因素的集成，学养、品德、资历、背景、环境、书法以外的能力，还有机遇，也许都不可少。你慢慢地在各个方面修身养性，耐得寂寞，它应该会来的，当然有大功利也可能是小功利。你非常急躁，希望一步登天，光看到某某书协主席、副主席字还没有你写得好，就心里不平衡，这种心态用老话叫"欲速则不达"。而且你千方百计地去争功夺利，很可能就犯了忌讳——损害社会利益了，那更不能成功。二、虽然功利不仅仅是书法水平的因素，但你的书法如果真的写得出类拔萃，力压群雄，我觉得在今天的环境和条件下，应该也是有功利来的。我们现在是个开放的社会，没有谁有那么大的能耐，可以压制，可以埋没当代的"怀素"、"张旭"、"米南宫"。问题是我们有些作者功力还不到，只能说是一般的好，那就不要太急躁，以沉住气更有利些。三、应该看到，急功近利不仅仅是书法界的现象，更不是书法界表现得更突出，整个社会都表现得比较浮躁，书法界只是"末"，不是"本"。因此这个问题是需要综合治理的，需要政

第四十章 "海派书法"晋京

府有关方面、思想界、艺术界、教育界共同研究讨论的。对我来说，显然是问题太重大了，回答不了。

《书》：很多人甚至包括一些专家学者亦认为女性不适合练书法。在学院本科录取中，虽然照顾到了性别差异，但依然比例悬殊。作为女性书家能达到你这样的境界更可谓少之又少。不论在历史上还是当前，女性书家所占的比例确实太少，究竟是什么因素造成这种现象的？——谈学书法的性别差异问题

周：您所说的认为女性不适合练书法的"专家学者"是谁，我好像没听说过。又不是少林拳、一指禅，有什么女性不合适的？但你说的女性书法家少则是事实。我觉得这和女性除了和男性一样承担社会责任外，要更多的承担家庭责任有关。书法是非常耗时间、花功夫的艺术。有数据证明，在青少年阶段，学书法的女孩子比男孩子还多，成绩比男孩子更好，而到成年以后，她们是为了家庭牺牲的。所以我们的社会特别是男性阶层，应该给女性书法家更多的关心、支持和器重。我因为单身没有家庭责任，所以你要是认为我有点成绩，那也不足称道。那些又有家庭又有书法成就的作者如林岫、宋慧莹、胡秋萍、孙晓云、张改琴，比如我们上海的李静、田文蕙、胡卫平等等，才更值得钦佩。中国毕竟还没有改变男主外、女主内的传统，所以能以艺术开辟局面的女书法家是不容易的，所以我觉得此次"兰亭奖"创作奖应该有个女性作家的比例。

《书》："晋京展"首先作为一种形式体现出来，其背后支持这种形式的深层次思考是什么？是否可视为上海书法独立性的又一新表现？——谈上海书法的个性特征

周："晋京展"首先只是一种书协的活动。所谓生命在于活动，协会也如此，希望不要先给她套上过于沉重的社会责任。"思考"是有的，但未必"深"到什么"层次"。首先，上海书法界作为一个整体，还没有到首都办过展览。现在，会员有这样的愿望，经济上有这样的条件，领导层又非常支持，

办展览的时机可以说相对成熟。其次，经常听到说，上海目前的书法和上海的城市地位不相称。我们觉得，和兄弟省市相比，上海的书法工作的不好是事实，但整体水平可能还不像某些展览反映出来的数据那么"惨"。我们希望有一个平台，能比较客观、真实、全面地亮一亮家底。此次将把一些老祖宗的东西也拿出来，不仅仅是为了展览更丰满，也是为了有时间跨度地、动态地展示上海书法。有对比、有时间性、有发展脉络地看上海目前的书法，也许可以更清楚地看出问题：上海书法有没有继承性？有没有创造性？不同时代的创作观念有否不同？这种不同是合理的还是偏颇了？总之，展览更有看头，更能引起思考，也就能为上海书法做出更准确的判断。再次，希望通过展览，将上海的作者特别是中青年作者"推出去"。这里有两层意思，一是希望将上海有成就的中青年作者介绍出去。上海作者好像相对"青涩"，不大会自我推荐，则书协应该为真正有水平的作者叫卖；二是推动上海的中青年作者出去交流，首先是到首都学习。上海是移民城市，多少年来就是人家进来，我们不出去。在现在的情况下，这已经妨碍了上海书法的发展，妨碍了上海书法融入全国书坛，当然也妨碍了人家对我们的了解。所以，我们要借此机会，推动上海书法作者出去交流。届时，我们会组织一个书法代表团去北京，开展一些取经、交流活动。最后，在可能的情况下，我们准备申请承办一次全国书法展，我们将晋京展作为一次队伍的锻炼，以积累一些搞活动的经验。

《书》：上海书协在中国书协的指导之下开展工作，那么上海书协是如何保持自身的独立性的，与中国书协是否存在着某些不一致性？——谈上海书协与中国书协的包容性

周：这个问题可不能诱导我犯错误。虽然书协和政府各级机关不一样，但在这一点上不例外，我们没有和中国书协的不一致性，这是很明确、很肯定的。中国书协是我们地方书协的业务领导和工作指导机关，如果对中国书协的工作有意见，我们可以提出，但毫无必要保持什么"不一致性"。提法不妥。至于独立开展活动，我想各地书协都是一样的，上海书协不特殊。如果中国书协有重要活动，上海书协作为地方组织，当然积极参与，积极配合。

第四十章 "海派书法"晋京

此次中国书协"兰亭奖",我们开了多次创作动员会议,并且要奖励获奖作者五千元至两万元。上海书协非常赞同张海主席提出的"构建和谐、繁荣、发展、有为的当代书坛"的设想,愿意在中国书协领导下,为实现这个目标努力工作。

《书》:您如何评价当前的上海书坛,上海书坛目前的创作高度和理论高度在全国范围内是怎样的一个水平?——对上海书坛自身的评价

周:这是比较难回答的问题,处在我的地位更不好回答,你能够理解。以我个人的看法,上海目前的实际书法创作能力和理解水平还是有一定高度的,和一些比较先进的省市相比,上海只是没有形之于系统的成果而已,力量其实并不薄弱。作为书法家、篆刻家、理论家个人来说,上海有不少出类拔萃的人物,开风气,领潮流,即便以全国来衡量,人才优势也可以说居于前列。但是我们缺乏一个好的舞台,可以让他们充分驰骋。或者也可以说是,关系到书法、篆刻以及理论,上海的舞台太大、太多,而书协的"戏份"太轻,不是"主角"又不在舞台正中,你只看到书协这一角,觉得冷清了些,但如果包括了博物馆、出版社、画院、学校等等所有书法、篆刻、理论研究的相关方面,你说上海的水平在哪一个位置呢?书协缺乏足够的凝聚力,将上海的专业人才团结在书协的旗帜下,我首先有责任。我缺乏领导的才干和个人的魅力。易中天《品三国》很热火,我也读了,很钦佩曹操的雄才大略、知人善任。但我们是没法学的,不必说没那个本事,而且也没那个权利,我们能用谁便用谁,不用谁便不用吗?我只能努力地提醒自己,不做袁绍,不排挤、不压制人才。

总的来说,上海如果能够上下左右形成一股合力,那么书法、篆刻以及理论研究,发展的潜力是很大的,振兴也是完全可期的。这当然不能仅仅依靠书协的力量。好在上海现在上上下下的认识比较统一,这方面的工作正在开展,晋京展也可以说便是这个系统工作的一部分,便是上海一种合力的表现。到展览开幕的时候,相信会给大家一个新的认识。

《书》：上海人自认为的上海书法与外界对上海书坛的认识是否基本一致？——从内外对比中进一步凸显上海书坛个性

周：上海人对上海书法的看法本身也不统一，我们也没有必要定出一个统一的"上海意见"来，所以和"外界看法是否一致"无从说起。但问题提出的本身很有意思，显然你是认为不一致的。那么为什么会不一致，究竟是上海作者过于自信还是我们和外界交流、沟通不够？推动对话，加强交流正是本次晋京展的目的之一。只有充分的对话交流，才能使外界，包括使上海人自己，对上海书法有更清醒、更客观、更全面、更具体的认识。而在对话交流的工作上，我们感谢贵报的支持，并希望在展览的前后，继续给我们鼎力相助。

《书》：当前的海派书法与上世纪三四十年代相比，有哪些发展或变化？——谈书法本体的变异

周：一地的书法不可能孤立存在，在现在传媒这么发达的情况下，更是如此。所以当前海派书法和三四十年代的不同，其实大体上也就是当前中国书法和三四十年代的差异。这些我们不谈了。如果说二者之间略有不同的话，那就是海派书法继承了前辈的特点，作者的独立性也比较强，各写各的，互相之间的影响比较少。这个特点也有其两面性，不足之处是难以吸收别人的优点，某一种"技术优势"不能推广，各人摸索一套，比较艰难。而长处则是不易形成雷同，开一个展览会，不大会有"审美疲劳"。各人摸索一套，如果都能成功，那上海书法就不得了了。问题是缺乏借鉴，成功的概率太低。任何事物都有两面性，怎么扬其长避其短，我们都要认真思考。

《书》：本次"晋京展"对上海书坛的未来发展将会产生怎样的影响？——谈"晋京展"的历史意义

周：我上面已经谈过，我们努力把"晋京展"做好，但先不要让展览背上太沉重的社会责任，不要自诩什么"历史意义"。我们有过不少前车之鉴，

第四十章 "海派书法"晋京

都曾经说过"必将产生"什么样的重大影响和历史意义，不知现在记得的有几何？所以至少我个人不谈什么"历史意义"，历史意义是要让历史来说话的。我只希望我们能认真、细致、负责地把展览的工作做到最好。至于会对未来上海书坛的发展产生怎样的影响，也是不可预测的。我只能说希望产生怎样的影响：一、让上海书法融入中国书法的大格局中去，让上海的中青年书法作者到全国的大舞台上去唱戏；二、树立作品至上的评价标准，以书法水平的高低来衡量作者的价值；三、以此为契机，持之以恒地激发起作者比较高的创作热情；四、争取在较短的时期内，让上海书法上一台阶。

《书》："晋京展"之后的下一项重要工作是什么？下一步，上海书协如何自主性地开展工作——谈上海书协的长期发展规划

周：我们这几年所做的一切，包括这次"晋京展"都是为了提升上海书坛的整体实力，重新塑造上海书协的辉煌。为了达到这个目标，必须要有充足的后备力量。这就需要我们具备一种战略眼光，为培养人才并营造让人才脱颖而出的机制、氛围而作出长期不懈的努力。我希望这个认识能够成为我们今后工作的核心目标。

《书》：全国的书法爱好者都非常关心您的身体健康，能介绍一下您现在的生活状况吗？

周：多少年来，我的身体一直没有心态好。主要是类风湿性关节炎的纠缠，近些年有趋于严重的现象，比较痛苦。前年、去年两条腿先后换了人工关节，情况好一些，谢谢关心。苏东坡说："苟非吾之所有，虽一毫而莫取。"我崇拜苏东坡，但是没有办法，取了很多"非吾之所有"的东西，连关节都不是原生的。别人给了我很多，社会给了我很多，人生走过了大半，应该多想想如何回报了，这是我现在主要的心态。换了人工关节后，有时候还能出去走走。前些时候我到过云南，够远的。想想我们一些前辈比如陆俨少等等，有健全的身体，也只能"卧游"作想象，我非常知足了。字当然还是要写的，并且我也很希望能写得好一些，但是要突破自己很难。不是技术上的问题，

↑ 周慧珺主政书坛12年间的出版物

主要是审美观念上的问题，人很难改变自己的审美定势，年龄越大越顽固，不易改变。所以有时候我听到一些批评某某老书法家的话，能比较冷静对待，一是理解别人，尊重别人的审美观点、艺术选择；二是警惕自己，不要僵化。

因此，我们可以看到周慧珺怀想沉思经年的问题，在采访中得到了答案。"海派"书法代表的是一种精神，一种自强不息、不甘人后的进取精神。正是凭借这种精神，在一百多年的时间里，数代"海派"大师以一种殉道的勇气，钻坚仰高，机敏地跳出陈规陋习的圈子，多方搜求，而且多能不带偏见，不蹈前人碑帖之争的漩涡，在整个"海派"书法阵营中绝无丝毫跟风现象，书家们都是不走捷径，直抒胸臆，毫无门户之见，终于形成了各具机杼，风格多样的"海派"书风。

对于今人来说"海派"书家给我们的财富在于：在"海派"书法大家的作品中，不论阴阳刚柔，雄健秀丽，不仅个人风格强烈，而且融合协调，毫无生硬言怪、矫揉造作之感，鲜明地呈现出水到渠成、不期而至的风格特征。在那个生活水平远不能和现在相比，战乱频仍、颠沛流离的时代，"海派"书法家硬是以自己的艺术人格撑起了让人找到可以托庇精神世界的另一个时空。他们那种对艺术追求的执著、纯粹和对自身完善的认真严肃，以及对自恃聪强、不肯随人唯阿的嶙峋傲骨，头角峥嵘、白眼对人的清高处世态度，家国危难、山河破碎之际的慷慨大义、热血肝胆，都使人面对他们作品时产生难以抑制的仰慕。尤其是他们

↑ "海派书法晋京展"上海汇报展

的作品中始终带有中国元素，在纸醉金迷、商业竞争的上海，似乎一切艺术都沾染了欧风美雨的影响。"海派"书法家们虽然也承受了竞争的风气和竞争的压力，并对作品的形制作出了一定的调整，但就艺术本体而言，确是牢牢根植于中国传统文化深厚的土壤中，保存着纯正的中华民族文化符号。

浙江省书协主席朱关田形容海派书家："书如其人，重在人品，是为传统，多见保守，且崎岖磊落之人，岂肯随波逐流，媚世以射利，故其近商不移志，拔俗特立，矜为天下式。'技为下，道为上'，斯乃'海派'书法异于绘画处。"讲的也是这个道理。

现在的我们人心浮躁，应酬世事，贪财射利，专业书家反而不专业。"海派"书法的精神在此时就如一种隔代的声音依稀抵达人们的耳鼓，发出一种昭示，给予我们启迪。这是周慧珺主导下的"海派书法晋京展"最重要的意义和目的，希冀与所有爱好书法的人们共勉。

为庆贺"海派晋京展"的盛大开幕，当日晚上还举办了"翰墨京韵"演唱会，地点就在北京的长安大戏院。晚会上，京、津、沪三地京剧名家叶少兰、尚长荣、李维康等演出了《飞虎山》等传统名段。各地书法界人士与戏迷享受了一次翰墨与京韵齐美的文化盛宴。

继2007年的"海派书法晋京展"及嗣后的"上海汇报展"后，上海书协又推出了两个较为重要的活动：一是2008年12月上海书协和上海豫园联袂举办的"海派书法国际研讨会"；二是2008年12月26日由上海书协、上海青年书协和刘海粟美术馆联合举办的"风生水起——纪念改革开放三十周年海上名家书法邀请展暨融合创造——2008上海青年书法篆刻大展"。

"青年书法篆刻大展"是著名书法家和新生代书法家共同鸣奏的书法墨韵。对这次展览，周慧珺不仅亲自过问，还认真题写了完整的"融合创造——2008上海青年书法大展"的展标。现上海书协副主席、青年书协主席徐庆华提到这事，语气里充满感激。值得一提的是，书协秘书长戴小京的展览前言写得很精彩：

> 经过三十多年的发展，在社会各界的大力支持下，上海的青年书法人终于铸就了一个属于自己的品牌——上海青年书法篆刻大展。这个品牌形成的时间点具有深远的历史意义，因为她正好与我国改革开放三十周年相衔接。回顾这三十年的历史，书法艺术与我们国家共同走过了由复苏到全面繁盛的崛起过程，正是因为有了改革开放，才有了文艺的复兴，从而才有了今天书法艺术重新受到珍视以及有如此众多的青年才俊投身书法的大好局面。今天的书法青年走进了一个大时代，无论生活条件的优越、艺术资料的丰富和社会的宽容度，都达到了历史上任何一个时代都无法比拟的境地。所以他们完全有理由、有条件、也有机会超越前人，层楼更上，书写出无愧于这个时代的绚丽篇章来。

在2007年第一期的《书法》杂志中，周慧珺被评为"十大年度人物"。《书法》在入选理由中这样表述：

> 《海派代表书法家作品集》的出版和"海派书法晋京展"活动的策划为海派书法的振兴吹响了号角。作为上海书法家协会领导的周慧珺对海派书法历史的深刻认识和对其现状理性的剖析，反映了她深厚的书学涵养和睿智的领导才能。以她为首的上海书法家协会在这一年里的工作使"海派书法"振兴看到了曙光。

尾声

　　本书将要结束，请各位读者回溯着记忆中深深浅浅的印象，回过头来再检视一遍本书的传主周慧珺所走过的坎坷曲折、平凡离奇的人生道路。细心而真诚的读者，你一定能够明白，周慧珺打动你的绝不仅仅是她的艺术，她的灵魂、她的人格，都如春雨润物一样让你感动，予你启迪。

　　垂髫之年的周慧珺，由于家道殷实富足、父母开明达理、兄弟姐妹友爱相亲，尤其父亲是个懂生活、知情趣、崇尚文化的儒商，使之在享受温馨和睦的家庭生活之余，可以读书识字，接受书法启蒙教育，比同时代的大多数女孩都更幸运、更无忧无虑。那个年岁的她，无疑是快乐幸福的。通常说来，一个人降生后的那段懵懂时期所身处的生活环境对其成年后世界观的形成十分重要。顺境中的孩子更质朴、不知算计，逆境中的孩子则更精明、适应力更强。性格本就无优劣之别，只是各有道途。年少时的生活，培植养成了周慧珺单纯善良、不知稼穑艰难的天性。

　　少年时代的周慧珺，中国进入了新社会、新时代，时代的变革必然影响当时人的生活。他们家由优越的资产阶层急速转变为社会中的边缘人群，资产阶级成分为他们的生活徒增了不少灰色。例如与心仪的学校失之交臂，使周慧珺开始品尝到人生的残酷和失落。她只能被动接受现实，经受考验和历练，无可奈何地让自己渐渐成熟起来。这期间她依托自身努力，积极汲取文化基础知识，开拓兴趣和视野，成

↑ 周慧珺欣赏碑帖

绩优异,终于圆了入市三女中的梦想。她那颗怀揣着对知识渴望的少女的心啊,是多么激动与兴奋!入校后,她如饥似渴地遨游在知识的海洋里,勤奋刻苦地钻研文化知识。在老师和同学眼中,她成绩优秀,性格开朗随和,三年的女中学习生涯令她获益终生。

随着年龄和阅历的增长,周慧珺用在书法学习上的时间越来越多,而类风湿性关节炎开始如一个恶魔一般纠缠上了她。但她不受胁迫,不以为意,执著而蹒跚地行走在书法的殿堂中。拜名师,临名帖,孜孜不倦地学习书法技艺。这阶段她凭着年少时培养的对书法的浓厚兴趣,坚定不移而又轻松自然地学习,进步神速。周慧珺自言:

> 一个人做自己最感兴趣的事情的时候,是快乐的。心情愉快了,就容易将自己的能力发挥到极致,从而做得更出色。这样的人生,自己既不会因为长期无聊而抑郁,又能让别人感受到你的快乐,对自己、对他人都有好处。

尾声

俗话说，兴趣是最好的导师，很快周慧珺就凭借出挑的书艺在青年书法家中小有名气。1962年，周慧珺所临米芾《蜀素帖》被刊登在《新民晚报》上，遂受到新闻出版单位的瞩目，1973年，《人民中国》刊登了周慧珺书写的行书——杜牧《山行》。

"文革"期间的周慧珺，家遭厄运，父母接连挨批被斗，家被抄，病愈重。多重打击压得她心力交瘁、软弱彷徨，甚至丧失了生存的希望，是书法赐予她力量，让她的心活了起来。当一个四肢灵活，可以攀上爬下、行走自如的人无病呻吟慨叹生活中种种不如意时，忍受着四肢百骸苦痛的周慧珺却只能靠自己的意志和命运抗争，她用那僵硬肿胀不能挺立的双腿支撑着身体，用颤抖变形的手指握着毛笔，把自己的心曲表达、抒发出来。笔墨纸，是她寄托灵魂，放飞感情的自由天地。她怕，怕下一刻病情恶化，自己失去继续写字的机会，所以她倍加珍惜时间，珍惜还有握笔学习的机会。她把所有可以用来写字的时间都利用上了，就连做家务照管父母，都用心去思考、去想象。天道酬勤，就是在那艰难时期，她写字的技艺却日益精进。就大半辈子学书历程而论，那时期周慧珺收获最多。是的，她的四肢虽不能奔跑，但却在书法领域里走得稳健迅捷，走得常人无法企及！

流年似水，沧桑如梦。1974年，三十五岁的周慧珺接受上海书画社的约稿，出版了平生第一本字帖——《行书字帖——鲁迅诗歌选》。人们争购踊跃，首版很快售罄，她在书法界一帖成名。1975年，周慧珺在翁闿运的引荐下进入了上海中国画院，成为一名专职书法家。有了画院这个平台，周慧珺如鱼得水，她自由自在地徜徉于书法的海洋中，开始有意识地从单纯的临摹碑帖循序转向简单的书法创作。到了八十年代中期，又从由表及里的书法实践逐渐迈入到深刻的自我创作中。在这以后的十多年时间里，周慧珺作为一个专业书法家，于体悟书法精神的实践中，不断地汲取和扬弃，书风稳步地走向成熟，脱离了"出帖难"、"创作难"的泥淖，形成了自己用笔明快、章法奇妙的独特书风。先后由多家出版社出版了《长恨歌》、《周慧珺古代爱国诗词行书字帖》、《草书千字文字帖》、《周慧珺行楷书千字文》、《三字经行书字帖》、《周慧珺楷书前后赤壁赋》、《周慧珺行书杜甫诗选》、《周慧珺教魏碑》、《金刚般若波罗蜜经》等，赢来了学书者的仰慕和世人的交口称赞。

人们瞩目的是成功后被鲜花包围的周慧珺，对于她自己来说，几十年病痛的折

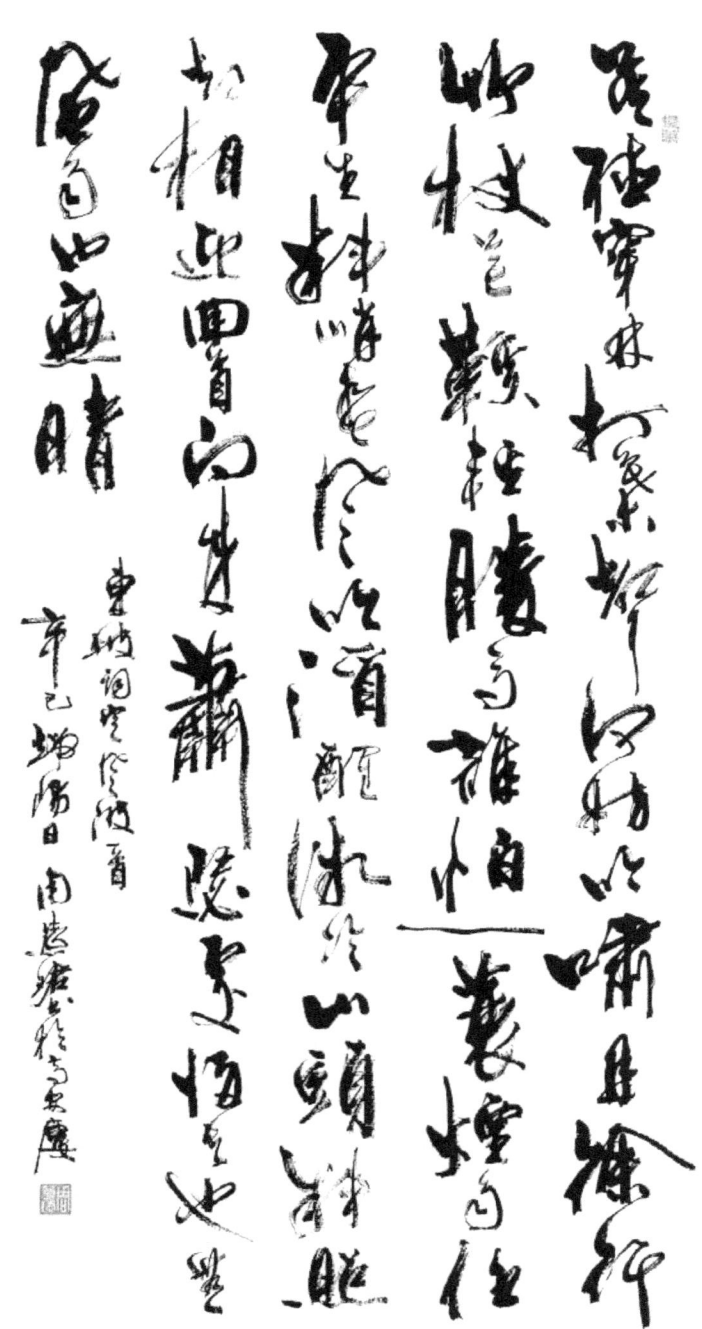

↑ 周慧珺作品：苏轼《定风波》（2001年）

尾声

↑ 周慧珺作品：文徵明诗(2008年)

磨、无法行走的痛苦无时无刻地不在吞噬着她的健康，考验和煎熬着她的意志。但她都以豁达的心态、顽强的毅力，坦然接受并战斗过来，收获了自己的辛勤成果。是啊，生命赋予我们每个人的并非只有欢笑，还有病痛、失意和泪水，当潜藏的暴风雨袭来时，你是否能如周慧珺一般，选择傲视苦难，并以胜利者的姿态勇敢地超越它。

岁月在积累，生活在沉淀。功成名就、年逾古稀的周慧珺生活开始过得闲适，她除了依然把大量的时间分配给最重要的书法创作外，还涉猎投资、收藏、听戏、读书等，兴趣十分广泛。特别是换了人工关节行走渐渐自如之后，她开始过起普通人的生活，参加必要的社会活动，外出旅游观光，和三五知己相聚谈心，她似乎焕发了青春的活力，精神矍铄、思路清晰，连声音都充满了中年人成熟的魅力。几乎每个与周慧珺通过电话的人都会疑惑地发问："是周老师吗？怎么听来这样年轻？"她讲话幽默风趣，会让人如沐春风，情绪不自觉地松弛下来。她言简意赅，总能用睿智的寥寥数语就让人茅塞顿开。她人性的光辉影响着周围的人，鼓励你上进，督促你充实并完善自己。

面对身体的苦痛，周慧珺如是说：

日本佛学大师松原泰道在他最后写的一本书《学习死亡》里这样说："死亡就像不停行走的钟，每一秒都存在，也许这是一本写不完的书，写不完又有什么关系呢？人生总是半途终结的，我们每一天只需尽力做好能做的事，力所不及的事，就交给苍天吧。"大师的座右铭是终生学习，至死方休！也许我并不具备大师的胸怀，但用他的精神勉励自己总是可以的。我是在写字过程中开始生活的，毫无疑问，我也要在写字的旅途中结束我的生命。

套用保尔·柯察金的话来诠释她的理解——人最宝贵的是生命。生命每个人只有一次。人的一生应当这样度过：回首往事，他不会因为虚度年华而悔恨，也不会因为卑鄙庸俗而羞愧。临终之际，他能够说："我的整个生命和全部精力，都献给了对人类有益的事业。"周慧珺就是这样的人，她无愧于她的生命，她用自己的才华给人类创造了许多宝贵的精神财富。

周慧珺对于书法似乎并不能算得上极度狂热，但却是最执著的。可以说，她一

↑ 周慧珺在海派书法上海展上签名

生只做了一件事，用残疾的手握着心之笔挥洒线条描摹着黑白世界，现实主义的严谨性和浪漫主义的热情不羁被她揉捏得恰到好处。这一件事伴随着她成长、疲倦、失落、挣扎、快乐、振奋、成功……

所以技艺从来不是最重要的，一切可以用来探讨和论证的都不是最重要的，最重要的是灵魂与共，拼却身心！她与书法眷缠一生，用一生的时间写就了一首翰墨诗篇！

周慧珺的成就，决不仅仅在于是一个书法家，她拥有一颗在人生旅途中战胜肢体痛楚并不屈不挠前行的美丽灵魂。她是心的英雄，她的书法作品就是这种英雄心的表现。她的书法是她伟大灵魂的表征，是感觉的艺术，是灵魂的声响！

番外

2010年9月，上海市书法家协会换届，周慧珺因年事已高，辞去了书协主席的职务，转任名誉主席，但依旧兼任中国书法家协会顾问之职。今后，也许会随着参与社会活动的减少而在公众视线中逐渐淡出。然而，笔者想说的是：对于书法界而言，周慧珺的时代终将过去，就她自身而言，她是值得自豪的，因为她无愧于这个时代。她雁过留声了，她的艺术影响了整整一代学书人！

周慧珺的人生曾经历过书法史上最寒冷的冬天，但却在最寒冷的冬天里点燃了一把火，星星之火终可燎原。今天，当书法的火焰熊熊燃起、红透半边天的时候，相信很多人都会仰望着天空想起她、想起她的艺术。现在乃至很久的将来，人们都不会忘记曾经有那么一位身患残疾的奇女子，在中国书法史上涂抹过重重的一笔！

周慧珺曾在《书道苦旅》中对自己的学书生涯作过一番叙述，特此附上作为本书的结尾。

幼时，接受酷爱书画的父亲庭训："人生在世，书一定要读好，字一定要写好。学书要学赵孟頫，学赵能似管道昇。"也许这是父亲的正统理念，我似懂非懂，但知父命不能违。于是，幼小且贪玩的我无奈地握起了毛笔，开始

→ 2003年周慧珺、李静在黄君实书法展上

了每天临写几张赵字的日课。父亲做梦也不会想到，他给女儿的这枝笔日后会成为女儿的生命之柱，陪伴她一生。更不会想到这白与黑就是天和地，女儿从此将顶着天、踏着地，开始漫长的生命旅程。

世人都称赵字美，却没能引起我特别的钟爱，我只是为了完成父亲指令的作业而写了几年，真正撞击我心灵、使我入迷的是米南宫。有一次我偶然从父亲所藏碑帖的橱柜里，翻到了宋代大书家米芾的《蜀素帖》。那用笔千变万化、疏密有致，戟锐于内、振华于外的米字，令我振奋不已，我马上爱不释手地临摹起来。从那以后，我日思夜想，手摹心追，陶醉其中，开始对书法产生了浓厚的兴趣。1962年，上海举办书法展览，我以所临米芾的《蜀素帖》入选，并被刊登在《新民晚报》上。临池数载，这时，我方初知用笔。也因了这一偶然的机会，我叩开了书法的大门。

首获成功，激起我想进一步学习书法的欲望。我进了上海市青年宫书法学习班。平生第一次受了沈尹默、白蕉、拱德邻、翁闿运等老一辈名家的亲授。齐整而高水准的师资和严格的基本功训练，对我来说是多么难得的机遇。受名家指点迷津，茅塞顿开，在用笔上我有了进一步的理解。懂得了中锋、侧锋与偏锋的辩证关系。始知写字不必笔笔中锋，要妙于起倒，达到四面灵动、八面出锋的境界；对字的结构我开始理解"知白守黑"的审美观，始知字的结构就是布白。字由点画组成，空白处也是字的组成部分，虚实相生、相守，才成艺术品。判断力的提高，使我拿起一本帖，不再像初学时那样茫茫然不知所措，能比较迅速地领会到各种碑帖的用笔技巧和结构特点。我遍临了多种碑帖，楷书有颜真卿、褚遂良、欧阳询等，行书以宋四家为主。这时，我基本掌握了书法的用笔技巧。

六十年代中期，一场厄运席卷神州大地。"文革"骤起，书法老师们一个个被打倒，父亲也成了专政对象。家被抄，住房被紧缩。此时成了"黑五类"子女的我，重病缠身，蜗居斗室。在人生最艰难的那段漫长岁月，我送走了崇敬的拱先生、沈尹老，侍奉着年迈的双亲……外面的天地虽大，却不属于我。我只能躲进小楼成一统，书法成了我唯一的精神依托。我开始"三更灯火五更鸡"，悬着病痛的臂腕写啊写……帖中自有黄金屋，这里名家荟萃、如众星列

番外

河汉。我可自言自语，亦可与古人对话。我寻找着精神慰藉，唯有这片黑白天地才能让我自由地倾吐自己的喜怒哀乐，才能让我通过笔端来表达我身处逆境、自强不息的心迹。这时，我领略了人生，亦领略了"书为心画"的含义。

"文革"后期，我进入上海中国画院，成为专业书法家，幸运之神青睐了我。此时，我犹如渴骥奔泉，开始了真正意义上的对书法的探索。真、草、篆、隶，大字榜书、蝇头小楷，无所不涉。并在学帖的基础上，广临了北魏碑版、汉简木牍。上溯晋唐，下及明清，博采众长，形成了自己的风格，受到广大书法爱好者的喜爱。这时，我觉得似乎已经懂得了书法的"全部"。

十年前，随着时间的流逝，我开始了对书法的再思考，并开始自我否定。昔日重疾缠身、步履维艰的生活境遇，造就了我不肯向命运屈服的倔强个性。我的笔端力求刚健、雄强，书风追求豪放、明快，我以此向世人披露自己不甘示弱的心志。然而，时过境迁，整个社会及自身的命运都变了，人也进入了知天命之年。对人、对事的看法也随时间而变，对书法的理解、追求与欣赏都在变。心底的问题开始出现：今后的路，我该怎么走？这时，我对自己迷惘，对书法也彷徨起来。

现在，我每天自问：书法究竟是什么？何谓书法的真谛？是禅？是道？你要向人们表达什么？你想悟示些什么？书法一定不会是单纯的文字美化，也不会是象形的画或一种符号，她是有震撼力的！那么，书法应该是一种精神，存在于有形与无形之间。我想，从今以后，我将会继续这种自问自答，日复一日。谁能想到，几十年的时间从笔端流逝过去。这时，我却说不清楚书法究竟是什么了。

于是，我只能想象自己是寻求书法之道的旅人，这是一条难行之路，犹如蜀道之难。五十年前，在父亲不经意的指点下启程，我无忧无虑地出发了，五十年后却忧虑交加：何处是目的地？

"路漫漫其修远兮，吾将上下而求索"，尽管这是一条充满坎坷的旅途，可是命里注定我必须继续在这条道上苦旅下去。我意识到我脚下走的正是一条不归之路，然而我无怨无悔！

五十年光阴，弹指一挥间，五十年书道如梦如真……

周慧珺从艺大事记

1939 年　己卯　1 岁

12 月 6 日，周慧珺出生于五金商人家庭，祖父周士澄、父亲周志醒经营"义昌"五金商号，即上海第一五金商店的前身。在家中九个孩子中排行第八，取小名"囡宝"。

1944 年　甲申　5 岁

父亲要求周慧珺习字，并对她庭训："人生在世，书一定要读好，字一定要写好。学书要学赵孟頫，学赵能似管道昇。"

1946 年　丁亥　7 岁

投学于宁波同乡会小学。即将升入五年级时，因学习英语的需要，转学至宁波路第三小学。

1952 年　壬辰　13 岁

初中升学之际，国家实行工农成分与资产成分家庭的子女分开考试的规定，对工农子弟采取倾斜政策。受此政策影响，考入上海市南洋模范中学。

1955 年　乙未　16 岁

高中时，考入梦寐以求的上海市第三女子中学，在校期间大量阅读翻译文学作品。

类风湿关节炎已初露端倪，体育课免修，须定期到同济医院看诊。

1956年　丙申　17岁

国家实施全行业公私合营政策，"义昌号"收归国有，改为"上海第一五金商店"。周慧珺家的经济状况一落千丈。

1958年　戊戌　19岁

高中毕业，因病症疑似家族遗传，决定弃文从医，考入上海科技大学药学系。一年后，因病情加重遭校方劝退。

1959年　己亥　20岁

春，无意间于家中书柜内发现《蜀素帖》，被米芾的"刷字"和"尚意"书风所倾折，转而孜孜矻矻于"米癫"的世界中。

1960年　庚子　21岁

初春，适逢自然灾害及"大跃进"运动后期，政治环境渐松。因当时数理化师资严重缺乏，被特招入华东纺织工学院两年制大专班，攻习物理学。

1962年　壬寅　23岁

因国家充实师资的政策有变，被分配到杨浦区上海化工厂塑料研究所工作，主要研究用于国防的"聚四氟乙烯"绝缘材料的物理性能测试。

秋，以节临米芾《蜀素帖》入选由上海中国书法篆刻研究会（上海书法家协会前身）举办的市级书法展览，并被刊登在《新民晚报》上。

进入江西路上的上海市青年宫书法学习班深造，师从沈尹默、拱德邻等名师，开始了系统化、专业化的书法训练。

结识谢稚柳、胡问遂、任政等诸多艺坛前辈。

由"书刻会"选送其作品参加"中国现代书法展览"。

1966年　丙午　27岁

"文革"爆发，父亲周志醒成为专政对象，作为子女的周慧珺也被戴上"黑五类子弟"的帽子。家中接连被抄，父亲周志醒所藏书画、古玩悉数被抄没。

上海中国书法篆刻研究会解散，被青年宫书法学习班"退学"。

老师沈尹默等老先生被挂上了"反动学术权威"的牌子，关入牛棚。

1969年　己酉　30岁

侍双亲侧积劳成疾，导致类风湿关节炎病情加重，双脚有了短长，不得不长期病休。

与此同时，重拾笔墨。

1971年　辛亥　32岁

大妈孙氏去世。

母亲胡氏病情加重，得了重症老年痴呆。

结识伯乐翁闿运先生，翁老以其珍藏碑帖善本示之，遂成忘年至交。

结识方去疾先生。

形势渐缓和，得翁闿运和方去疾两位先生介绍，周慧珺参加了由上海东方红书画社（现上海书画出版社）组成的"工农兵通讯员"队伍。作品开始出现于朵云轩和各大小展览，由此进入公众视野。

6月1日，恩师沈尹默卒。4日，赴西宝兴路奔丧。

1972年　壬子　33岁

得侄女周德音撮合，与李静相识，从此开始了一段长达四十余年的师生缘。

参加蓬莱公园书法展，是为"文革"以来上海书坛影响最为广泛、质量一流的全市性书法展览。

行书作品杜牧《山行》入选《人民中国》。

1973年　癸丑　34岁

1月，为庆祝中日两国恢复邦交，《人民中国》日文版决定筹办《现代书法作品选》专辑。周慧珺作品入选，引起了日本同仁的激赏。

11月，上海市第一届书法篆刻展在上海美术展览馆举行，周慧珺作品入选展览。

老师拱德邻卒。

1974年　甲寅　35岁

1月，出版了平生第一本字帖——《行书字帖——鲁迅诗歌选》，是"文革"时期全国第一本由当代人书写的行书字帖。人们争购踊跃，首版很快售罄。于是一版再版，在短短的几年时间里连印十多次，创下了印数一百多万册的空前纪录。

被借调入上海中国画院进行书法创作。

1975年　乙卯　36岁

年初，李静赴黄山茶林场务农，周慧珺作书"党是阳光我是花，雪山草原把根扎。立志务农干革命，装点江山美如画"以示勉励。

与刘小晴、陈炳昶、杨永健合作撰写《怎样写行书》一书，周慧珺负责行书技法部分的编写。后因故未能出版。

拜晤时任上海图书馆馆长的版本和目录学大师顾廷龙先生，得其口授。

1976 年　丙辰　37 岁

7月，翁闿运为周作《健步歌赠周慧珺》。六月后，又作《赠周慧珺，兼慰其病二首》。

10月，"四人帮"被粉碎，"文革"结束，生活复归正常。

1977 年　丁巳　38 岁

周志高创办《书法》。

得翁闿运引荐和塑料研究所的放行，正式将工作关系转入上海中国画院，成为一名专业书法家。此后数年刻苦钻研，书学视野也扩展到碑碣，尤其是北魏碑版。取法《张猛龙碑》、《嵩高灵庙碑》、《广武将军碑》、《张迁碑》等，作品总体呈现出刚强雄浑的面目，带有"帖形碑质"的特点。

1978 年　戊午　39 岁

友谊商店开始向周慧珺等一批书画家约稿并支付稿费，周慧珺收到了人生中的第一笔稿费——六十元钱。

作品被国家外贸部编入《中国现代书法选》，并选送国外参加展览，当时全国仅选100幅作品。

1979 年　己未　40 岁

春，父亲周志醒因胃病去世，享年82岁。

1980 年　庚申　41 岁

日本北陆书道院邀请周慧珺赴日访问，受到理事长青柳志郎的热情接待。逗留日本期间，周慧珺感到了日本书法群众基础之雄厚、女性书家在日本书法界的地位之高、日本书法家的创作水平之强，对她日后振兴"海派"书法的想法起了积极的推动作用。

回国后，受画院委派周慧珺于日本领事馆教授领馆夫人们书法。

接到文物管理委员会的发还通知，认领"文革"中被查抄的书画古物等，但大多无踪。

冬，著名作家赵丽宏拜访求益，后在《文汇月刊》上撰写《心画》一文。

1981 年　辛酉　42 岁

参加在北京召开的第一届中国书法家协会代表大会，当选为中国书协理事。

唐云担任上海中国画院艺委会主任，并为书法组的书法家制定各人的"润格"标准。唐先生将周慧珺的价格标准和胡问遂、叶露园这样的老先生等同，享受的是七元一尺的最高价格。此前唐云就曾激赞周慧珺的字"酣畅磅礴，风樯阵马"，有米芾之风。

1982年　壬戌　43岁

结识香港著名摄影家简庆福先生，简托吕蒙求墨宝，周慧珺遂作书两幅赠予。

7月17日，上海农垦局第一届书法展览在五四农场开幕，周慧珺到场示范。

分得画院在徐汇区天平路上的新房。后受病情制约，买了一辆电瓶车作为代步工具。

1983年　癸亥　44岁

母亲胡银棣去世。

涉猎收藏，获上好端砚数方。

10月，为表赞赏，翁闿运作《口占赠周慧珺》。

1984年　甲子　45岁

10月28日，市三女中隆重举行了上海同学会成立大会，周慧珺作为杰出校友特别挥毫泼墨。

1985年　乙丑　46岁

短暂任教上海复旦大学，开设书法课。其他教师还有潘德熙、翁闿运、韩天衡、张森等。后将各位任课老师的备课讲稿整理编撰后成书出版，成为填补大学书法教材空白的一本书，发行近二十万册。

1986年　丙寅　47岁

《长恨歌》楷书字帖由黑龙江人民出版社出版。

赴辽宁鞍山的汤岗子疗养院作温泉疗养，缓解类风湿关节炎不断恶化的症状。

获上海文联首届文学艺术奖。

1987年　丁卯　48岁

6月，弟子李静赴日留学。

8月，乔迁至高安路。

年底，经上海书协主席宋日昌夫妇介绍，由上海瑞金医院的杨庆铭医生主刀，对周慧珺的右髋关节进行人工置换，防止关节的进一步病变，纠正畸形。

1988年　戊辰　49岁

由上海书画出版社出版了《周慧

珺古代爱国诗词行书字帖》。全卷以行书为主，兼作草体，内容选用了历代著名的爱国诗词共计二十七首，此书刊印达数十万册之巨。

1989 年　己巳　50 岁

4 月，中国书法家协会上海分会易帜为上海市书法家协会，周慧珺当选为常务理事。

赴香港。

任第四届全国书法展览评委。

1990 年　庚午　51 岁

经简庆福介绍，与著名经济学家张五常先生结为师徒。

1991 年　辛未　52 岁

周慧珺南下深圳与张成之联合举办了书法展览。除此联展之外，周慧珺从未举办过任何个人形式的书法展览。

受简庆福约请，周慧珺和李静、妹妹周慧琛赴香港旅游。

1994 年　甲戌　55 岁

随团赴日参加"上海——大阪建立友好城市 20 周年"庆祝会。

1995 年　乙亥　56 岁

当选第六届全国文代会代表。

1996 年　丙子　57 岁

和李静一起赴美国西雅图访问交流，同时赴旧金山参加东西方画廊举办的书画展览。

1997 年　丁丑　58 岁

上海中国画院大楼重建缺乏资金，由周慧珺牵线，张五常与时任画院常务副院长施大畏合作，投资数千万。

1998 年　戊寅　59 岁

9 月 21 日，上海市书法家协会举行第四次会员大会并举行换届选举。周慧珺被推举为新一任上海书协主席，韩天衡、张森、王伟平、吴建贤、张晓明为副主席。

10 月 28 日，邀请旅法艺术家、巴黎大学教授熊秉明作书法演讲，书协三百余名会员参加了演讲会，并与熊秉明展开讨论。

12 月 14 日，市文联第五次代表大会在上海展览中心隆重举行，周慧珺被选为副主席。

12 月 17 日，青年宫艺校成立四十周年，包括周慧珺作品在内的历届师生书画展在朱屺瞻艺术馆展出。

12月，组织出版《上海书协通讯》（内部出版物）第一期，会员们第一次看到了上海书协动态及相关的大量信息，增强了参与振兴上海书坛的意识。

1999年　己卯　60岁

1月，在亲笔题签的《上海书协通讯》发表题为《发扬优良传统，振兴上海书法》的文章。

与张五常合出书法教学影碟《慧珺五常谈书法》。

6月10日上午，"上海——大阪缔结友好城市二十五周年书法交流展"在上海图书馆开幕，并召开"上海书坛的创作与欣赏"辩论会。周慧珺主持了会议，由刘小晴与郭舒权各作不同观点的演讲，并展开辩论。双方观点鲜明，思想碰撞激烈，引发了与会者对上海书法现状的大讨论、大思考和大交锋。在大庭广众下的这次不同艺术观点的公开辩论，是上海书坛几十年以来的第一次。下午，又由日本书艺院顾问今井凌雪先生作"当代日本书法史"学术报告。

为著名电影表演艺术家沙莉的自传《生命的碰撞》题写书名，学林出版社出版。

2000年　庚辰　61岁

1月8日，发表《为提高上海书法的创作水平而努力》，针对近几年上海书协的一些弊病及全年书协工作提出要求和建议。

2月，与陈佩秋共赏梁谷音主演的昆剧《西厢记》。

12月20日，中国书协召开第四次全国代表大会，高占祥发表祝辞。中国书协代主席沈鹏代表第三届理事会作工作报告，中国书协分党组副书记张传凯作了《关于修改中国书法家协会章程的说明》，中国书协副主席刘炳森致开幕词，中国书协副主席李铎宣读了贺词。大会由中国书协分党组书记张飙主持。同时选举产生了中国书法家协会第四届领导机构，沈鹏当选为主席，周慧珺等当选为副主席。

2001年　辛巳　62岁

春，被评为"上海市德艺双馨文艺家"。

5月，结识有"小冬皇"美誉的京剧老生演员王珮瑜。

2002年　壬午　63岁

1月18日，参加"中国现代书法20人展"，展览在日本东京日中友好会馆美术馆举行。

2003年　癸未　64岁

2月，与书画出版社协调，调戴小京到书协担任秘书长职。

5月15日，为支持抗击"非典"，代表上海市书协捐赠会员名家作品11件。随后在一次书法作品义拍上以个人名义捐献人民币20万元。

6月4日，《文汇报》发表《弱女子撑起上海书坛半爿天——记上海书法家协会主席、著名书法家周慧珺》。

9月1日，《周慧珺行楷书千字文》由中国和平出版社出版。

秋，类风湿关节炎病情严重影响到周慧珺的日常生活和工作，不得已在瑞金医院进行手术，置换膝盖的人工关节手术，用人工假体来置换人体病损的右膝关节。

12月，上海书画出版社再度约请周慧珺写了《草书千字文字帖》，在一年多一点的时间里，前后三次印刷。

12月，《周慧珺教魏碑》由上海人民美术出版社出版。

2004年　甲申　65岁

2月25日，上海市书法家协会第五次会员大会在上海文艺活动中心举行。会上选举产生了新一届书协领导机构，周慧珺再次担任书协主席，王伟平、刘一闻、吴建贤、张淳、张森、张晓明、周志高、洪丕谟、钱茂生、韩天衡、童衍方、戴小京为副主席，并选举产生了23人的常务理事会和62人的理事会。

秋，住进上海市第九人民医院，采取激进疗法，在一年前做了右膝关节手术后又接连做了左膝关节和髋关节的置换手术。

2005年　乙酉　66岁

8月，《三字经行书字帖》由上海人民美术出版社出版。

同月，游九寨沟。

10月，担任"2005中国杭州首届国际草书艺术大展"艺术委员会委员。

12月14日至17日，中国书协第五次全国代表大会在首都京西宾馆隆重召开，上海张森、刘一闻、戴小京、李静当选为中国书协新一届理事。

12月21日，出席《翰墨百年——朵云轩105周年展》开幕式。

2006年　丙戌　67岁

1月，由李静、韩云、徐晓蔚撰写的《周慧珺——书海无涯苦作舟》发表在《文汇报》和《新民晚报》上。

4月12日至13日，上海市文联第六次代表大会召开，周慧珺连任当选为文联副主席。

夏，应陈佩秋先生的邀请，与李静、薛国荣、李炳淑、王珮瑜以及上海京剧院一些青年演员共十余人同赴云南，游昆明、丽江、玉龙雪山和香格里拉等地。

7月31日，李静应邀撰写《周慧珺的书法人生》一文，刊登在《中国艺术报》上。

夏，游安徽黄山。

12月《海派代表书法家系列作品集》由上海书画出版社发行。此系列画集涵盖了十位作者，分别是吴昌硕、沈曾植、李叔同、沈尹默、王蘧常、来楚生、潘伯鹰、白蕉、谢稚柳、陆俨少，每人一集。全书最后共征集到作品5000余件、拍片3600余张，共收入原作图版1675件，印章1100余枚，10位书法家各时期的生活照片100余张。这些作品和图片绝大部分以前都未经发表。而文字部分也有100万字，很多手稿有相当高的学术研究价值。各集还配有资深专家的评析、介绍文章。此系列画集共投资350万元，赢得了中国出版政府奖（图书奖）。

12月29日，"上海中国画院2006年展"展出周慧珺的巨幅书法作品。

年底，接受《书法报》采访，就"海派书法晋京展"、上海书协的工作、书坛的发展等问题进行了深入的探讨。

2007年　丁亥　68岁

年初，作品《慈善爱心洒满浦江》参加"点亮心愿"义拍活动。

1月4日，赴上海博物馆参观《平复帖》和《出师颂》，引起众多书法爱好者的追捧。

1月，举办"海派书法晋京展暨海派代表书法家系列作品集首发式"。中共中央政治局常委、全国人大常委会委员长吴邦国10日下午在全国人大常委会副委员长兼秘书长盛华仁、国务委员陈至立等陪同下参观了"海派书法晋京展"。下午4时许，吴邦国来到中国美术馆，在赵之谦、吴昌硕、康有为、沈尹默等海派书家代表人物和当代海上书法篆刻新锐的一幅幅精品力作前，一再驻足欣赏，并饶有兴致地与在场的书法家亲切交谈，再次印证了海派书法是中国近现代书法的重要组成部分。从上世纪初开始，许多中国近现代书法史上的代表书家都在上海留下了珍贵的作品，奠定了海派书法的坚实基础。此次上海市文联和上海市书法家协会共同主办的"海派书法晋京展"，旨在继承海派书法的优良传统，展示海派书法的当代形态，推动海派书法在新时代的振兴和发展。这是上海市书法家协会成立44年来，第一次组织上海书家集体在首都亮相。展览展出了海派书家代表人物和当今海上书法篆刻家的精品力作290多件。这是周慧珺在担任上海市书协主席任内的一次盛大展览活动，对于"海派"书法的推广意义至深。

1月11日晚，由上海天蟾京剧中心演出有限公司与上海市文学艺术界联合会、上海市书法家协会主办的《"翰墨京韵"京剧演唱会》在北京长安大戏院成功上演。包括周慧珺、陈佩秋在内的二十多位专程前往北京参加"海派书法晋京展"的书法家们观看了演出。

接受采访《铁笔侠胆写天地——周慧珺先生访谈》，载于《中国钢笔书法》2007年第3期。

6月，在上海展览中心举办"海派书法晋京展——上海汇报展"暨"2007年上海市书法大展"，市委领导习近平、韩正、殷一璀、王仲伟、杨定华、龚学平、江勤宏等参观了本展，并给予了高度评价。

6月14日，《文汇报》发表《赴京展罢 回报乡梓——周慧珺一席谈》。

7月，为程十发先生告别会题写挽联"三釜书屋千秋慧业丹青播化真善美，一代宗师四海声名典则长留天地人"，表达对一代书画大师的敬仰。

8月，最新版本的《周慧珺楷书前后赤壁赋》、《周慧珺行书杜甫诗选》由东方出版中心相继推出。

8月，与众多名人一起亮相书展。

8月，16开本线装书《易中天读史》一函四册出版，由周慧珺题写书名，部分书籍被拍卖用以资助贫困生。

9月26日，为在明园文化艺术中心举行的"迎党的十七大召开——上海市书法篆刻展"作开幕式发言。她说："在党的十七大即将召开喜讯的鼓舞下，我们上海书协将随着改革开放的步伐，合着中国大书法的节拍，展开振兴书法的宏图，发挥书法在精神文明建设和构建和谐社会的作用。"

与京剧程派青衣张火丁结识。

2008年　戊子　69岁

1月2日—8日，赴香港举办"上

海书法香港迎春展"并为展览掀开开幕红绸，由香港"亚洲电视"主持人王明青对周慧珺作了专题采访。

1月9日，长篇正楷作品李白《梦游天姥吟留别》参与"朵云轩当代海派书画家迎春邀请展"。其笔力之不倦令人难以想象此是七十老人所作。

4月19日，在朵云轩·朵云画廊举办"绝妙好词——周慧珺书宋词作品展"。

4月28日，出席由上海浦东新区青少年活动中心承办的"上海首届现代刻字艺术培训班"开班仪式。

5月，"汶川大地震"期间，周慧珺向灾区捐款30万元现金。

8月10日，参加"经典·精英·精品——2007上海优秀青年书法家作品展"，并向徐汇艺术馆赠送了亲笔题写的馆名，以鼓励徐汇艺术馆为关心青年美术所做的工作。

8月，赴山西，游晋祠、五台山、应县木塔、云冈石窟、乔家大院、平遥古城、苏三监狱、洪洞大槐树、黄河壶口瀑布等。

为支持书法申遗，撰写《由"申遗"想到书法教育》。

11月，作品参与"百年海派——当代海派书画家邀请展、清代嘉兴籍海派名家作品展"。

11月28日，参与"2008相约西湖"的"西湖十景"主题创作活动。

12月，参加"海派书法国际研讨会"，并编辑出版了研究文集，作序一篇。此项活动进一步促进了"海派"书法艺术的发展，具有划时代的历史意义。

12月，"风生水起——纪念改革开放30周年海上名家书法邀请展"在刘海粟美术馆盛大开幕，共邀请了上海成绩斐然、广有影响的老中青三代50余位名家的力作。

12月20日，上海市对外文化交流协会在花园饭店举行了第三届理事大会暨新年联谊会，周慧珺被选为理事（文化艺术）。

2009年　己丑　70岁

身为宁波籍书法家，周慧珺为"宁波帮博物馆"题名，并于当年10月22日揭幕。

4月，参加上港集团组织的书画家采风，和二十名书画同道一起，乘坐"皇家加勒比"号邮轮去韩国釜山和日本福冈游览，书协同行者王伟平、张森、戴小京、李静。

5月9日，于朵云轩·朵云画廊举

办《周慧珺、钱行健书法与绘画展》，以支持《朵云轩·朵云画廊提升老字号民族品牌、促进海派书画文化发展之书画名家声明》。

6月，为弟子李静撰写《李静的书法》一文，刊载于《书法报》。

6月，为向世博会献礼，展示海派国画风貌，周慧珺与陈佩秋、贺友直等五十余位艺术家共同完成2010厘米长（寓意2010年上海世博会）的《浦江两岸尽朝晖》。

6月，参与由市文明办、市文联等联合举办的"精彩世博，文明先行——上海著名书画家作品邀请展"。

8月，为《大写的人——城市魂英雄谱》作书。

8月，接受《杨华访谈》采访，题为《书法是从远古走向未来无数生命的演绎》。

9月15日，入围"新中国60年上海百位突出贡献女性"名单。

9月21日，作品参加"祖国颂——当代著名女书法家"邀请展。

10月，完成楷书《金刚经》的创作，由书画出版社出版。

10月，周慧珺主编的大16开《平复帖——国际书法大赛作品集》由文汇出版社出版。

发行"书法名家技法讲座"VCD/DVD系列光盘——《周慧珺书法艺术及技法》（上、下）。

10月17日，接受作家潘真采访《书道漫漫任我行——访书法家周慧珺》。

年底，上海书法家协会启动换届，周慧珺因年事已高，将在换届后辞去书协主席的职务。

2010年　庚寅　71岁

1月2日，与陈家泠、车鹏飞、刘小晴、乐震文、李静、张大元等沪上七位著名书画家齐聚朵云轩，参加"亲情中华世博行——'侨之情'上海侨界迎世博书画公益展"。现场挥毫题词"一粥一饭尚思来处不易，半丝半缕恒念物力维艰"，赢得满堂彩。

1月，作品参与浙江美术馆"翰墨华章"新中国成立60周年中国书法学术邀请展。

1月23日，在福州路艺苑真赏社展厅参与"迎世博迎新春——上海青年书法篆刻展"开幕式。周慧珺当场挥毫留下墨宝，激励崛起中的上海青年书协。

6月，楷书《金刚般若波罗蜜经》由上海书画出版社发行；9月，转任上海书协名誉主席；11月，被聘为上海市文史研究馆馆员；12月，陈佩秋、周慧珺书法展在上海恒源祥香山美术馆开幕。

2011年　辛卯　72岁

6月，上海航天系统书法家协会成立暨首届书法展开幕式6月24日下午在上海图书馆展厅举行。上海市委常委、原警备区司令员江勤宏，上海市文联党组副书记迟志刚，中国书协顾问、上海书协名誉主席周慧珺，上海航天局工会主席吴海中，航天书协主席杨永法，上海书协顾问钱茂生、刘小晴，书协副主席戴小京、徐正濂、张伟生、李静等出席了仪式。

8月，李静、张亚圣所著《周慧珺传》由上海人民出版社出版。该书由张五常、赵丽宏作序，记述了著名书法家周慧珺从幼年开始的生活、工作，克服巨大困难投身书法以及领导上海书协工作的几十年历程。由于作者长期生活在周慧珺身边，掌握大量第一手资料，写来笔墨清新，感情真实，极有可读性。该书印制精美，图文并茂，并有许多周慧珺在家庭背景影响下走上艺术道路的资料和图片，很为鲜见。

9月，全国行草书名家作品邀请展暨上海书协行书专业委员会揭牌仪式9月6日下午在上海图书馆举行。上海市委宣传部副部长陈东，上海市文联党组书记杨益萍，上海书协名誉主席周慧珺，上海书协顾问王伟平、钱茂生，上海书协主席周志高，上海警备区政治部主任田金生，上海航天书协主席杨永法，著名企业家陈金根，上海书协副主席戴小京、徐正濂、孙慰祖、张伟生、李静、宣家鑫，书协办公室主任郑振华等600余人出席仪式。

11月，全国第十届书法篆刻作品展览（上海展区）11月3日上午在上海展览中心隆重开幕。全国政协副主席李金华，上海市人大常委会主任刘云耕，上海市政协主席冯国勤，上海市委常委、宣传部部长杨振武，宣传部副部长陈东，中国文联党组副书记、副主席覃志刚，副主席段成桂，中国书协主席张海，中国书协分党组书记、驻会副主席赵长青，顾问邵秉仁，副主席言恭达、陈振濂、申万胜、何应辉，副秘书长戴志祺、潘文海，上海市文联党组书记杨益萍，副书记迟志刚、上海书协名誉主席周慧珺，顾问钱茂生，主席周志高，副主席张淳、刘一闻、戴小京、徐正濂、张伟生、李静、丁申阳、宣家鑫、徐庆华等和获奖作者、入展作者以及赶来观展的书法爱好者共二万余人出席了开幕式。

2012年 壬辰 73岁

6月,"以文化促和谐——2012联合国中国书法精品展"6月11日至15日在联合国总部举行。上海书法家访美代表团周慧珺、周志高、李静、杨永法、薛亮等共同为展览开幕剪彩。开幕式期间,上海书法家访美代表团周慧珺、周志高、李静、杨永法、宣家鑫、郑振华、黄仲达、吕颂宪、吴瓯等和访美著名硬笔书法家庞中华、旅美书法篆刻家张万鑫以及联合国中国书会有关成员共同挥毫,相互切磋。

6月27日至28日,中国书协六届三次理事会议在上海市松江区隆重举行。中国文联党组副书记、副主席覃志刚,中国书协主席张海,中国书协分党组书记、驻会副主席赵长青,中国文联国内联络部主任罗成琰,中国文联人事部副主任郑希友,中国书协顾问周慧珺,中国书协副主席王家新、申万胜、苏士澍、吴东民、吴善璋、何应辉、何奇耶徒、言恭达、张业法、张改琴、陈振濂、胡抗美、聂成文,中国书协分党组成员、副秘书长潘文海、张陆一,上海市委常委、宣传部长杨振武,市委宣传部副部长陈东,上海市文联党组书记宋妍,文联副主席、巡视员迟志刚,文联党组副书记王依群,松江区委书记盛亚飞,区长俞太尉,副区长杨峥,区委宣传部副部长谢巍出席会议。

7月,由中国书法家协会理事、上海书协副主席李静撰写的《周慧珺、李静解析米芾〈蜀素帖〉》一书,由上海书画出版社出版。全书共分七章,其中"米芾书法特点""技法解析""学习《蜀素帖》的几个要点"等章节尤为详尽。该书是周慧珺、李静师生多年临习米字体会的首次公开发表。8月17日下午,周慧珺、李静在上海展览中心举办签名售书活动。

9月,由上海市文学艺术界联合会和上海市书法家协会主办的第七届上海书法篆刻大展开幕式于9月25日上午在上海图书馆展厅隆重举行。本次大展以"喜迎十八大"为主题,旨在展示上海书法艺术的阶段性最高成果,推动上海书法创作和理论繁荣发展。

上海市文联党组书记宋妍,上海市文联专职副主席、巡视员迟志刚,上海书协名誉主席周慧珺、上海书协顾问钱茂生、上海书协主席周志高,上海书协副主席张淳、戴小京、孙慰祖、张伟生、李静、丁申阳、宣家鑫、徐庆华等800余人出席了开幕式。

11月，松江荣获"中国书法城"称号。

上海松江区"中国书法城"命名仪式11月20日上午在松江区美术馆举行。中国书协分党组书记赵长青，松江区委书记盛亚飞，中国书协顾问周慧珺，中国书协戴志祺、刘恒，上海市文联巡视员、副主席迟志刚，松江区副区长杨峥，区委宣传部长谢巍，上海书协主席周志高，副主席张淳、戴小京、徐正濂、孙慰祖、张伟生、李静、丁申阳、宣家鑫、徐庆华等600余人出席了仪式。

2013年　癸巳　74岁

10月，参加"大字书法国际邀请展"、"长三角三省一市书协主席团书法精品邀请展"、"全国书法名家作品邀请展"等。

2014年　甲午　75岁

3月，由上海书画出版社出版《周慧珺楷书诸葛亮前后出师表》。

5月，上海书协行书专业委员会在书协驻会副主席李静的带领下，赴山东参加了"上海书协行书专业委员会胶东行——海派书法进军营"活动。中国书法家协会顾问、上海市书法家协会名誉主席周慧珺也随团出访。

8月，上海书画出版社再版《周慧珺楷书金刚经字帖》。

12月，由中共上海市委宣传部、市文化广播影视管理局主办的第六届"上海文学艺术奖"颁奖典礼于12月17日晚在上海大剧院举行。德高望重的12位"终身成就奖"、德艺双馨的12位"杰出贡献奖"获得者，接受党和人民授予的崇高荣誉。其中，上海书协名誉主席周慧珺获第六届上海文学艺术奖——杰出贡献奖，也是书法家首次获得该奖项。

12月，上海书协名誉主席周慧珺荣膺由中国文联和中国书法家协会联合主办的第五届"中国书法兰亭奖——终身成就奖"，登顶中国书法最高荣誉。

周慧珺书法

大雨落幽燕白浪滔天秦皇岛外打鱼船一片汪洋都不见知向谁边往事越千年魏武挥鞭东临碣石有遗篇萧瑟秋风今又是换了人间 毛主席词浪淘沙书为仲达同志 乙卯春日 周慧珺

毛泽东词(1975年)

陈毅诗(1978年)

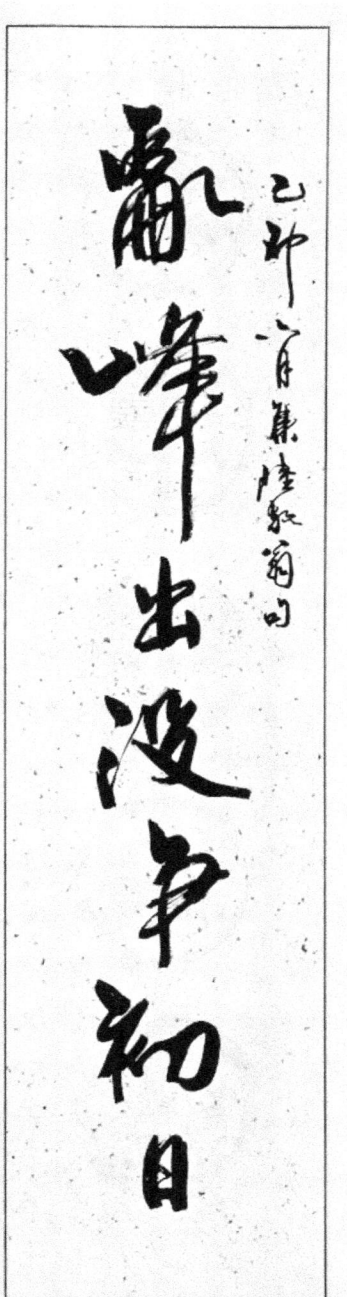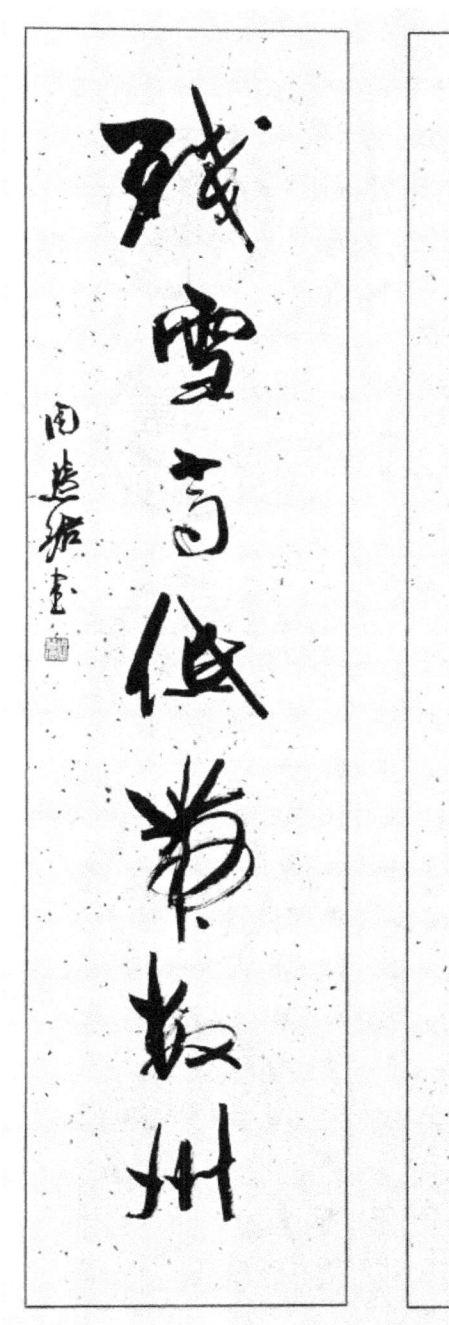

乱峰残雪对联(1999年)

独立寒秋湘江北去橘子洲头看万山红遍层林尽染漫江碧透百舸争流鹰击长空鱼翔浅底万类霜天竞自由怅寥廓问苍茫大地谁主沉浮携来百侣曾游忆往昔峥嵘岁月稠恰同学少年风华正茂书生意气挥斥方遒指点江山激扬文字粪土当年万户侯曾记否到中流击水浪遏飞舟

北国风光千里冰封万里雪飘望长城内外惟余莽莽大河上下顿失滔滔山舞银蛇原驰蜡象欲与天公试比高须晴日看红妆素裹分外妖娆江山如此多娇引无数英雄竞折腰惜秦皇汉武略输文采唐宗宋祖稍逊风骚一代天骄成吉思汗只识弯弓射大雕俱往矣数风流人物还看今朝

红旗跃过汀江直下龙岩上杭收拾金瓯一片分田分地真忙

西江月井冈山山下旌旗在望山头鼓角相闻敌军围困万千重我自岿然不动早已森严壁垒更加众志成城黄洋界上炮声隆报道敌军宵遁

水调歌头重上井冈山久有凌云志重上井冈山千里来寻故地旧貌换新颜到处莺歌燕舞更有潺潺流水高路入云端过了黄洋界险处不须看风雷动旌旗奋是人寰三十八年过去弹指一挥间可上九天揽月可下五洋捉鳖谈笑凯歌还世上无难事只要肯登攀

毛泽东词三首(1999年)

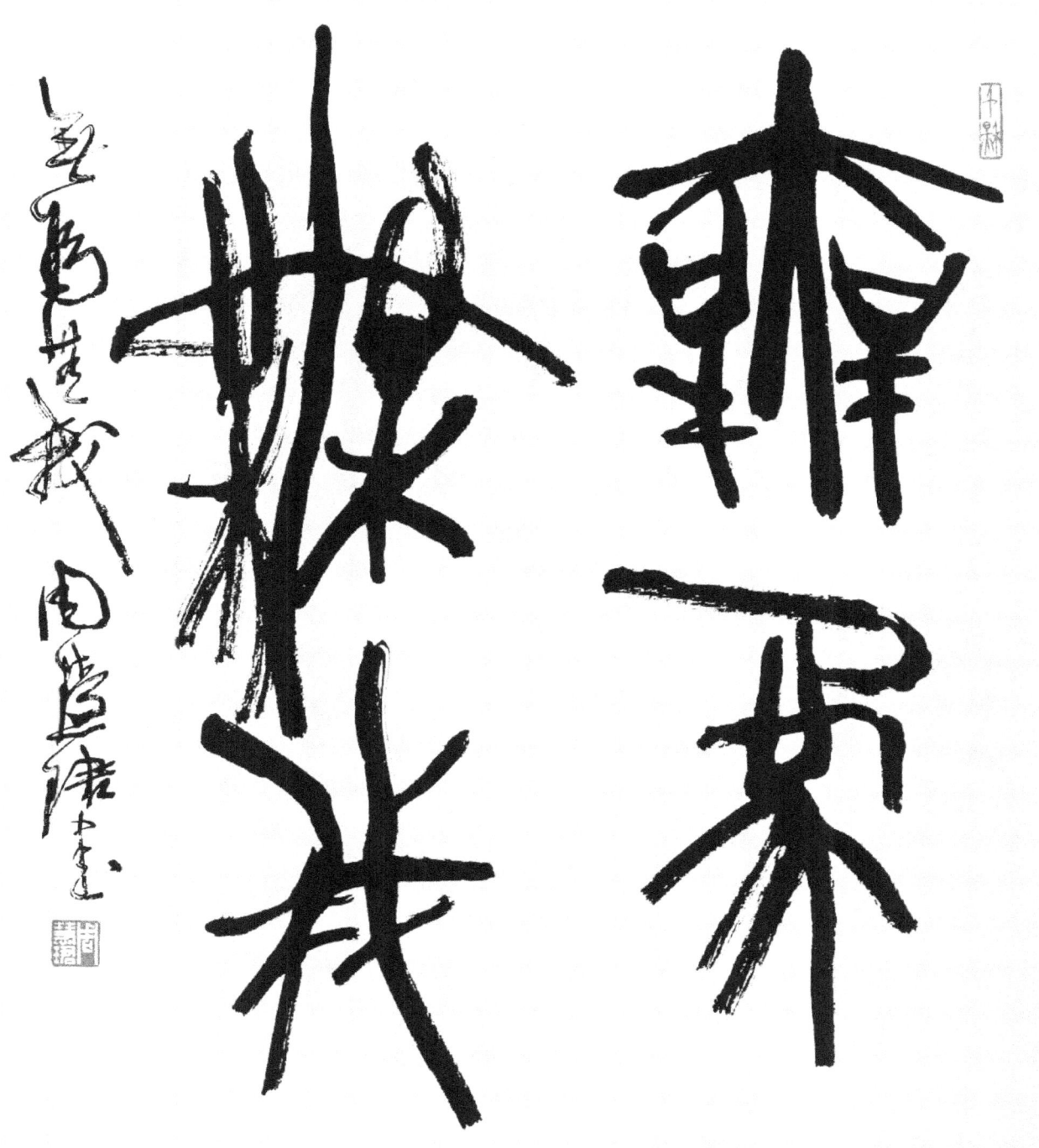

无为无我(2001年)

临米芾《蜀素帖》(2003年)

陆游诗(2003年)

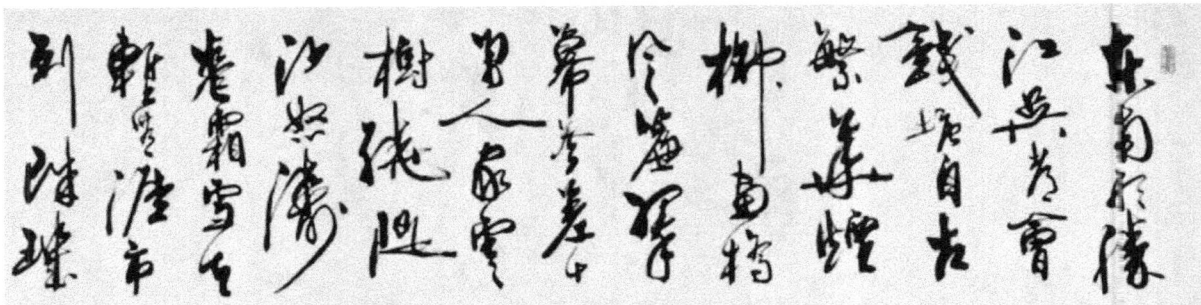

柳永词(2005年)

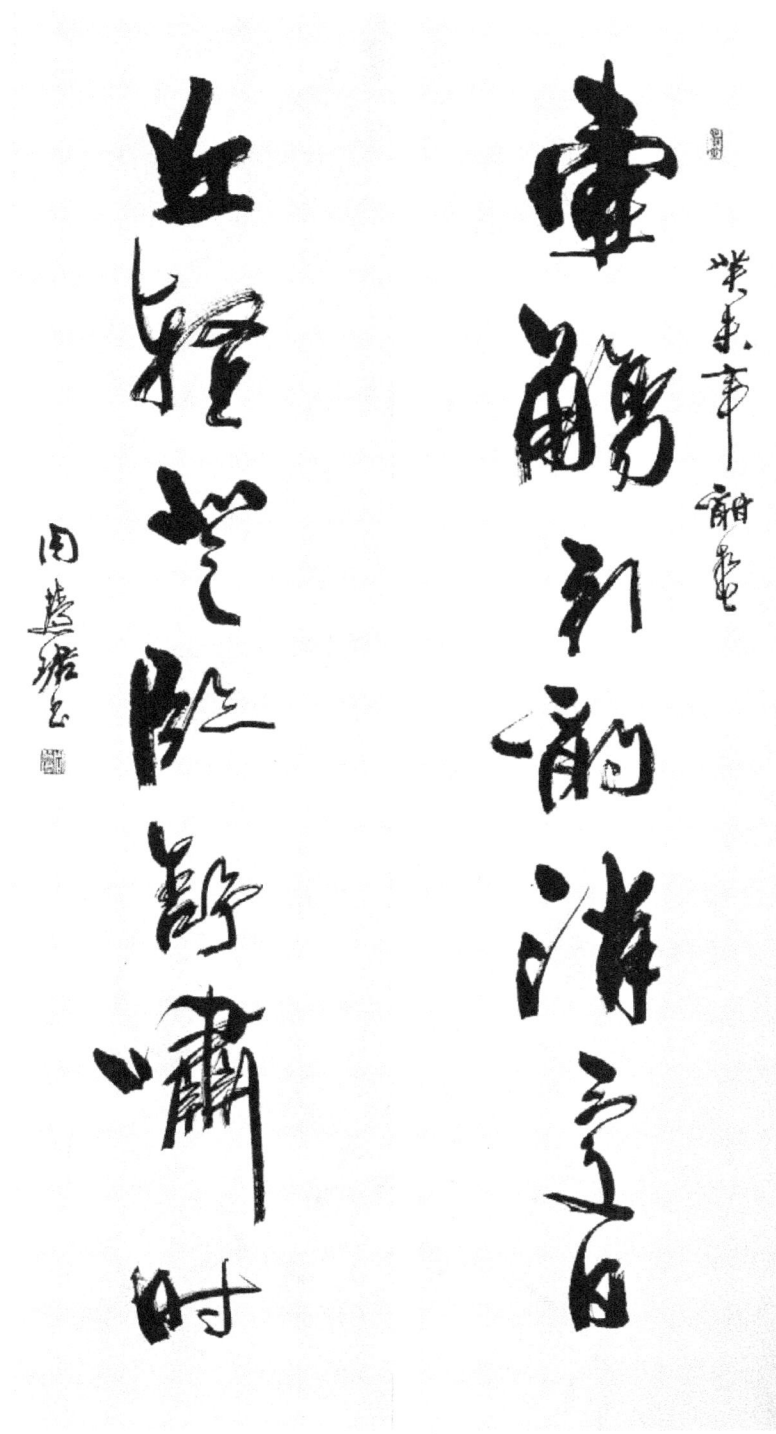

壶觞丘壑对联(2006年)

毛泽东《十六字令三首》(2006年)

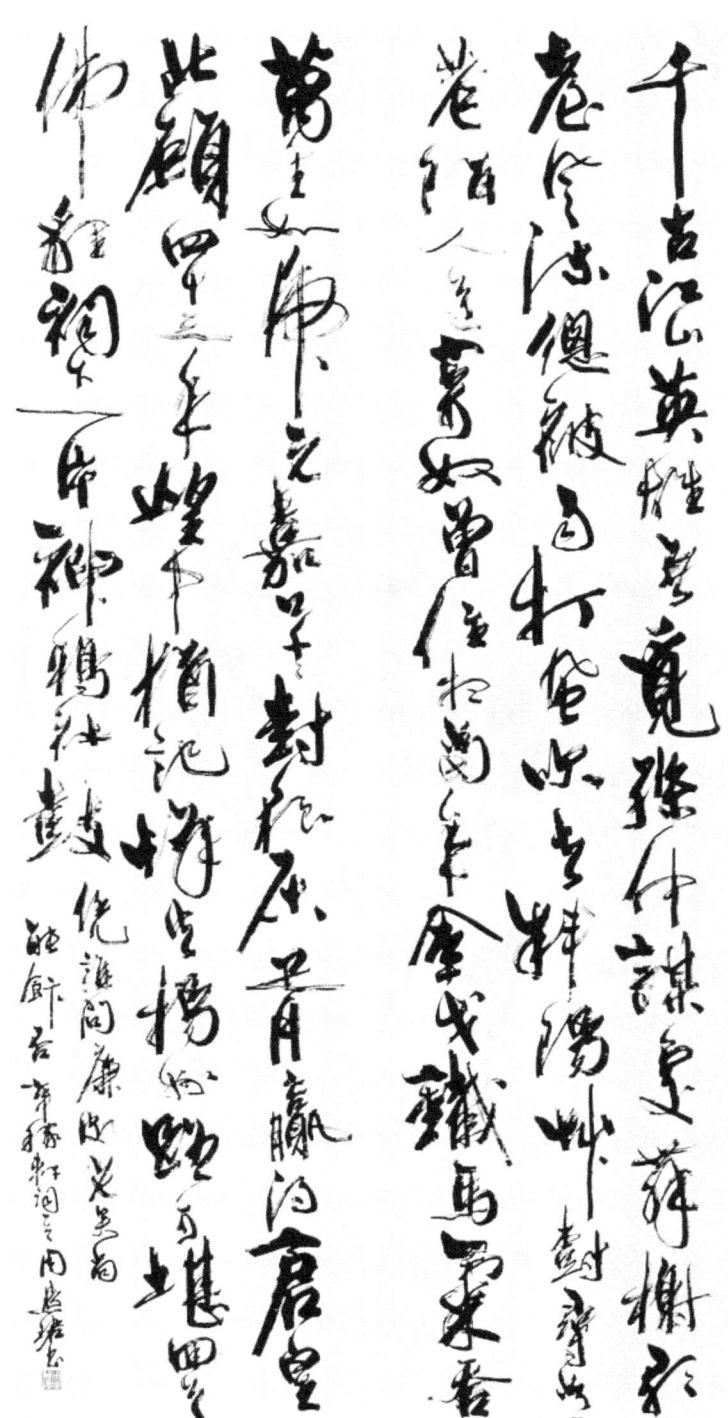

辛弃疾《青玉案·元夕》(2007年)

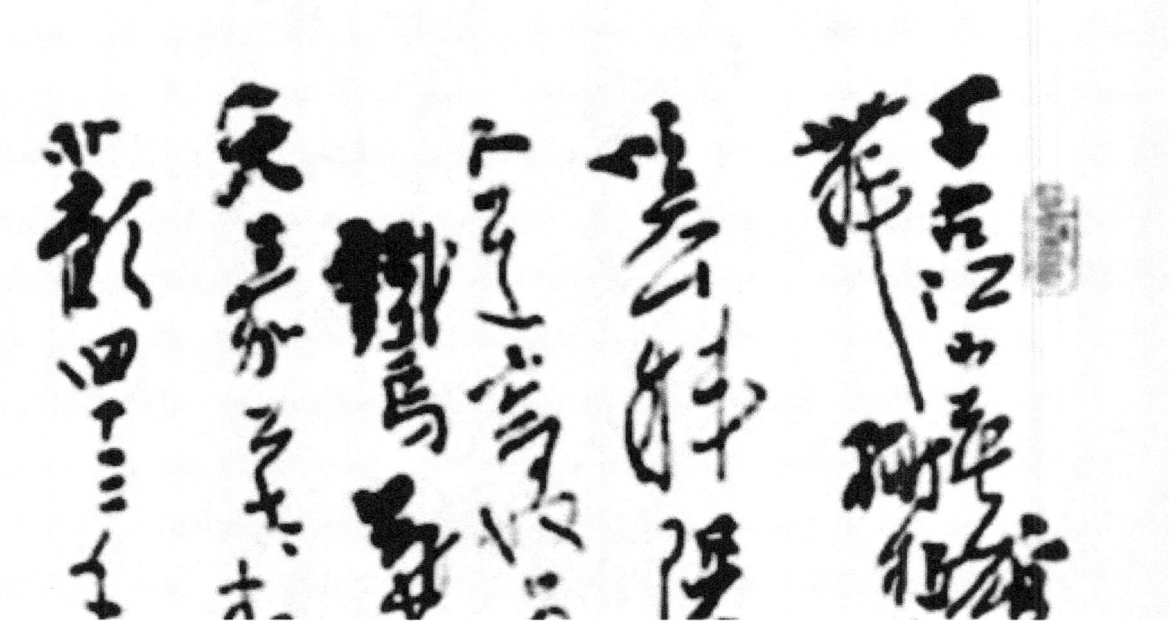

卢照邻诗(2008年)

陆游《鹊桥仙》(2010年)

李静书法

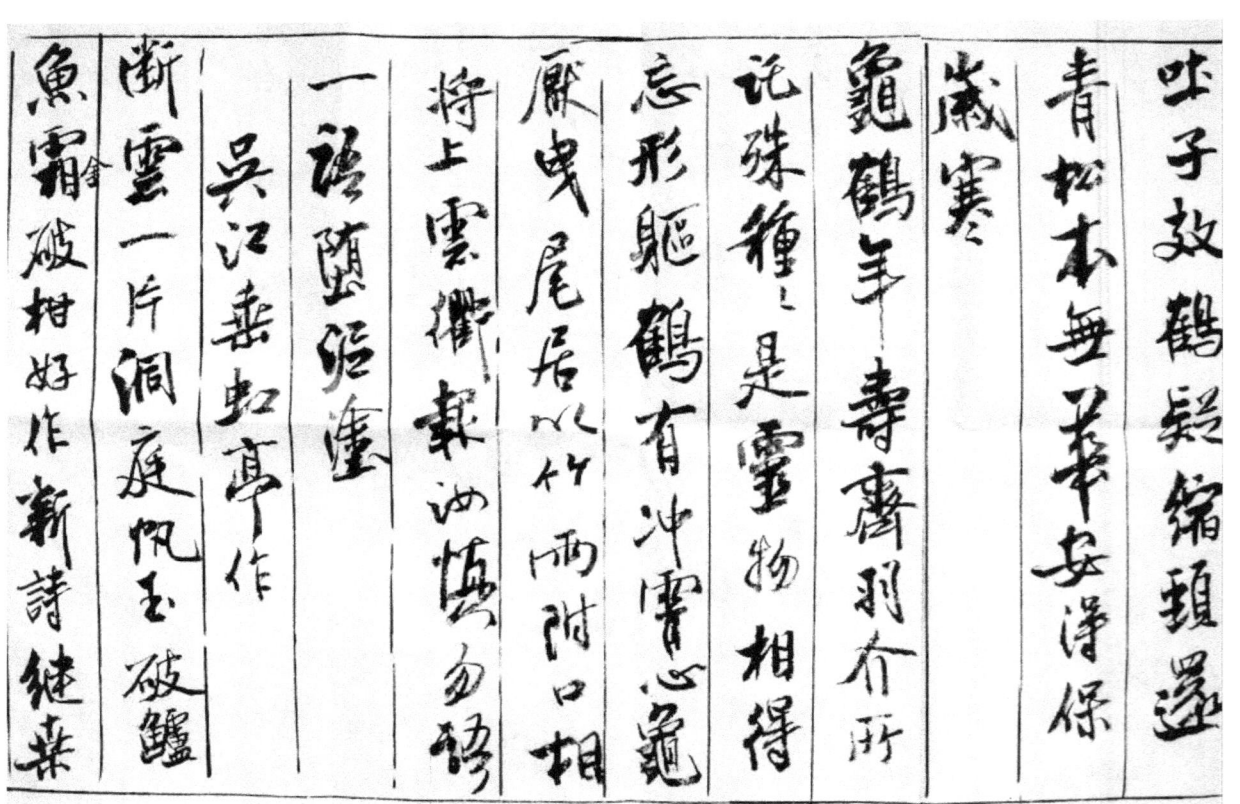

临《蜀素帖》(2001年)

意临王铎册页(2001年)

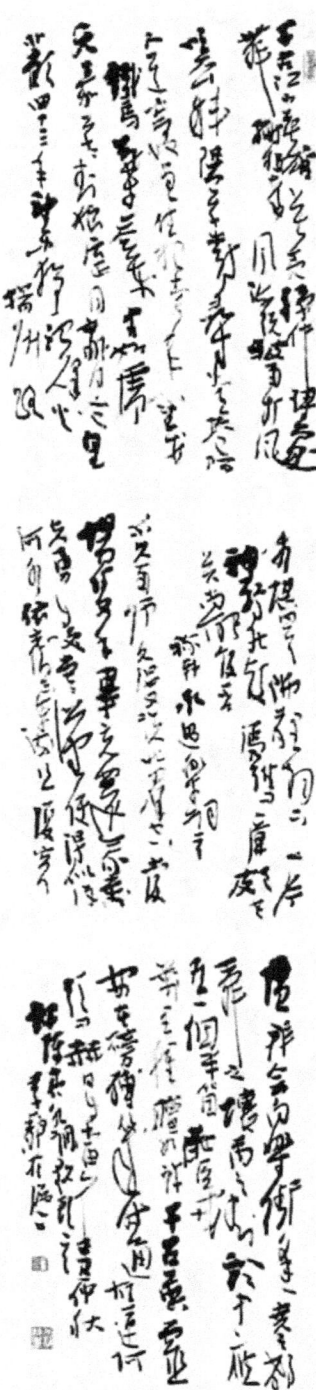

宋词二首(2008年)

黄庭坚词钞（2010年）

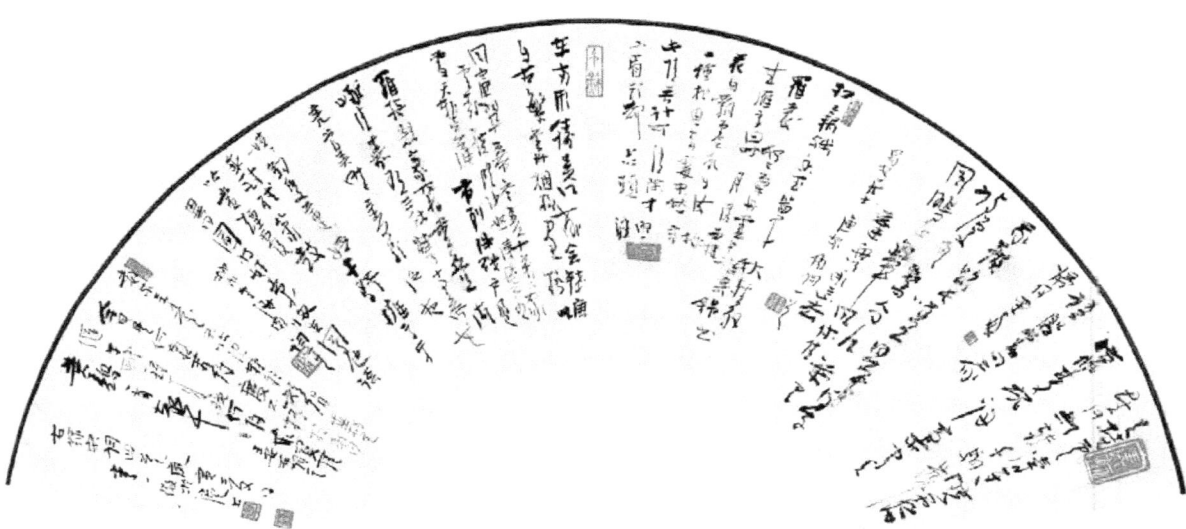

宋词四首(2010年)

宋词二首（2011年）

宋词词抄(2012年)

陆游词三首(2012年)

李清照词(2012年)

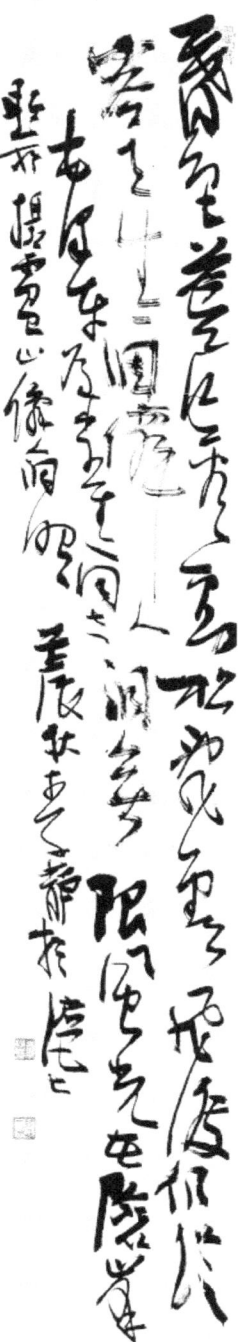

毛泽东诗(2012年)

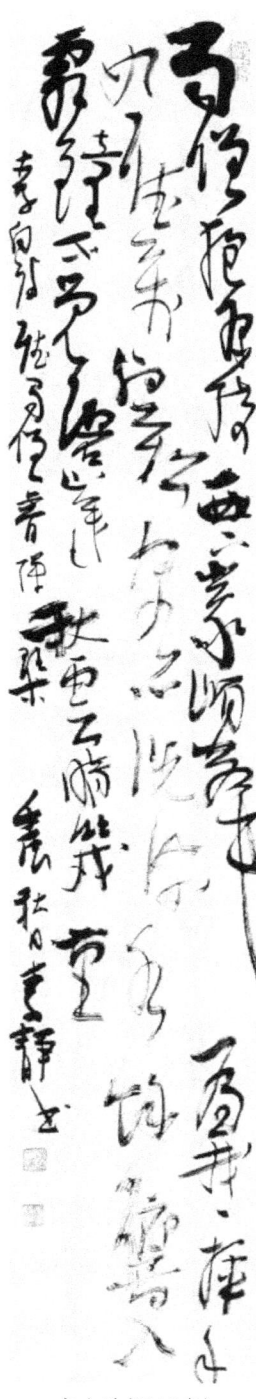

李白诗(2012年)

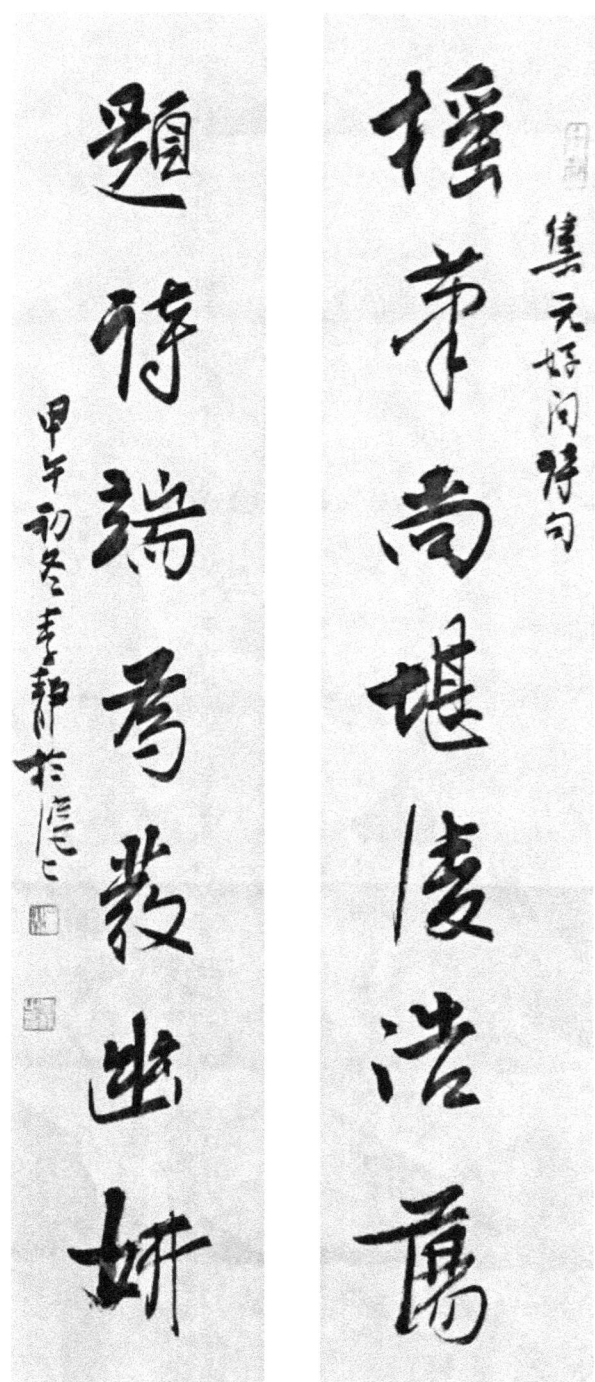

摇笔题诗对联(2014年)

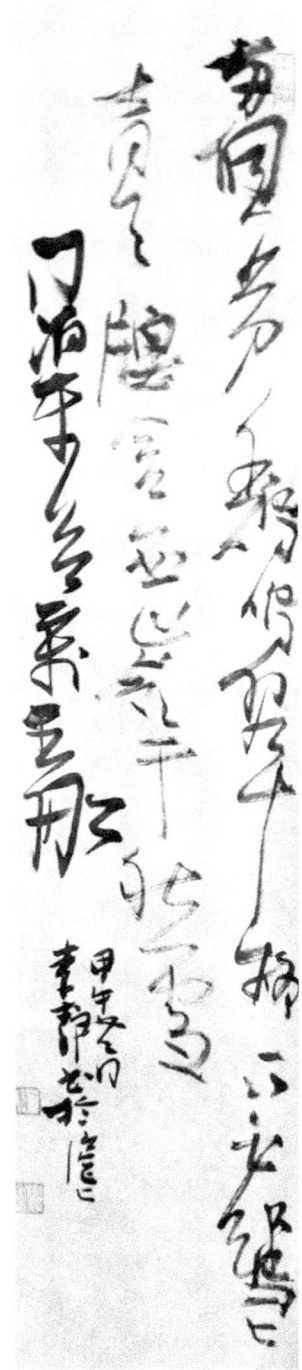

杜甫诗(2014年)

后记一

累时半载余，终于掷笔。

从4月初着手撰写《周慧珺传》到现在，一晃已八个多月了，此间经历种种，概因平日事务繁杂，故往往只能如鲁迅先生所言，像挤海绵里的水一般抽取闲暇略写一二，不免仓促。本冀望自己退休后，花上两到三年的时间，安安心心地为周老师撰写传记，没想文联提出要为文艺界成就卓著的艺术家撰写谈艺录之类的文字，周老师名列其中，于是，原定计划只得提前实施。

自1971年和周老师结识，至今已有三十八个年头。那年，她三十三岁，我十五岁。如今，她已年过古稀，我也跨越半百。原本觉得数十年的朝夕相处，写周老师应该是信手拈来。但在写作时，我意外地发现叙述却不是件容易的事，几十年的过程缠缠绵绵，时而清晰，时而迷离，心中陡然升起了几分"往事漫漶如堁尘"之感。我怎么才能用我的笔真实地把周老师的形象有血有肉地描绘出来？

面对我的迷茫与无所适从，周老师对我的要求只有一个，那就是：实事求是地写，不可杜撰美化，传记不是小说，读者想了解的必定是周慧珺的真实形象，你只管把你心目中的周慧珺写出来就是了！

老师的一席话让我豁然开朗，是啊，读者要的不就是一个凡人周慧珺嘛。他们想知道的不光是她成名后光鲜亮丽的一面，他们需要的是真实，需要的是完整，不需要神化。于是，在回忆和写作的过程中，我重新发掘和审视周老师，说到底，老师终究也是凡人，也有七情六欲、喜怒哀乐。年轻时遇到政治风暴、家庭变故时她也曾胆颤心惊、无所适从，中年后面对自己备受煎熬的躯体时她也曾乱投庸医、饱受苦痛，在探索书法艺术的各个不同阶段，她也曾沮丧过、踌躇过、茫然过……意识到这一点，我的写作渐渐地轻松了起来。我并不刻意避讳周老师在日常生活中"俗的一面"，她在追求被认为高雅的书法艺术的同时，也做一些诸如收藏把玩、投资理财、听戏追星甚至偶玩电游等市井凡人之事。我执著于表现一个真实的周老师，一个不异于常人的周老师。我坚信神化是对凡夫俗子的赞誉，是对优秀人物的亵渎。

　　在浩瀚星辰中，人类终究是渺小的，渺小到无法阻挡自身命运的激流。这些天看了本小说，开篇第一段就是——"人类的幸与不幸，往往会取决于一些微不足道的细小之事，而人们用肉眼是很难觉察到的。这和河川的水源相类似，最初难以惹人关注的涓涓细流，在不知不觉间就变成了无法抵御的奔流。一旦被命运这样的奔流裹挟或纠缠的话，谁也不可能逆势而行。"谁妄图掌握命运，谁就会被冲得七零八落！

　　但是，总有那一小部分人却执著于和命运抗争，周慧珺就是其中之一。前三十年，她自我奋斗，从学艺中获得在生存环境里得不到的快乐；后四十年，她为她所热爱的书法艺术辛勤耕耘，为社会作贡献。刚当选为上海书协主席时，不少人质疑她的身体状况和她的领导能力。然而，十二年过去了，曾经的怀疑之声早已烟消云散，她以她的人格魅力博得了书法界乃至全社会的掌声。

　　可见，命运不能被掌握，但可以通过奋斗得以改变！

　　三十八年过去，弹指一挥间。周老师如今已是鬓若霜雪，当我一天天地看着自己最崇敬的人慢慢变老，不禁感慨光阴如梭、逝水无情。

　　这只是一本传记，真实地记录了周老师的成长过程。我没有太多地对她的艺术成就作评论，我想作为学生的我，评论老师时会有一定的局限性，我只想表述自己在写作过程中的感悟。有人戏言我和周老师的感情"特殊"，我笑而不答心自闲。现在，我把自己最炙热的情感都倾诉在了这本传记中，可谓无声胜过有声！

后记一

搁笔之际，我要感谢我的外甥张亚圣，在我写书的过程中，他给予了我很多帮助。他自小经常随我妹妹到周老师家做客，也和周老师熟识，现在已经是上海大学美术学院的在读研究生。当我决定写作时，担心时间有限，怕赶不及截稿日期，特别是写周老师的父辈之事，需要查考许多史料。于是，我提出请他合作写。他慨然允诺并不辞辛劳，坚持至完稿，在此特致感谢。

成书心切且又繁忙仓促，书中必有值得商榷和不足之处，还望各位读者能宽容待之，以便我将来不断地改进。

李静

2009 年 12 月

后记二

海上谈艺录系列丛书之一《一生一首翰墨诗》于 2010 年 8 月顺利出版，苦与乐相伴的写作日子画上了句号，照理应该长舒一口气，放松身心，而我却有一种若有似无的情绪，说不清到底是什么感觉？姑且称为不踏实吧。半年过去了，这种不踏实的感觉渐渐地清晰了起来：原来，完整地写一本《周慧珺传》本是我的初衷，天地至大，世事至繁，心愿却至简，也好在实施起来不是至难。

而作为一本传记，写周慧珺自然不能绕开其书法艺术的话题，但又不宜局限于此，还应该将笔触延伸到其艺术思想产生的时代背景，祖、父辈的文化渊源，家庭的熏陶，师承关系，社会现实及个性情怀与内心世界变化等诸多方面。周慧珺虽然已是当今书坛上影响很大的书法家，可谓成就斐然。但同时她也是一位普通的人，她有普通人所具有的一切情感，是芸芸众生中的一分子。我在写作过程中，竭力想还原她作为普通人的真实面貌，以求让更多的读者对她有一种贴近的、全面的了解，继而因为了解她而喜欢她、尊敬她。

在受命撰写周慧珺时，我怀着把老师完整地展现给读者的极大热情，凭借少小养成的酷爱阅读各类书籍而蓄积的一点文字素养，依仗与老师几十年相处的知根知底，抛开一切形式的设计和技巧，于工作繁务之余，潜心思考、执笔记叙；点点滴滴、娓娓道来。自 2010 年 4 月至 2010 年 12 月，花费了八个多月的时间，终于把

后记二

《周慧珺传》完稿。但是由于海上谈艺录系列丛书受字数和篇章格式的限制,《一生一首翰墨诗》一书中去掉了周慧珺祖、父辈的相关内容,章节也按照要求作了调整。

水有源,树有根,一个人的成长,价值观、世界观的形成,很大程度上取决于年少时的启蒙教育。正是由于周慧珺的祖父不屈人后的见识,才有了周士澄举家迁居上海经商,培养周志醒读书学文之事。而儒商周志醒更为周慧珺的童年营造了书香氛围。五岁开始练写毛笔字便成了日课,家中孩子写好毛笔字,更被周志醒当成一件大事来要求,这也是周慧珺学习书法的初始渊源。在重男轻女的观念驱使下,父亲一心要培养的是大儿子,本是希望大儿子能成为书画家的。没想到"有心栽花花不开,无意插柳柳成荫",女儿周慧珺却凭借自己的聪明、勤奋成了享誉全国的书法大家。

我经常想:身患重疾的周老师究竟是靠什么让自己的人生如此成功呢?靠智慧、勤奋、机遇?似乎也不能完整诠释。直到读过吴清源轶事,才多了些理解。吴清源是上世纪三十至六十年代中国旅日围棋圣手,每次迎战日本棋坛的顶尖高手前,他都诵读一遍《道德经》,结果他打败了所有对手。他说:"我的对手全是日本棋坛杰出之士,就棋艺而言,我与他们之间几乎没有差别,之所以屡屡获胜,全在于精神因素。"其实,正是《道德经》的"无为、无我、无欲、居下、清虚、自然"的思想,使吴清源排除了贪胜之心带来的干扰,发挥了最高水平。老师虽然不谙熟《道德经》,但为人处世却与之契合,她心境澄明,宠辱不惊,不激不厉,中庸处事。加上她在艺术上的悟性,使她在书法领域里走出了属于自己的一片天地。

世界上没有一条道路是重复的,也没有一个人生是可以替代的,每个人都走着属于自己的那条路。如果本书阐述的周慧珺的人生经历和她所特有的那种奋发图强的精神,能够激励读者不畏命运坎坷、进取向上,并能给予读者一种榜样的力量的话,那是笔者心底的最大愿望。

最后,十分感谢张五常先生、赵丽宏先生出于对周慧珺老师深厚的师生及朋友情谊,于百忙中为本书作序,也诚挚地感谢上海人民出版社诸位编辑为本书得以顺利出版所付出的辛勤劳动。

李静

2011 年 4 月

后记三

"我是一个简单的人,简单到一生只做了一件自己喜欢的事,那就是书法。可是上海人民却给了我如此高的荣誉,所以我要感谢上海这座生我、养我的城市,感谢所有关注和关爱我的人。"2014年12月17日,在第六届"上海文学艺术奖"颁奖典礼上,周慧珺老师这段简短、朴实的获奖感言曾让无数人动容。

简单,却不简单。《周慧珺传》记述了周老师坎坷的人生经历、学书过程以及70年代中期书坛回春后的机遇与挑战。自四年前卸任中国书协副主席、上海书协主席以来,周老师淡出了许多社会活动,过着和每个退休老人差不多的闲适生活。她每天在家读书看报、看电视听戏、写字,甚至兴致勃勃地玩平板电脑游戏,一派"赏心乐事共谁论,晓看天色暮看云"的闲情逸致,她认为生命的每个阶段都有它特定的内涵,自己应该安然享受。"回首向来萧瑟处,归去,也无风雨也无晴",也许能体现周老师此时的心境。

与周慧珺老师相处这几十年,总能不经意间聆听、体会她充满睿智、饱含哲理的论谈,由衷地欣赏她面对生活的坦然和洒脱。在书法上,我认为她的成功,正是在于她对经典的涵泳不狭隘、不固执,善于摄取与其性情可以相容的诸家法数,能虑定而直击要处。并能在与己不相合的事物中撷取所需以自壮,这一特质在她的书法艺术实践过程中发挥得淋漓尽致。怀端着"雅俗共赏"的审美意趣,始终如一地用沉着娴雅的笔致书写，不激不厉、开合有度，这是她优游斯事的胜出之道。

即便是获得"上海文学艺术奖"杰出贡献奖的荣誉，周老师依然泰然处之，不改其自然本色，发表了本文开头的言辞。这就是周慧珺，涉险滩而不改其志，居高位而不易其本。

《周慧珺传》自出版发行已三载有余，三年中频有读者来信来电，对本书作了充分的肯定，但也有一部分读者感到书中对周慧珺书法的艺术成就评论甚少，有些遗憾。我曾在"后记一"中说过："这只是一本传记，真实地记录了周老师的成长过程。我没有太多地对她的艺术成就作评论，我想作为学生的我，评论老师时会有一定的局限性，我只想表述自己在写作过程中的感悟。"好在由中国书法家协会、上海市文联联袂举办的"周慧珺从艺六十年书法展暨周慧珺艺术研讨会"将于今夏举行，全国各地书法名家及书法爱好者纷纷拨冗撰文，对周慧珺六十年耕耘、四十年功名作了精辟的分析，肯定了她对中国书坛的贡献及在全国产生的重大影响。为了让读者更全面地了解周慧珺的艺术成就，弥补《周慧珺传》中的阐述不足，今特从《周慧珺书法论文集》中遴选出数篇最具代表性的评论附后，以飨读者。

承蒙全国广大读者的厚爱，首印告罄，再版之际，略述几句，权作后记三。

李静

2015年1月

附录

管窥周慧珺的书法世界

尉天池

  慧珺同志以文化学养的支撑,书法理念的确当,书法实践的渐修、渐进、渐变,创出了品味高雅、风格特出的书法艺术,被世人尊为书法大家。她在几十年重病缠身、步履维艰的苦痛中,以书法为生命的坚毅心志,不但没有消沉,而且愈加锐意探求,从而取得了令人敬仰的成就。也正因为如此,她应请参与国际书法交流;选入中国书协领导机构及领军上海书协等相继而来。要之,她在这盛名传流、身负重任的境况下,将声誉淡然置之,于职责尽力担当。这般青春的心地、敬业的作为,虽不是书法本体的内涵,却是其书法世界中文明精神、高尚艺德的彰显。

  从慧珺同志的书法中,可以感到她是以书法的哲理法则、美学原理及可变性的活质为依据,在师承古典书法的历程中,以提取、融化、创变,即"化"与"变"是她对古典书法与书法创新之间辩证关系的深刻认知及着力践行的真切体现。诸如,她的楷书就是适度化入唐代楷书中的宽博、北魏楷书中的险峻、汉代隶书中的波磔笔姿,以创新性的运筹,形成了自家楷书或纵势修长、或横向展开的体势。加之点画线条内质的纯朴、外象的灵动、意味的隽永,既摒除了刻板、平庸,又成就了简静超逸、既古且新的风格,给人以格局宏阔、气度洒脱、质妍和合的美感。她的行书,从东晋至明代,研习、博览,多有得益。其中特别钟情米芾行书，并以《蜀素帖》切入、扎根。所临的笔法、形体、布局虽几乎乱真，但其意旨并非以苦求形似为归宿，二是竭尽心力解读、演绎其脉络的链接、收展的策应、动静的契合、疏密的措置、斜正的情势、流动的节律、神采的焕发。继而对米芾其他行书的腾挪跌宕，王羲之行书的清和典雅，明代行书的势态开张等，心模手追。深厚的功力、多样的技能，致使她的行书凸显出两大解数的展现。一是纯以行书为之的作品，以用笔遒劲、结构放旷、格调清逸为特色。这不但被出版发行，而且又因适于书写匾牌，博得八方来求，遂以使用的需要与书法的精湛，增添了在社会上的文化效力及审美亮点。二是行书中寓以连绵盘绕的草法，并强化用笔轻重、字形大小、字势欹正的对比，从而整合成风骨强劲、势态奇逸、节奏剧烈、意气激越的艺术风格，给人以情驰神纵的感受。她的草书以"二王"为宗，盘桓于唐、宋，并受明代重"势"尚"态"的熏陶，以其大而化之的思绪自出机杼。其用笔刚柔相济、使转激荡，体态纵横捭阖、俯仰浑然，字与字之间疏密相应、进退从容，行式中斜正穿插、布白醒豁等，都作用其风格的丰润苍劲、清雅亮丽、奔放宕逸，令人品味之际心怀激奋。

　　慧珺同志以透悟书法艺术的本质，摄取古典书法的精华，释放书法创作的活力，收获了丰富而高超的书法成果，营造了自己的生机蓬勃、光彩夺目的书法世界。从而为弘扬中华文化、繁荣书法艺术作出了卓越的贡献。

2012 年 7 月于南京

虚静恬淡　玉汝于成
——周慧珺书法印象

林 岫

说当代书家或者沪上书家，绕不过去的重要人物是周慧珺。有一点，非常清楚，如果摒弃以艺爵高低论艺的俗见的话，在当代公认实有成就的老书法家中，周慧珺应该名列前茅。上个世纪七十年代中期之后，九州噩梦初醒，国事重熙，由京沪两地书画界首开风气，少年宫的书法示范讲座以及简陋的雅集笔会等，加之大江南北的桴鼓相应，很快蔚然成势，预示着一个书法新时代的序幕即将拉开，这就是我国当代书法史上最需要浓墨重彩书写的时期。这个时期，京沪两地青少年书法爱好者纷纷向劫后重生的老前辈书法家谦恭求教，老少同心研习书艺的动人场面，纵今天回忆起来，也让人倾羡不已。其间，全国崭露头角的青年书法家中的佼佼者，首推周慧珺。

周慧珺学书起步早，执着笔耕，虽然身负重疴，领悟却超乎众人。她贵有一种顽强的阳光心态，故而能够化难为易，从未停止过探索，始终奋进在当代书法的前沿。其实，评论者惯常以"乐观向上"等词语来评价周慧珺的这种阳光心态，还是失之肤浅了。明代张宇初的《岘泉集·赵原阳传》说"虚静恬淡，寂寞无为，可谓易知易行矣，故代之出世拔俗者必苦行峻节以自持，信非志见卓异所不能造"，确实至理名言。周慧珺虚静修业，自然恬淡；耐得住寂寞，何事可为何事不可为，心地澄彻，故而不争而善得。用今天的话说，因为她充满着真善美的正能量，所以她志存高远，才有百倍自信，才有那种笔未到气已吞的艺术创作活力。

中国书法艺术，斐然公器，其历史与中华民族的文化史一样绵绵久远。书法作品不光是书写技巧的艺术表达，透过纸上那些可观可触的点线，让人感动的艺术文化信息（精神）是人品、艺品和风神气韵整合的结果。书史所谓的"字如其人"，实则说的是书法艺术的沧桑感。这种沧桑感，大者论及历史社会，小者言及书法家的生涯经历。固然，每个艺术家的作品都带有其生涯悲欢苦乐的印记，但周慧珺有超乎常人的生活磨难的经历，故而她的作品更富有沧桑感，说她挥洒云烟即是书写人生，决非虚言。

宋代学者陆九渊说过学子成才，最好"志既立，却要遇明师"。在己，须先有志气志向，前人谓之"自助"；在人，则幸得明师之遇，前人谓之"天助"。周慧珺的作品有沧桑感，这固然跟她成长生涯有关系，也跟她灵敏好学和谦虚求教大有关系。她承受着出身的重负，拖着患病之身在当时那种政治环境中求学找工作，殊多不易，然而困境之中，她没有丧失信心，天助良善，使她置身于沪上文化大气场接受熏陶，不啻良机；又因为倾心书艺的志向，遂有幸得到沈尹默、拱德邻、翁闿运等书法大师的亲炙鼓励，如此玉汝于成，终于在几十年的艰苦磨砺之中成就了周慧珺，可谓不幸也幸。

看来，周慧珺结缘翰墨应非偶然。她敬畏并真情奉献于书法艺术，精神为之寄托，也缘于充满热爱和拥抱生活的积极态度，所以书法艺术作品蕴含了她对人生、理想以及生命价值的深沉思考，如果我们进一步将这些作品都看作是她在不懈的思考求索中的人生答卷，无疑会有更多美好的深层解读。

从1974年周慧珺出版了平生第一本行书字帖《鲁迅诗歌选》，迄今已历经四十年之久。随后，1986年的《长恨歌楷书字帖》，1988年的《古代爱国诗词行书字帖》，2003年的《草书千字文字帖》以及《三字经行书字帖》、《周慧珺行书杜甫诗选》等丰硕的出版物，让书法人目不暇接。赞誉飞来，她淡定如常，真格的宠辱不惊。她甘苦自知，却很少向人谈及，从不以书坛大家自居。偶逢有人赞其书艺时，她都却之不受，从无"一览众山小"的傲气。

我与周慧珺，南北遥遥千里，原本素不相识。1976年9月我从大兴安岭鄂伦春自治旗发配劳动的林场返回北京开始新的生活后，最早从萧琼老师那里听说"上海有位女书家周慧珺，行书写得特好"，但真正得见其书法作品，是1979年春节在王府井新华书店，陈列在书架上的那本行书字帖《鲁迅诗歌选》忽地跳入眼帘，不知道为什么，我立刻认定是上海周慧珺所书，一看，果然，惊喜不已。由此，自认与周慧珺有缘，非常关注她的一切。1985年6月在北京大雅宝饭店参加中国书法家协会第二次会员代表大会，我第一次见到周慧珺、周昭怡等心仪年久的女书家。几次短暂的交谈，印象非常深刻。那次换届，是第一次（大约也是最后一次）用"海选"方式，无候选人预定名单，按自由投票多少确定常务理事和理事名单。很多南方省市的代表坐在会场后区，谈话搞笑，全然没有后来换届那种莫名其妙的紧张气氛。我趁后台计票的机会还蹓出饭店，在胡同口买了两包关东糖回来，大家一分，开心地嚼着笑着。我坐到周慧珺和周昭怡两位大姐身边，听二位闲聊，她们那种对投票不在意的怡然，令我肃然难忘。大会结束，选上理事的，算是去值班，大家就此别过。诚意的微笑，由衷的祝福，留下的温馨至今犹在，绝无后来换届选举完事后喜怒形于色的生猛怪味。

1996年家弟因公要在上海逗留一段时间，周日无事，电话咨询我何处可去。我告诉他一去书店看书，一去拜访周慧珺。他去了周家，回到饭店给我电话，第一句话就是"周慧珺真正了不起"。

之后，周慧珺每次来北京开会，我几乎每天都要去她住的房间小坐。她说，我听；我说，她听。就这样，很简单，很舒坦。后来，添了李静，畅谈一样快意无间。我们都是歌唱家毛阿敏、京剧艺术家张火丁的"粉丝"，都是想啥就说啥，用不着去掖去藏的相知之交，几年不见也没关系。周慧珺身材并不高大，但我每次与她交谈时，总觉得能领受到一种高大弘毅之气的无形冲击。有一次，她说已经决定作置换人造关节手术了，我听后非常难受，简直无法想象手术的痛楚和风险，一时说不出话来。她笑着劝我放心，介绍那医院那医生时坦然得像是在讲述他人的病事，难怪她的书法艺术总有那么一股超常的倔强劲儿，这大概就是东坡所说的"立大志者，不唯有超世之才，亦必有坚忍不拔之志"。

1991年受青岛出版社委托，我开始主编《当代中日著名女书家作品精选》时，周慧珺寄来两幅作品。一幅是行草书宋代李清照词句"九万里风鹏正举。风休住，蓬舟吹取三山去"，另一幅是隶书录唐代魏征的"善始者实繁，克终者盖寡，岂取之易、守之难乎"。开卷展读，感慨良久。觉着她的坚韧不拔，何尝不是祈愿天风长助，"蓬舟吹取三山去"，实现自己的艺术理想？毕竟世上熙攘而来，哄嚷而去，鼓捣无数泡泡后难寻踪影的人太多。万事不难于始，而贵于善始善终，总是勉力克终者太少，故出类拔萃者凤毛麟角。仅以周慧珺几十年不懈坚守获得的成功，对当今广大学子从艺都有重要的启迪。

2008年"三八"国际妇女节在京参加一次书法研讨会，有位书法评论家在会上大谈"当代美女书法"，还将四位中青年女书家称为"当代四大美女书法家"。紧跟着，我发言的第一句话就是"我认为当代最美的女书法家是周慧珺……"。理由何须赘言。周慧珺兼得人格之美和艺术之美，美美相与，其美大焉。1990年深秋，我曾经写过一篇《中日妇女书法古今谈》，谈到"中国在较长时间的封闭之后，书法艺术开始在春风中焕发勃勃生机，一个有利于艺术个性张扬的多元艺术格局正在形成"，虽然"原来女书家中由'南北二萧'（萧娴、萧琼）、'东西二周'（周慧珺、周昭怡）和江浙诸家（褚保权、赵林、包稚颐等）维持的冷清局面大为改观"，后起之秀蓬蓬勃勃，但萧娴、萧琼、周慧珺等在德艺方面不逐名利和执着奋进的高抗清标，对女性书法家来说，至今仍是榜样和明鉴。

进入新世纪后，周慧珺书法开始出现粗犷刚健的风度，不太拘泥点线的精细柔美，更加侧重整体的气韵和点线的空间感，有些笔触加大反差，节奏感增强，似乎更多地想表现一种情绪、一种意境。像周慧珺这样久搏书场的老年书法家，没有固守，已经让书坛意外，何况老年思变需要艺术家担负更多的风险。于是，周慧珺的书风之变，很快就引起了书坛的极大关注。

其实，从艺术创作的规律来看，变是必然的，不变，何可有之？《书法雅言》曰"书不变化，匪足以语神也"（书法如果不能跳脱陈式，是不足以言"神气"的）。我以为，周慧珺的"思变"绝非心血来潮，它应该是酝酿年久的自然结果。她肯定很清楚，摆在她面前最难的，首先是超越自己，而欲达乎此，没有半辈子扎实精湛功夫的积垫，绝无可能。

她从习书赵孟頫，转而持重米芾，善学善出，先行铺垫了厚实的传统沃土，这是周慧珺的聪明。后来得沪上以沈尹默为首的诸位书法大家的亲炙，转益多师，育苗成树，"学前人书从后人入手，便得它门户"（见明代《钝吟书要》），不拘陈法，这是周慧珺的大聪明。她几十年笔耕辛苦，嚼得菜根，蒲团入定，既悟觉了人生，也悟觉了笔墨艺术的真谛。这一路走来，何尝不在变中？说"昧此以自觉"也好,"心骛奇正矫变"也好,仅以那种潇洒的大起大落,自辟门径而不掩性情遂得之"老辣",亦是更上阶梯。毕竟探得阃奥在先,纵情矫变在后,其挥洒烟云的自由度就是"白纸青天,造化在我"。若依拙见,她现在笔圆而用方,未必不合"道";纵擒而生奇宕,未必不是"正";逸气取胜,折笔使运,未必无"势";体格风神,熟后得生,未必无"趣"。今之欣赏者遇赏或不赏,她自行其道,不必知也不必尽知,这不正是玉成之后的又一番虚静恬淡吗?

2007年1月"上海书法晋京展"轰动了首都和全国书法界。古代有陆机、张翰、张守中、沈度、陈继儒、董其昌,近代有沈曾植、吴昌硕、康有为,现代有于右任、沈尹默、邓散木、白蕉等,名家辈出,云蒸霞蔚,成就了海派书法的独特气场。周慧珺对采访的记者说,"我们是既骄傲又惭愧——现在回头去看,很难说哪种具体的书风代表了当时的海派书法。也许没有具体的书风,各领风骚正是海派书法的特点?如果这样理解,则今天的上海书法正是继承了传统。可是,今天上海书法作者的影响力和艺术地位都无法和前辈相比拟了"。作为上海书协领军人的周慧珺,几句精当的评鉴,既明确了当今的定位,又规划出了未来发展的前景。由此,不难知她的眼界和胸怀。

吴冠中先生告诉我,上个世纪四十年代,法国艺术家苏佛尔波教授对他说过一句必须铭记终生的话:"艺术有多类。一类为小道,炫人眼目;一类为大道,震撼心魄。"书法,作为一种创造性艺术活动,不可能不受限制于当代的文化大环境。起势就位,亦有大道小道。现在东西方各种哲学新说的刺激和现代派艺术的挑战,犹如八面来风的激荡,风格及流派的嬗变消长已逐时瞬变,即使只能看得见四处涌动的潮水而难觅河道清晰的长流,艺人高瞻,无奈执着,最后唯虚静恬淡者玉成,唯执着大道者大成,方得有国艺的天长地久。

我相信,可以打动上个世纪70年代中国书家的周慧珺书法艺术,也一定能打动今天和明天的中国书家。

当代书法的大小潮水皆自有来去,待到潮水退去,看那风云过处,其中必有一座书法灯塔明辉熠熠,那就是周慧珺。

甲午立秋于北京紫竹斋灯下

不徒俯视巾帼　直欲压倒须眉
——周慧珺先生的书法人生

张改琴

我们这一代的习书人或者书法爱好者，在人生的经历中，周慧珺先生都是一个难忘的存在和清晰的印记。

上世纪七十年代，她创作的《行书字帖——鲁迅诗歌选》犹如荒漠中的一缕甘泉，滋润过无数焦渴的心扉，抚慰过无数的心灵，被无数人奉为圭臬、捧若拱璧，甚至引领过无数人从此走上了研习书法、追求书法艺术的道路。与周先生的结缘与神交，对我而言，也正是始于这本字帖，始于那个特殊的年代。

从那时起，我便一直关注着周慧珺先生的书法创作，关注着这位书坛奇女子，关注着这位当代中国书坛的大家名师。后来，我与周先生因书法而相识、相知、相交、相熟，并逐渐对周先生有了进一步的了解和认知，知道了她艰辛的从艺之路，知道了她卓越的书法成就，知道了她多舛的命运遭际，知道了她超于常人近乎卓绝的毅力与勇气，更知道了她勇于挑战并征服命运的不凡人生。在这之后，我便对周慧珺先生产生了由衷的敬佩之情。可以说，周慧珺先生的从艺之路和人生之旅以及卓越的艺术成就和人格魅力，是一首壮歌，铿锵的旋律足以撞击每一个人的心扉，并给人以力量和鼓舞，给人以启迪和激励。古人评价宋代女词人李清照时，常用"不徒俯视巾帼，直欲压倒须眉"的话语，这样的评价，在我看来，完全适合于周慧珺先生，堪称名副其实，再恰当不过了。

关于周慧珺先生的书法艺术成就以及其书法艺术的特点，数十年来，诸多专家、书界同行和书法理论家的评论可谓汗牛充栋，并逐渐形成了基本的定论。如她的书风刚健雄强、质朴宽厚、明快豪放、结体宽阔硬朗、线条遒劲舒逸，充溢着一种男儿的硬朗雄强之气等等，作为同道，我完全同意，这些特点也是周慧珺先生卓立于当代书坛的一种标志性的特征，也正应了"直欲压倒须眉"的评价。一个女书法家达到这样的书艺境界的确不是一件容易的事，尤其在与周先生熟识之后，看到她病羸的躯体和柔弱的身躯，更感到了极大的反差，甚至让人有一种惶惑之感。在巾帼与须眉之间，周先生用艺术诠释了两相结合、融通的妙谛。

但是，周慧珺先生作为当代书坛的大家名师，其意义远不止于此，她的习书之路、人生之旅，本身就是一本厚重的大书，其中给我自己以及众多书法工作者、爱好者的启示是多方面的，这些启示在研习书法的过程中，有些甚至就是一笔无形的精神财富。

周先生的启示之一在于她不屈服命运的执着精神和毅力。周先生曾长时间遭遇着各种磨难和历练，家庭的不幸、病痛的折磨、社会动乱的困扰，都曾经如一道道黑色的梦魇，长时间地笼罩在她的天空中。在一个个逆境进而困厄中，许多人可能选择的是沉沦与屈服，是落魄与逃逸，但周慧珺先生却在逆境中一次次顽强地站立了起来，勇敢地面对命运的不公，面对命运的折磨，用不屈的意志和超人的勇气去迎接命运的挑战。贝多芬说："我要扼住命运的咽喉。"这是贝多芬在双耳失聪时发出的一声呐喊，拜伦说："不管头顶是怎样的天空，我都要迎击一切雷暴。"而对于周慧珺先生而言，和贝多芬和拜伦一样，她正是在逆境与动乱中，在各种苦难中，直面命运的挑战，并开始了自己的艺术之旅，而且心无旁骛、义无反顾顽强地一路走了下来，并最终战胜了一切磨难，成就了自己的艺术人生。从她这样的人生经历中，又反观出书法艺术的精神内涵，即书法艺术可以历练人的意志，提升人的境界，净化人的心灵，引领人们进入到一种物我两忘、至纯至静的人生境界。同样，也只有进入到这样的境界，才有可能登上艺术的彼岸，领悟到书法艺术的真谛所在，并在这种领悟中，去完成自己的艺术实践，不断提升自己的艺术水准，最终实现自己的艺术理想。周慧珺先生用她的人生经历，用她的毅力和人生境界，实践和昭示着书法艺术的精神内涵以及时代意义，这对于当今浮躁喧嚣的社会，对于充斥功利之心的人们来说，何尝不是一种警示、一种启迪，而这种警示与启迪，本身就具有非常重要的借鉴、指导和垂范意义。

周慧珺先生的启示之二在于她博采众长，海纳百川的艺术胸襟。孔子曰："圣人无常师"，这是说一个人在求学习艺的过程中要多拜老师，并从不同的老师那里吸取不同的学识养分，获得不同的点拨和引导，从而来拓展自己的艺术视野，扩大自己的技能来源。在周慧珺先生的习书生涯中，从最初的发蒙到步入艺术的殿堂，她先后从师于沈尹默、拱德邻、翁闿运、白蕉、任政、胡问遂、顾廷龙等许许多多的书法名师巨匠，并以虔诚勤勉的求学精神从上述诸位先生那里领悟艺术的真谛，汲取艺术的养分。这就使得她始终站在一个较高的起点上去探索书法的堂奥，也使她始终在名师的指点下，没有走过从艺的弯路。牛顿说："我之所以成功，是因为我站在巨人的肩膀上。"周慧珺先生所拜的上述诸位名师，几番囊括了当代海派书法的绝大多数代表性人物，他们中的每一个人都以丰厚的学养和卓越的艺术造诣光耀当代书坛。从这一点上讲，周慧珺先生能够浸润于这些名家大师，可谓有了得天独厚的先天优势，但从另一个方面讲，这也是周先生慧根独具、天赋卓然、勤勉有加所使然。正是因为这样的前提，才使得上述名家大师们发现了这棵聪慧的艺术幼苗，并愿意倾其所有来扶持、提携、奖掖这粒艺术的种子，为它培土施肥，助其长成一棵参天大树。师生之间，灵犀相通，互相触动，彼此感应，才能构成一幅完美的学艺授业的画卷，这一点，周慧珺先生做到了，她的那些先生们也做到了。在拜师学艺的同时，周慧珺先生还将更多的经历和心血倾注于历代的名帖之中。她先后临习过大量的历代名帖，并对米芾的《蜀素帖》情有独钟，几近痴迷。经过不断的揣摩、领会，终于探其堂奥，得其真谛。之后，她又寄情或者说是忘情于历代碑版，从而打破了海派书法的某些藩篱，在人生的中年时期，完成了书法实践中由表及里，逐渐深入的艺术旅程，实现了艺术的超越与飞升。博采众长，并不是一件简单的事情，她不仅需要广博的胸襟，也需要独具的慧眼，更需要持之以恒的毅力和善于选择，勇于扬弃的境界。广博是基础、是前提，由博到约是过程，而博取之后的化他人为自我，并形成自己独特的书风才是最终的目标。在这一点上，周慧珺先生的从艺、拜师、博取的历程，确实给人很多有益的启发。研习书法没有捷径可走，没有广博的涉猎，没有虚心的汲取，没有博采众长的胸襟，没有较高的艺术眼光和艺术起点，只能导致孤芳自赏、固步自封的境地，终究难以到达艺术的彼岸。

周慧珺先生的启示之三在于她犀利独到的艺术见解和艺术总结。习书之人往往重技艺而轻理论，书法理论工作者则又往往重说理而疏于实践，在书法实践和书法理论之间，似乎总有一道难以跨越的鸿沟。但周慧珺先生却成功地跨越了这道鸿沟，在她数十年不辍的笔耕生涯的基础上，进行了深入的理论思索，在实践与理论之间，实现了有机的统一。她的理论思索和理论见解、书法观念，不是无源之水、无本之木，而是来自于她数十年的思考和感悟，来自她数十年的积累、求索、归纳、总结和对当下书坛一些不良倾向的分析与批驳，因此具有不同凡响的指导和现实意义。她的一些见解和观点，鞭辟入里，直指人心，切中要害，给人一种醍醐灌顶，豁然中开的感觉。例如她认为："中国传统意义上的大书法家，往往是文化的象征。而书写是今天作者的强手，文化尤其是传统文化却是今天作者的弱项。而这方面的跛脚是社会的问题，是教育的责任。"这样的论述实际上已经涉及到了书法的本质，且极为精湛。再比如。她认为："书法过去是一种表述工具，几千年的积累，使得这种表述很丰富很复杂，带有强烈的艺术性。它也许可以'载道'，也就是通过书写可以表现一种抽象的精神，但是它毕竟很难直接地影响到我们的思想。它没有'教化'作用。到了现代，书法的表述作用减弱了，就更接近一种有丰厚底蕴的视觉艺术。"这样的论述厘清了书法艺术的古代与现代的界限，指出了书法的当代意义，明确提出了书法作为一门艺术的当代价值，实际上也就说明了当代书法艺术的发展方向，在书法艺术的实用性和艺术性的问题上，有了明确的表述。再比如，她认为："我所谓的书法理想境界就是写出我的性情我的风格，同时有较高的书法艺术难度，与中国书法传统审美标准也没有大的违背。如果能还有一点时代气息，能在传统审美的基础上有一点点突破，那就更好了。"上述论述言及了书法艺术的层次，也涉及到了书法艺术的"技"与"艺"的关系问题，更谈及了书法书写性灵，表达情感，创立风格，遵循法度，寻求突破等诸多不可或缺的艺术元素问题，平实质朴，无半点玄虚矫饰，但令人深思，给人以一种指点迷津、拨云见雾的感觉。由是观之，周慧珺先生不仅具有极高的创作水准，还具有较高理论造诣，学识与艺术在她身上得到完美的结合和体现。

　　周慧珺先生的从艺生涯，创造了许多的奇迹，取得了极高的艺术成就，但更重要的是，在她身上凝聚了许多让人感佩的艺术精神，传达了许多让人感悟的艺术哲理。今天，我们在总结和回顾他的艺术成就和人生之旅时，不仅仅要评价他的艺术造诣，同时也应该去感悟她的艺术人生，只有这样，才能从她的身上收获更多的书法精神，获得更多的艺术启迪。不徒俯视巾帼，直欲压倒须眉，这是周慧珺先生的艺术境界，也是她的人生境界。

略论周慧珺书法的时代特征

西中文

改革开放三十多年以来,书法进入蓬勃发展的时期,论者称为书法复兴。在书法复兴时期崛起的众多书家中,若论其书风具有鲜明的时代特征,周慧珺先生无疑是颇具特色的代表人物之一。

中国书法艺术自近四千年前肇端以来,固然具有一以贯之的传承性,然而每个时期都有其鲜明的时代特征,这是不争的事实。书法发展的早期,每个时代的书体不同,比如殷商时期的甲骨文字、商周战国时期的吉金文字,以及秦篆汉隶等等,而且在同一时代同一种书体中,在各个不同的阶段,书写的风格也有明显的差异。董作宾、李学勤等学者就把甲骨文按不同的书写风格分成若干个时期。金文前期的线条两端尖细出锋,和后期的隐迹灭端、线条匀圆整饬也有明显的差异。汉代隶书的朴拙,早期楷书的古质,以及晋书尚韵、唐书尚法、宋书尚意、元明书尚态、清书尚趣等等,无一不是反映了当时的时代特征。

书法的时代特征或曰时代书风是如何形成的?这个问题比较复杂。大体上历史上前一个朝代进入衰落期,各种政治势力、社会结构、思想资源和生活方式都会重新洗牌,经过或长或短的碰撞、磨合、孕育、调节,从而产生出新的社会政治思想格局,这种新的社会格局毫无疑问会对文学艺术产生重要影响,催生出新的思想内涵、表现形式和风格特征。马宗霍《书林藻鉴》在论及晋代书法时云:"书以晋人为最工,亦以晋人为最盛。晋之书,亦犹唐之诗、宋之词、元之曲,皆所谓一代之尚也。夷考其故,盖有三焉。一则时接汉魏,诸体悉备,无烦极虑,便可兼通。择要而从,尤易专擅,不独为之华藻也。又从而绣其鞶帨,济成厥美,亦固其所。一则隶奇草圣,笔迹多传,服拟有资,师承匪远,酌其余烈,自得新裁,挹彼遗规,成吾楷则,信埏埴之罔穷,斯挥运之入化。虽曰前修已妙，转觉后出弥妍。一则俗好清淡，风流相扇，志轻轩冕，情骛霄壤，机务不以经心，翰墨于是假手，或品极于峰杪，或赏析于毫芒，乃至父子争胜，兄弟竞爽，殚精以赴，竭神靡辞，以此为书，宜其冠绝后古，莫与抗行矣。"

时代发展到十九世纪后期，书法的发展轨迹也发生了剧烈的转向。自汉魏诸体悉备，晋代书法转而追求人的品格襟度，于是行草书大兴，以二王为代表的一批行草书家成为后世的最高楷则。宋代帖学兴起，进一步推动了这种风尚的形成。然而到了清代，一些学者为躲避政治现实，转而留心金石文字，从而使魏碑篆隶的艺术价值重新得到弘扬，书界也兴起了一个新的学派——碑学。以与已历时千年的帖学相抗衡。碑学兴起短短百十年间，发展迅猛，成就斐然，大师辈出，书坛风气为之一变。与此同时，帖学也在反思中实现新的变革，很多帖派阵营的大家积极吸取碑学的成果，而不少碑派阵营的巨擘如康有为、吴昌硕等也以碑帖融会为自己努力追求的艺术目标。因此，至二十世纪中期新中国建立时，书坛碑帖融会的格局已基本形成。

同时，中国自十九世纪中叶开始，在西方列强的胁迫下，被迫打开国门，与西方世界开展了经济和文化交流。在此过程中，西方的价值观、审美观也悄然影响着国人的价值取向、个性发挥和审美取向。书法虽然是一门极具传统色彩、相对保守的艺术，但也不能不受时代风气的影响。尤其是上海，作为在与西方世界交往中最早开放的通商口岸之一，在思想上、文化上、生活方式上受西方影响是最明显的。特殊的地理位置和近代以来的独特经历，使上海形成特色极为鲜明的海派文化。海派文化的最显著特征是最传统和最现代的高度结合，比如在书法家中，一边写最古老的金文大篆，一边玩最时髦的进口汽车者不乏其人。

周慧珺先生于二十世纪三十年代后期生于浙江，并很早就来到上海。其生时碑学巨擘康有为、吴昌硕去世未久，碑学与帖学正处在抗衡与融会的胶着之中。另一方面，中华民族经过百年的战乱，历经分裂屈辱、蹂躏与挣扎，一个统一的国家即将诞生。随着外来文化的进入，中国人追求个性解放，藐视权威的意识日益增强。在这种政治、思想、社会和文化的大背景下，周慧珺的书法风格正代表了一种新的时代特征。主要表现在以下三个方面。

首先是碑帖融会，化碑入帖。周先生早年师从沈尹默先生，尹默先生是一位兼融碑帖，以帖为主的当代书坛大家。周慧珺接受了沈先生兼融碑帖的观念，在碑和帖两方面都下过精深的功夫。她的取法十分广泛，楷书胎息颜真卿、欧阳询、柳公权、蔡襄和北魏墓志，行书则远绍二王、颜真卿和苏、黄、米诸家。举凡颜真卿的宽博雍容，苏轼的端雅沉厚，黄庭坚的开合欹侧，米芾的跳荡爽健，在她的笔下都能表现得淋漓尽致。

慧珺先生的用笔，总的特点是中锋方势，大率中锋运笔者，圆势居多，侧锋用笔者，方势较易。周先生的中锋方势用笔，正是她兼融碑帖的结果。周先生用笔，下笔逆入回顶，顺势铺毫，摄锋注墨，中锋裹笔，故写出来的线条，形圆势方，骨力中含。所谓碑帖结合者，当首在用笔，须兼具碑派和帖派两种用笔方法的特色。刘熙载说：用笔有"中锋，侧锋，藏锋，露锋，实锋，虚锋，全锋，半锋"，而"中、藏、实、全，实是一锋，侧、露、虚、半，亦是一锋"。大体上，"中、藏、实、全"是碑派用笔的主要特征，"侧、露、虚、半"，是帖派用笔的主要特征。观周先生用笔，则是以中、藏、实、全为主，偶用侧锋，时有露锋，几无虚锋和半锋。周先生的行书，往往把虚笔也当成实笔来写，虽然她的牵丝笔画写得非常漂亮，但她较少用牵丝。尤其是一字之内的牵丝虚笔，她往往当做实笔来写。因此她笔下的线条，沉稳圆活，浑厚爽健，如璞玉浑金，画沙漏壁，络壁虫网，折股金钗。

碑帖结合有一个主次的问题，这就是平常所说的化碑入帖，还是化帖入碑。像赵之谦的"颜底魏面"就是化帖入碑的典型例子，而沈秋明先生和周慧珺先生都是化碑入帖，沈先生是"碑底褚面"，而周先生则是"碑底米面"。以碑的笔法写米芾风格的字，恰如全副武装的金甲武士搬演的一曲"秦王破阵乐"，既有回旋跳跃的轻灵韵味，更有金戈铁马的厚重和铿锵。其细微处，时时能见到一位女性书家特有的敏感、细腻和妥帖周到，更多地则是表现出碑派风格的厚重、大气和开阔胸襟。值得一提的是，碑派用笔这种适于表现阳刚之美的风格到了女书家的笔下，同样可以演绎得雄浑大气。在现代书法史上，萧娴先生是一例，周慧珺先生又是一例。

其次，周先生的书法不论是何种书体，均有爽健明快的特点。中国的书法艺术属文人士大夫阶层的艺术，自从魏晋时期经过士大夫的演绎从而使其人格化之后，书法就具有温柔敦厚、含蓄蕴藉的特点，所谓从蔡邕、钟繇、王氏父子传下来的书法统绪，大体上都是以这种风格为主要特征，与所谓"怨而不怒，乐而不淫"的诗教传统是一脉相承的。当然，书法也有另外的传承，如从张旭、怀素的狂草到陈献章、徐渭的浪漫主义风格。然而这些历来被看作是另类的、非主流的。与温厚含蓄的主流风格不可同日而语。

在国门打开，经历了中西文化的碰撞之后，国人的价值观也发生了显著的变化。就个性意识而言，近代以来，国人的主体意识和表现欲增强，追求个性的充分释放。反映到书法上，不再以含蓄蕴藉为主要风格追求，转而追求爽健明快、淋漓尽致的风格。周慧珺先生的书法风格恰好具备这一特点。具体说来有以下几个层次。

一是周书在用笔、结体上大开大合，大起大落，对比度十分强烈。在用笔上，厚重的粗笔与纤细的线条乃至细如髭发的牵丝映带形成强烈的反差，具有很强的视觉冲击力。结体更是这样，字体各个部分之间的高低、纵敛、收放、主从，对比俱十分明显，往往逸出常规之外，然而作者又能把各部分处理得非常和谐，整体感觉新颖别致，动感十足，个性鲜明，不同凡响，同时亦并无乖张违戾之处。

二是外拓尽势。周书结体总的来说受颜体影响，宽松自然，不觉紧结，但在必要的时候，作者会收紧中宫以充分蓄势，然后舒展主笔尽力外拓，尽势乃止。这种结体的特点使她笔下的字往往像一首乐曲，具有鲜明的节奏感，以足够的低音衬托高音，以充分的短拍烘托长拍，使乐曲的主旋律鲜明而高亢。使人感到一抒胸中积郁的快感。

这种充分蓄势然后尽力外拓的手法不但用于处理结体，而且用来处理章法。周先生的章法也是尽敛极纵、十藏五出、抑扬顿挫，节奏感十分鲜明。传为王羲之所著的《书论》中说："每书欲十迟五急，十曲五直，十藏五出，十起五伏，方谓之书。"周先生荡逸尽势，节奏明快的书风，既体现今天的时代特点，同时也有书法传统的充分依据。

三是沉着痛快、笔墨淋漓。书法史上自行草书出现以后，出现过多种审美样式，从二王的萧散飘逸到颜真卿的沉雄老健，而米芾则创造出一种新的审美样式，这就是痛快淋漓。像乘风顺流的帆船，舟轻帆满，一日千里；像骏马奋蹄，驰骋迅疾，使人感到酣畅尽兴。周慧珺先生的书法正是这样。其用笔极其爽健，绝无壅塞凝滞，瞻前顾后，犹豫不决。诚如古人所言"鹰望鹏逝"、"利爪攫兔"，充分表现了书法线条的不可重复性。古代书论中曾一再强调用笔如"鹰望鹏逝，不得重改"。那种拖泥带水的用笔是无法表现爽健之美的。

第三，周先生的书法清丽流美，英气外露，光彩照人。周先生的这种审美追求，与中国传统美学一贯提倡的含蓄内敛、含而不露有着明显的不同。

中国传统美学重视内蕴美、心灵美，不重外在美、容颜美。刘熙载《书概》云："灵和殿前之柳，令人生爱；孔明庙前之柏，令人起敬。以此论书，取姿致何如尚气格耶？"然而这种审美观有时发展到极致，就未免偏颇了。在封建农耕时代，把容颜和"色相"联系在一起，因此文人羞于论及。反映到书法上，书风俏丽往往似乎与浅薄、庸俗联系在一起，乃至有意把线条写得臃肿散漫，使结体散缓拘滞，老态龙钟，刻意追求老成持重的成熟美。

如前所述，在中西文化的碰撞融合中，中国人的审美观也在悄然发生变化。一个显著的特点是不再刻意回避外在美、容颜美，而追求外在美与内蕴美的完美统一。比如说在旧时代见了年轻女性，如果当面称赞她"你很美"，会被对方误解你心存不轨。现在则不同了，对年轻女性直呼"美女"，则被认为是礼貌之举。这种审美心态的变化在书法上也有明显的表现。周慧珺的书法无疑是这种新时代审美观的一个突出代表。

周先生的书法给人的第一印象就是漂亮，这种评价可能让人觉得过于肤浅，不够专业，然而却能引起广大读者的共鸣。"爱美之心人皆有之"，美的事物总能引起人们更多的关注。

周先生用笔骏爽，线条光洁圆润，绝无粗糙臃肿颤抖拘挛，结体宽肩细腰，亭亭玉立，如临风玉树，风情万种。总而言之，周先生的书法表现出来的审美意象是年轻貌妍、英姿勃发、精力充溢、标格雅秀。

古人论书，曾提出所谓"老少"的审美范畴。项穆《书法雅言》云："所谓老者，结构精密，体裁高古，岩岫耸峙，旌旗列阵是也。所谓少者，气体充和，标格雅秀，百般滋味，千种风流是也。""老乃书之筋力，少乃书之姿颜，……融而通之，书其几矣。"作为一种审美意象，"少"指的是一种青春的活力，大无畏的闯劲，丰富的创造力，敢作敢为的风格以及来自生命源泉的无穷韵味。不待矫饰而风流自在，不施粉黛而妍媚无穷，它是一种无坚不摧、无往不胜的力量和自信心，有一种摧枯拉朽、咄咄逼人的气势。它给人的印象虽然有些稚嫩，但它的号召力和感染力却是不容争辩、无法抵御的。周慧珺书法曾经风靡一时，尤其在年轻人中有广泛的影响，不但被作为临习毛笔的楷范，而且不少人拿来当作练习钢笔字的范本，就足以说明这一点。

当然，任何事情都有两个方面，书法审美的少和老并无高低轩轾之别，"少"必有爽健的线条、潇洒的挥运和年轻的心态相支撑，一旦失去了这些条件的支撑，"少"的审美意象便风采不再，勉强表现便显得不够自然了。

从审美的角度来讲，无论是老还是少，都须以自然为上乘。比如老，标志着一种经验的积累。标格的形成，器识的铸造，其中透射着对人生事理的真知灼见，融会贯通，对万事万物高屋建瓴地把握和统摄，以及在处理问题时表现出来的胸有成竹，豁达大度，沉着稳健，举重若轻。在书法上，"老"则表现为用笔老辣，中规入矩，结体森严，沉雄苍劲，骨气洞达。这种老健或曰老成之美是靠长期积累得来的，当然也包括年龄的积累，故有"人书俱老"之说。有些年轻人积累不够，阅历不足，知识学力胸次也跟不上，却故意追求苍老古拙，一味行笔缓滞，神情颓拘，点画拘挛，老态龙钟。这种人为制造的效果，毫无美感可言，原因就在于它是不自然的。

"少"也是这样。少是自然的，不是装出来的。对于一个书家来说，当他年轻的时候，表现"少"的审美意趣是自然的，而随着年龄的增长，年轻时的许多自然条件不复存在的时候，再继续演绎这种风格就会显得力不从心，缺乏自然而然的韵味和情趣。有人说周先生的字近些年来似乎有退步。其实这是以"少"为风格定位的书家到了老年都会遇到的问题。

那么"老"与"少"的风格能否融合？答案应该是肯定的。项穆说："无老无少，难乎名状，如天仙玉女，不能辨其春秋，此乘之上也。"以王羲之书法为例，既有郁勃豪达之气，清劲雄强之骨，又不乏秀润趣逸之风，温厚闲雅之貌；既不是剑拔弩张，也不是老气横秋，所谓"韵高千古，力屈万夫"，人们就很难用一个"老"字或"少"字来概括他，诚如"天仙玉女，不辨春秋"。我想，已届老年的周慧珺先生，是否也面临一个风格转型的问题呢？

甲午深秋于中州佩韦斋

守正用奇
——周慧珺书法艺术浅见

徐建融

在中国文化史上，向来有奇正之辩，所谓"奇正相生，其用无穷"，亦即"一阴一阳之谓道"的意思。以书法而论，大体上以帖学为正，以碑学为奇；帖学中，又以二王、唐楷、赵孟頫为正，以宋人苏黄米、晚明的王觉斯、傅青主为奇。文化，包括书法的正、奇，没有孰好孰坏之分，而视时间、空间、条件、对象的不同各有利有弊，正格的好处是法度严谨，不易误入歧途，但一味地正，难免限于僵化；奇格的好处是个性自由，便于创新，但一味地奇，又难免沦于放肆。所以，我们经常看到，凡恪守正格的文化人包括书家，多指斥奇格，且把矛头直指奇格的成功者，否定他的成就；而信奉奇格的文化人包括书家，又多指斥正格，且把矛头直指正格的成功者，否定他的成就。前者如以赵孟頫为代表的元人，他们认为，苏轼、黄庭坚，尤其是米芾的书法"意造无法"、"芒角刷略"，火气太重，"无蕴藉气象"，书法被他们写坏了。后者如米芾对"二王""俗书"的恶评，对唐人，尤其是颜柳的恶评；傅山对赵孟頫的恶评；康有为对唐人的恶评，等等，就更多了。这种对"非我属类"书法风格的批评，甚至把对方的优点也往缺点上说，不能简单化地看作是批评者的偏执，只见我之长、彼之短，不见我之短、彼之长；更主要的应该是出于特定时间、空间、对象、条件的不同形势：当大势所趋，正格形成了僵化之弊，为了纠正其弊就需要推出奇格，而为了推出奇格就需要否定正格；当大势所趋，奇格形成了放肆之弊，为了纠其弊就需要倡导正格，而为了倡导正格就需要否定奇格。而这种矫枉过正的做法，往往使人误认为这种风格是好的，那种风格是不好的。包括个人性情的不同，中和温婉的人，喜好正格，看不上奇格；激扬豪放的人，喜好奇格，看不上正格，各以其个人的好恶，而有不同的选择，一旦当他占据了话语权，又必定以个人的好恶试图推广为天下的好恶。

行文至此，有必要引述潘天寿先生的几段论画文字：

画事以奇取胜易，以平取胜难。

以奇取胜者，往往天资强于功力，以其着意于奇，每忽于规矩法则，故易。以平取胜者，往往天资并齐于功力，不着意于奇，故难。然而奇中能见其不奇，平中能见其不平，则大家矣。

药地和尚（弘智）云："不以平废奇，不以奇废平，莫奇于平，莫平于奇。"可谓为奇平二字下一注脚。

这里的"平"，实际上正是"正"的意思；而第二段的"不着意于奇"则无疑是"严于规矩法则"的意思。论绘画的正奇，潘先生的这几段话可谓最为辩证，最为客观公允。画如此，书法当然也不例外，乃至一切文化包括做人做事莫不皆然。

什么是"以平取胜难"呢？比如说学习书法，从二王、欧阳询、颜真卿、柳公权、赵孟頫入手，要想取得成就，那是非常难的，虽退笔成冢、池水尽墨，"积劫难成菩萨"。所谓"书学九成宫，十九不成功"，便是这个道理。当然，它的好处是，通过这样的学习，每一个习字者都可以把字写得很端正，可谓"字学九成宫，十九可成功"。

什么是"以奇取胜易"呢？仍以书法为例，从米芾、黄庭坚、王觉斯、傅青主乃至怪怪奇奇、烂漫天真的碑学和"民间书法"入手，很容易就可以取得成就，"一超直入如来地"。当然，习字者如果也以此为本，必遭"蟹爬"之斥。

什么是"莫奇于平，莫平于奇"呢？真正的"平"决非只平不奇，而必然平中有奇；真正的"奇"也决非只奇不平，而必然奇中有平。"大家"的成就如此，学书者亦然，如果从正格入手，不能只见其平，更需要于"平中能见其不平"；如果从奇格入手，也不能只见其奇，更需要"于奇中能见其不奇"。

基于如上的认识，谈谈我对周慧珺先生书法的认识。

周先生以家学的渊源，从小受到严格的传统文化教育。而传统文化的核心是儒学的中庸之道，其教育最有效的形式便是习字，从描红到临帖，不能认为是"习书"，如今天的"书法走进中小学课堂"之类，但"习字"正可以作为"习书"的准备阶段。前辈的、古代的读书人从蒙童开始都需要习字，在这基础上，有的进而升级到习书，成为书法家；有的则并不习书，而是致力于其他，但一般也都能写得一手好字，有时，我们把他们的墨迹也称作"书法"。今天的读书人，从幼儿园、小学到中学，一般不习字，而是语文、数学、外语、唐诗、宋词、外文单词、电脑游戏，课外或另有钢琴、舞蹈、绘画、书法，在这基础上，有的跳过"习字"直接进入"习书"，考入美院的书法系成为书法家；有的则并不习书，而是致力于其他，当然往往连字也写不好甚至不会写。由此可见，像周先生那样，从"习字"而开始写毛笔字，与今天把写毛笔字作为"习书"，在观念上是有很大的不同的。"习字"，当然需要解决毛笔书写的技术问题，但其重点更在于传统文化的修养和学习。所谓"言之不文，行之不远"，对传统文化的修养，必须依赖于"文"章的优秀，才能行之长远；同样，"文之不书，行之亦不远"，"文"章的优秀，还必须依赖于书写的优秀，才能行之长远。所以，"习字"的目的，主要还不在成为一个书法家，而在于成为一个对传统文化有修养的人，写好字，只是为了帮助传统文化修养的表达。而今天跳过"习字"的"习书"，它与传统文化修养无关，与数理化、语数外无关，与玩好电脑更无关，其重点主要在解决毛笔书写的技术问题，以便今后能成为一个书法家。毫无疑问，从"习字"上升到"习书"可以培养出书法家，跳过"习字"直接"习书"也可以培养出书法家，但二者对于传统文化的修养是不一样的，对毛笔书写技术的认识也有所差异。

"习字"，一般都是走的正格，以二王、唐楷、赵孟頫为学习的范本，几乎没有以奇格的书家、书迹为本的。尤其是欧阳询、颜真卿、柳公权、赵孟頫，更是自古以来习字的最佳范本，分别称作欧体、颜体、柳体、赵体。"体"的意思，就是正规，法度严谨，适合于大多数人去学，日常应用的书写以此为标准，书法创作的书写也可以以此为标准，亦即艺术的标准与日用的标准是一致的，只是艺术的要求更高而已。而苏轼、黄庭坚、米芾，包括王觉斯、傅青主的书法，却没有人称之为苏体、黄体、米体、王体、傅体的，不是说他们的书法不好，他们的书法当然也是非常优秀的，但不适合大多数人作为"习字"的范本。奇格的书法，尤其是"丑"字的书法，书法创作的书写与日常应用的书写，标准是不一样的，甚至是相反的。所以，由"习字"而进入"习书"也好，不经"习字"而直接进入"习书"也好，既可以走正格，以二王、唐楷、赵孟頫为学习的范本，也可以走奇格，以苏黄米、董其昌、王觉斯、傅青主乃至碑学和"民间书法"为范本；或先学正再学奇，先学奇再学正。通常，走正格难成功，走奇格易成功，先正后奇的成功更侧重于正中见奇，先奇后正的成功更侧重于奇中见正。

周慧珺先生并不是跳过"习字"直接从"习书"而进入书法领域的，而是从"习字"进入书法领域的。据周先生自述，她少年时的习字主要在赵孟頫上用功，十几年的临池，使她在"正宗大道"上打下了坚实的基础，但她自觉怎么写也提不起兴趣，只是顺应父亲的要求。这当然是从"书法"上的认识，而不是"写字"上的认识，十几年下来，她的字已经写得相当好，无论结字、用笔、章法，筋、肉、骨、气，字正腔圆，堂堂正正，虽古人的"馆阁体"亦不一定能过之。但从"书法"的要求，要求有变化，有性情，她觉得局限于赵孟頫总跳不出来。她要与毛笔结下终身之缘，就不能停留于写出一手好字，更需要追求写出一手好书法。于是，从青年时代开始，她迷恋上米芾。

按常理来讲，以周先生温和的秉性，赵孟頫的字应该是很适合她的。但在压抑中成长起来的她，再温和的秉性也要抗争，赵体也许适合她让自己温和的秉性更加逆来顺从，但非常不适合她以温和的秉性作自强的抗争。所以，米字的风樯快马、痛快淋漓便成了她表达抗争的最好选择，通过艺术中的抗争，来表达她在现实生活中不能做到的抗争。周先生自述，对赵字的不感兴趣，对米芾的喜爱，"我觉得这还是和我的性格有关联，我喜欢刚强的一路"。我的理解，并不是说她的性格是刚强不羁的，从她的父亲到兄长，应该都是温良恭俭让的君子，她本人当然也是，这不仅因为恪守先贤的教诲，更可能是遗传的基因使然。但正如没有绝对的正，总是正中有奇，也没有绝对的奇，总是奇中有正。到了她，由于特殊的主客观原因，激发了她正中有奇的秉性中奇的因子而"喜欢刚强"。就像一个江南人，可以喜欢江南的风物，是顺着自己秉性的选择，也可能喜欢塞北的风物，是逆着自己的秉性所作的选择。她"喜欢刚强"，渴望刚强，正是因为她秉性的温和，这与秉性刚强的人之喜欢刚强，性质是不一样的。一者是平中见奇，一者是奇中见奇。一者可以使平正激发活力，一者可以使奇崛更加奇崛。再加上赵字的训练已经不自觉地为她的书学打下了正格的基础，而米字的雄奇毕竟还不是大跨度出格的奇纵。所以，米字的训练，并不是使她的书学脱正就奇，而是以正为奇，平中见奇。正如其自述："'文革'家庭中遭受变故及自身受疾病折磨，这一时期的书风追求雄强刚健，以表达自己在逆境中不甘屈服的心志。"赵字的温婉，不足以排解其心头的压抑，而米字的飞扬，正好满足了她受压抑的温婉禀性的郁动。包括进入青年宫书法班所学习的，主要还是帖学一路。青年宫书法班的一批老师，沈尹默、白蕉、翁闿运、任政、胡问遂、拱德邻、潘学固、单晓天等，大多以帖学为重，以二王的一系为重。颜真卿、褚遂良、欧阳询虽然以碑传世，但他们也是从二王一系而来。所以，"唐碑"实质上还是属于帖学的范畴，而并非碑学的范畴。严格意义上的"碑学"，不是指其形式是碑，更是泛指二三一系之外三代、汉魏的金石、碑碣而言，包括简椟漆帛的墨迹，也是碑学，尽管其形式不是碑而是墨迹。而二王一系的书法，包括唐六家、宋四家、赵孟頫，墨迹是帖学，刻在枣木石板上的是帖学，立了碑的也还是帖学，如赵孟頫的《胆巴碑》，当然不是碑学而是帖学。

前文讲到，以碑学、帖学而论，帖学大体上为正格，碑学大体上为奇格；专以帖学而论，二王、唐楷、赵孟頫为正格，宋三家为奇格。周先生的书学，由赵字而米字，由米字而二王、唐楷，在帖学上用功最深，时间也最久，对碑学的真正涉猎，要到八十年代进入上海中国画院之后才开始。相对于米字的奇纵，《嵩高灵庙碑》、《广武将军碑》、《张迁碑》等汉魏的碑刻、摩崖、墓志、造像，斑驳陆离，天趣自然，才使她大开了"样式繁多，奇异不同"的眼界。使她的书学在正格的基础上，焕发出更加欹侧凌厉的风神却又不失华美俊秀，对书学的精髓有了全面的领悟。俗话说"南人北相，北人南相"。周先生是温婉人而作刚强书，其意义，自不同于以不羁人作刚强书。行文至此，联系前文引潘天寿先生论绘画的平正之说，对于周先生守正用奇、形奇实正的书风，我的认识或许不谬。概而言之，我以为对周先生的书法，我们应从正处去认识其奇，从奇处去认识其正。苏轼认为："凡世之所贵，必贵其难。真书难于飘扬，草书难于严重，大字难于结密而无间，小字难于宽绰而有馀。""鲁直以平等观作欹侧字，以真实相出游戏法，以磊落人书细碎事，可谓三反。"所讲的也正是同一个道理。

周先生一生恪守其父亲的教诲："要老老实实做人，认认真真做事。"这本身就是守正不移的人品和艺品。而奇逸的人品、艺品，往往是"桀骜不驯地做人，标新立异地做事"。但不同于一般正格的人品和艺品，"非礼勿视，非礼勿听"，守正而拘，她是以正为本，执正用奇，尤其反映在她的书学上，不满足于赵字而学米字，不满足于帖学而攻碑学，这就赋予了其足以腾骧夭矫的气势和活力。她的临帖，由形神毕肖到脱胎换骨，她的创作，点画基本功的深厚扎实和气韵神采的刚健华丽，都是从"老老实实、认认真真"的正格而成"挥洒自如"的境界。由形神毕肖而脱胎换骨、个性鲜明，与尝浅辄止甚至不经尝浅而我用我法的个性鲜明，由点画基本功的深厚扎实而气韵骨法的神采焕发，与缺少点画基本功而烂漫天真的神采焕发，其内涵的力量是根本不一样的。

周先生信守"书为心画"的古训。语出扬雄，以为君子小人之辩，后人盲目从之，把这句话看成一通玄虚的大道理。但周先生并不是作此理解的，她只是把它落到"老老实实做人，认认真真做事"的实处。其实，早在宋代，苏轼就对此有过异议，他认为："观其书有以得其为人，则君子小人必见于书。是殆不然。以貌取人，且犹不可，而况书乎？"至有人以苏轼观鲁公书："未尝不想见其风采，凛乎若见其诮卢杞而叱希烈"难之，他明确表示，自己的认识不过"与韩非（实为《列子》）窃斧之说无异"。人心各不同，包括先天的秉性和后天的志向，艺术的标准更是多元的。但真正要想在事业上取得成就，"老老实实做人，认认真真做事"则是千古不移的真理。当然，"老老实实做人，认认真真做事"的人，他往往并不考虑"如何在事业上取得成就"的问题。只是当他在事业上取得成就之后，蓦然回首，才发现原来是拜了"老老实实做人，认认真真做事"之所赐。正如周先生谈到对日本佛学大师松原泰道《学习死亡》一书的感悟："我是在写字过程中开始生活的，毫无疑问，我也要在写字的旅途中结束我的生命。"有了这样的感悟，她的生命因此而永无"结束"，就像历代那些大书法家的生命，直到今天还充沛着无尽的活力。

自然而然的过程
——周慧珺书学经历之思考

朱以撒

每一位书法家都有自己的学书历程，即个人的书法史。相异是必然的，相同只是暂时。作为一位成功的书法家，虽然都要具备许多相同的条件、方法、方式，但是每个人所处的文化大环境、小环境的差异，加之书法家个体的思维、情性、天资、能力的复杂、微妙，最终形成了不同层次的书法家、形成了不同的书法风格，以差异出现则是一种必然。

周慧珺女士作为一位当代书法名家，尽管还缺乏相应的历史时间的检验，但是作为一个成功书法家的个案，我们对她的探究，也有益于当代的书法创作，可以寻绎其成功的路径，从中找出一些规律。

每一个书法家都在一个特定的环境里生活。从资料上得知，周慧珺学书是在上个世纪六十年代之初。这个时段，社会上没有书法热，书法资料、文献亦十分匮乏，但是一些高层次的书法家，还是以个体自愿的形式主动、积极地进行书法教学。旧式文人对于书法艺术的真挚热爱，自觉地进行着薪火相传的普及工作。作为大都市的上海，更是具备了书法传授的人才、经验，具备了朴素的氛围、气场。师生声气相投，无声名之奢望，亦不求捷径短途，只是以书艺作为相互间联系的纽带。周慧珺先生得到了拱德邻、沈尹默、白蕉、翁闿运诸家的指导，今日来看，起点甚高。为师的声名、地位以及具备的良好的教学精神、经验，使学习者行走在书法史的开阔地带。注重对经典书法的学习，是这批老书法家共同的认识，不仅自身临写不辍，心慕手追，对于教学更是如此，循其本，求其源，以古为范不偏离正途。因此效法点是十分重要的，朴素地临写，无其他。这种教学法很实在、坦诚，并不预许前程，波澜不兴甚至不动声色，教者教，学者学，平淡无奇，无过度的诱导，如明人李贽所说，身履是事，口便说是事。在教与学之间建立一种平和的关系，循环渐进。作为海派书法，周慧珺的学习有着地域上的影响和引导。海派书家重魏晋之风，学帖成为学习的首要。从这个角度看，地域性的表现不外两个结果，一是因此而陷入窠臼难以脱出，譬如沈尹默的巨大影响，也很容易使学习者与之相似。另一种则是以此为基础，寻找日后的突出。当然，如周慧珺这般的初学，由于毫无经验，是依导师指导而进行的。因此沈尹默先生喜欢青年的白纸状态，这种状态便于接受引导，无坏习气、无成见。教与学是相对而言的，这也考量了导师的眼力和学识——究竟把学生引导到何处？培养成什么样的书法人才？周慧珺在接受指导时就培养起一种与帖的亲近感——一与帖相似，与帖逼真，在实践中逐渐缩短与帖的美感距离。沈尹默本人就是走这条路的，非常勤勉地书写，以功夫的推进来解决问题，建构追循古人笔墨的自觉性，使之笔下有古人。这个阶段的周慧珺就在做着古帖中信息的吸收的工作，有章可循，有序推进。这种吸收不是平面化的，而是逐渐深入的，腕下的感觉明朗起来，内心的感受深刻起来。模式的生长很慢，甚至有时稳定得难以前进，但是旧式的教学法不走捷径，就是实践不辍，以期有所得。曾国藩曾经说："困时切莫间断，熬过此关，便可少进。再进再困，再熬再奋，自有亨通精进之日。不特写字，凡事皆有极困极难之时，打得通的，便是好汉。"[①]从周慧珺的学习过程中，体统一直是她所关注的，帖中世界信息就是一个精神的贮存器，她就是追求体统之"像"，戒浮掠之风，相对而言，深度比广度更有美学价值，因此专且深入无间断。

1974年，周慧珺的《行书字帖——鲁迅诗歌选》出版，这件作品尽管没有超出米芾遗轨，却可以说明不少问题，首先是书法学习的结果没有与导师相同相似，是教学上的成功。其次是周慧珺虽学米芾，并非照搬米家笔法结构，而是有了自己的思考，少了米芾笔法中的欹侧锋锐，多了沉稳、端庄。它不似沈尹默书的精美雅致，也不似白蕉的飘逸萧散，周慧珺这本字帖显示出了字迹仪态的端庄大方，同时不失畅快中的含蓄，于人之欣赏有亲和感。不与古人同，不与导师同，所谓善学就是如此。许多失败的教与学最终就是产生雷同之作，甚至还以此自夸流派，实则是屋下架屋，床上叠床，日益小也。《行书字帖——鲁迅诗歌选》的出版也印证了教学理念和方法的可行性，学生不蹈袭导师，导师以古为范给予学生指导，双方都具有了发展的巨大空间。

当然，从创作美学的这个角度来审视《行书字帖——鲁迅诗歌选》，还是可以看到创作的局限，它是作为社会功利需要而书写的，书写的内容、形式都是规定的、制约的，尽管字帖产生了广泛的社会影响，我们仍然可以发现书法家的创作才华并没有全然释放，她的表现还是受到保留的，因为文化环境使然。

有人曾经这样批评："周慧珺女士则更绝，除字简化外，内容更加革命：'党是阳光我是花，雪山草原把根扎。立志务农干革命，装点江山美如画。'这样的创作，难道是书家内心情感的流露吗？符合书法创作的规律吗？也许，这只能用'功利主义'来解释了。"②这个批评的非客观处，就在于没有把周慧珺的创作放在当时的文化背景之下来看待，也就很容易自以为是地评说而脱离当时的实际。环境因素对书法家来说是无形而又有巨大的力量的，它制约了一位书法家的创作激情，只能寻找、选择、调节，以此进行通变。书法家的创作无法脱离她所处的环境，审美价值的判断也如此。每一位书法家都在期待理想的审美场，充分施展自己的创作才能。现在回首，那个时代的书法家可为和不可为，他们的审美理想和实现的可能性，都维系在当时环境里。《行书字帖——鲁迅诗歌选》的意义也在于促进了我们对于书法家的精神生活的关注、对书法创作个人化的关注、对书法艺术生存环境的关注。

如果说周慧珺的《行书字帖——鲁迅诗歌选》和一系列有着"革命"色彩的书法作品的相继出版，奠定了她作为书法家的基础，为人所认识甚至肯定，那么，此后的发展就更具有方向性的选择了。书法家的审美实践是有目的性的，其方法、方式也必然随目的的改变而有所不同，或书体之间的游移，或方笔圆笔之间的转换，或取或舍的调整，都有其来自外界或个人的要求。譬如外界的某种学书审美思潮，很可能就改变一个人的审美主张。而来自个人内心的审美需求，则是根据自身的具体创作状态进行改造、重构，接纳新质。周慧珺一直遵循个人的感受，不追逐时兴，有所变，也有所不变，都是来自自身审美实践的。实践是最基本的部分，通过实践知道如何发展，应该补充什么，实践沟通主体和客体的关系。周慧珺认识到书法语言必须丰富和加强表现力的重要，也就有了对语言更高的要求，不会满足时下已达到的程度。倘若进一步追求言外之意、弦外之响，那就要求书法家要创造新的审美意象，坚持运动的、开放的学习，不可守成或满足于已经掌握的语言表现方式。

由帖而碑是周慧珺开拓的新的表现空间。

碑、帖融汇是晚清以来一直被广泛运用的，并认为是书法家丰富表现力的良好方式，海派有不少书家就循此路径而成功。一个人的书风未及最后定论时，总是有着无限的未定点，正是这种未定性，给了书法家不断学习、调整、整合的可能性，进入良性循环的机制。这种发展，将会改变现有的书法语言格局，成为推动个人风格形成的动力。从《周慧珺传》中可以得知，上世纪八十年代之前，周慧珺属于不折不扣的学帖派，深受沈尹默等书家的影响，学习了颜柳欧苏黄米蔡，而以米氏书风为最突出，几乎没有旁涉碑版的经历。八十年代之后，受翁闿运碑学观的影响，耳濡目染，也自觉地倾心力为之，尤其在《嵩高灵庙碑》、《广武将军碑》、《张迁碑》上下功夫。这是一个与帖全然不同的审美空间，不仅是技法上的差异，更是思维、感觉上的错位。审美情调不同，运动状态不同，学帖更具有感性的抒情，而学碑则相对要思辨理性，北朝的墓志、造像记、写经、摩崖刻石，这些社会底层人士之作，和名家之作在表现上存在很大距离，需要从头开始，去粗取精，探赜索隐，才能得碑书之形、之神，除了具体的临摹，心与之契，技与之契，难度大于学帖。周慧珺曾这么说："我们追求高深莫测的激发和无限的精神性，主观希望取得高雅的结果，而实际是很难做到的。"③不守成而求新，就要面对艰难，同时持有一种重视这一过程的乐趣。周慧珺在学碑过程中感受到碑版语言陌生化的美感，认识了碑在技法上的特点，在碑帖的比较中积累经验。相对于学帖的具体方式，学帖多提按互用，有牵连萦带，同时也更婉转巧丽。北朝碑版书法则在楷书范畴之内，笔笔独立，多按少提，多实少虚，行笔于缓，少暗示、隐含，多展示出锋棱，显山而露水。这是另一种语言向度，周慧珺对此的努力，为今后的发展拓宽了自己的表现手法。

由帖而碑，不守成，善求新，两种书法语言于腕下，都需要达到优质，都需要达到自由表达的程度，美其形，蕴其味，然后结合。遍临百家通常是历来书家泛泛之说，而真正对书法语言的把握，深度仍然是最重要的，否则临学甚多，关于语言的掌握仍然停在皮表。从资料来看，周慧珺主要还是根植于几家，着眼于精细，并不泛泛临写，既重绳墨法度，也重方体情性与碑帖的对应。譬如关于《嵩高灵庙碑》的认识，很清楚地看到此碑介于楷隶之间，不可单纯按楷书结构临习，也不可照搬隶书笔法，她提出了重视点画呼应、重心平稳、形态变化的三要素，使学习更自觉地寻找符合自身规律的角度，以自己的体验获得碑帖的要义。一个人与某一种风格相遇，进而热爱、痴迷，是有内在因素的，"对于屡经坎坷的周慧珺来说，碑版刻石书法中饱蕴着那种高亢美和雄壮美犹如琴弦般紧紧贴合着她内心的律动，迎合着她那坚强不屈、遇难而上的贞毅性格。"④这就是一种默契。在学习过程中，书法家都在不断地寻找与自己性情相契的书风，碑帖遗世无数，但于个体书家而言，有相适应的，有相排斥的，有敏感的，有麻木的。与某些碑帖的相遇，并能调动起个人积极地参与、接受意识，在接受活动中带着个人的理解和判断，便有了深入的契机。前人在这方面也有很中肯的阐述："故虽仿古，不可有古而无我，正以有我之性情也。以我之性情，合古人之性情，合古人之性情，而无不同者，盖以古人之法，即古人性情之见端也，法同则性情亦无以异矣。故仿古正帷贵有我性情在耳。假舍我以求古，不但失我，且失古矣。"⑤周慧珺对碑的追求也暗合了这种理念，以至于所下功夫不至于空掷。一个人掌握了碑、帖书法语言，让两种有质量的语言交融，又需要有综合的本领，这比单一的掌握某一家语言要艰难复杂得多。每一家一派的书法语言都有独立性，并由独立性而产生了排他性，如果没有挫笔参会、化解绳墨之功，就难免成为杂凑难以升华为新的书法语言。周慧珺的融汇之功还是形成了自己的碑体行书的特色，尽管还需要时日的检验，仍然显示出与前期学帖所不同的语言机枢。譬如用笔方式改变了，有苍茫放纵之气势；用墨方式改变了，干湿润燥比例加大，对比更为强烈鲜明；章法方式改变了，更为跌宕跃动场面奇崛。而作为情调，气多于韵，雄过于雅，野胜于文。此时的创作自由度也极大地提高了，个人的情感宣泄更为畅快，书写的内容更为广泛，书写的形式尺度都是个人可以决断的。所谓任情而发就是这样，精神上没有障碍，指腕间没有障碍，触物兴怀，情来神会，机括跃如，如兔起鹘落，顷刻纸上纵横错综，灿然而成。"一个人做自己最感兴趣的事情的时候，是快乐的。心情愉快了，就容易将自己的能力发挥到极致，从而做得更出色。"⑥周慧珺和书法的关系就是这样，通过阅读、临摹古典书法，参与到古典书法的形神中去，释放胸中之郁积，充分地想象与联想，超越现实，暂时忘却世务俗趣的干扰。周慧珺一直认为她的心态比身体状态好，因为书法艺术给书法家予精神上的崇高享受，给书法家提供了常人所没有的非常规的理解和表现方式，——这就是书法家的精神生活的超越性。

周慧珺的书法学习、创作过程是一个自然而然的生成过程，基于慢，基于勤奋，基于平和和坚韧的毅力，同时恪守书法艺术自身的规律，走一条自然而然循序渐进之路。明人袁中道曾认为文人所作应如造物天然，春风吹而百草生，阳和至而万卉芳，非人工强制。尽管时代发生了变化，慢时代产生的慢书法不适宜快的节奏，也就更需要学习者有心以慢待之，步步扎实，毕竟书法家要靠作品来说话，作品质量是第一性的。周慧珺辩证地认识道："我们现在是个开放的社会，没有谁有那么大的能耐，可以压制，可以埋没当代的'怀素'、'张旭'、'米南宫'。问题是我们有些作者功力还不到，只能说是一般的好，那就不要太急躁，以沉住气更有利些。"⑦开放的时代提供了良好的学习条件，提供了博得声名的平台，但是一个人如果沉不下来，必一艺难成。自古以来名书家多故事，渲染夸张而为传奇，有非奇不传的理解，以至附会穿凿，疑真疑幻，莫衷一是。周慧珺整个学书过程，其人不奇，其事不奇，其遇不奇，完全不符合非奇不传的说法。然而正是这种笃实淡定的心境和刻苦砥砺的精神，终于成功。这不禁使人深思其书法艺术与人的生命的关系，在不断的循环运动中，保持稳定有序的追求，守之以一，养之以和，心态既大，波澜自宽。一个人矢志追求书法艺术，是因为艺术内部存在着永恒的东西，值得以个体的生命去探求。这是一种主动的自觉追求，运动越主动反馈越强，艺术的审美价值也在这种生命的运动中充分地体现出来。对一般人而言，这种探求所运用的生命运动过于漫长、复杂，甚至重复、单调，要蕴于内又著于外，毕竟是艰难之至。周慧珺常年为类风湿性关节炎所困，却有着比常人更为强大的生命力，上下求索，寻寻觅觅，自成一格。中国传统文人素来讲究渐修，反对一蹴而就，就是在艺术追求过程中，体验生命之伟大，印证生命之活力。现在我们阅读这条周慧珺书法创作链，书法作品说明了这一切。

周慧珺的书法历程有其普遍性，因为平实普通，足征可信，有迹可循，而非横空出世，凌空蹈虚。这个历程可以成为学习者的参照，提供书法家成长的经验。岁月不居，时节如流，书法艺术存在的环境，书法创作的表现方式，人们对待书法艺术的心态已经发生了巨大的变化。艺文趋尚，以应鼎革，时运使然。但是有一点是不变的，那就是对于如此高雅的精神生活的追求，仍然是一个很实在的过程，需要个人的务实精神，没有捷径可走。周慧珺对当代书坛具有的现实意义，就在于此。

注：
① 《曾国藩家书》第 546 页。湖南大学出版社 1989 年版。
② 《周慧珺传》第 103 页。上海人民出版社 2011 年版。
③ 《周慧珺传》第 131 页。上海人民出版社 2011 年版。
④ 《周慧珺传》第 129 页。上海人民出版社 2011 年版。
⑤ 【清】沈宗骞《芥舟学画编》卷二，画论丛刊本。
⑥ 《周慧珺传》第 272 页。上海人民出版社 2011 年版。
⑦ 《周慧珺传》第 262 页。上海人民出版社 2011 年版。

图书在版编目(CIP)数据

周慧珺传/李静,张亚圣著.—上海:上海书店出版社,2015.7
 ISBN 978-7-5458-1071-4

Ⅰ.①周… Ⅱ.①李…②张… Ⅲ.①周慧珺-传记
Ⅳ.①K825.72

中国版本图书馆 CIP 数据核字(2015)第 135407 号

责任编辑　杨柏伟
特约编辑　郑英旻
装帧设计　杨钟玮
技术编辑　吴　放

周 慧 珺 传

李　静　张亚圣　著
上海世纪出版股份有限公司
上海书店出版社出版
中国图书进出口上海公司发行
2015 年 7 月第 1 版
ISBN 978-7-5458-1071-4/K·184

www.ingramcontent.com/pod-product-compliance
Lightning Source LLC
Chambersburg PA
CBHW081345230426
43667CB00017B/2729